디자이너에 의한
디자이너를 위한
실무코딩(HTML+CSS)

저자 소개

엄태성

선린인터넷고등학교, 아주대학교 미디어학부를 졸업하고 프리랜서 개발자 겸 디자이너로 활동하고 있다. 중고등학교 때부터 다양한 전국 웹 콘텐츠 공모전에서 다수 수상한 경력을 가지고 있으며, 최근에는 글로벌 어워드(Awwwards, CSSDesignAwards)에서 수상 및 비헨스, Muz 등에 소개되면서 포트폴리오를 인정받고 있다.

새로운 분야를 공부하고 도전하는 것을 좋아해서 UX/UI, 모션그래픽, 프론트엔드 개발, 광고마케팅 등 다양한 분야에서 활동했으며, 현재는 웹 개발 프로젝트를 진행하면서 개발 관련 교육을 병행하고 있다.

프론트엔드 개발자&웹디자인 프리랜서
가톨릭대 웹 프로그래밍 강사
서울특별시 남부여성센터 개발 강의 강사

AWWWARDS HM(Honarable Mention) X4
CSSDESIGNAWARDS Special Kudos X3
CSS WINNER SOTD(Site Of The Day) X2
CSS WINNER Star X1
Muzli Our Pick X2

eumray.com
um3156@naver.com

베타 리더 리뷰

일반적인 문법 설명에 치중한 다른 책들과 달리 실무적인 관점에서, 디자이너의 관점에서, 협업의 관점에서 설명을 해주기 때문에 프론트엔드 개발자와 협업을 하고 싶은 사람이라면 추천합니다.

송진영

웹디자인기능사 수험생으로써 이해가 잘 되는 책입니다.
특히 CSS파트를 시중의 다른 서적과 비교하여 CSS의 비중과 예시 및 활용 방법에 대한 것도 나와 있어 예비 웹디자이너 분들에게 추천합니다.
이 책은 CSS에 약하신 분들 및 CSS를 좀 더 중점적으로 공부하고 싶으신 분들에게 추천합니다.

노우석

디자이너의 입장에서 실무 코딩 방법을 알려주어 내용이 머리에 쏙쏙 들어왔습니다.
코딩이 낯선 디자이너뿐만 아니라 이미 웹 개발에 능숙한 개발자들에게도 충분히 도움이 되는 책 같습니다. 특히 반응형 디자인을 이해하는 데에 많은 도움을 받았습니다.
저는 CSS에 자신이 있었는데 이 책을 읽고 제가 복잡한 방법으로 코딩을 하고 있었다는 걸 알게 되었고, 더 좋은 방법들을 익힐 수 있었습니다. 아무도 안 알려주는 방법들을 세세하게 알려주셔서 코딩 과외를 받는 기분으로 책을 읽었습니다. 그리고 코딩에 대한 지식을 쌓음으로써 지양해야 하는 디자인도 알 수 있어 이 책을 읽고 나면 웹 디자인을 하고, 그 디자인을 퍼블리싱하는 과정 또한 더욱 수월해질 것 같습니다.
책의 마지막 장까지도 계속 혼자 공부할 수 있는 정보들을 주었다는 점도 매우 유익하여 좋았습니다. 웹디자인에 관심이 있다면 꼭 읽어 보시길 추천드려요!

우인아

머리말

그동안 디자인 작업과 개발 작업을 둘 다 맡아서 진행한 경험 때문인지 많은 UX/UI 디자이너가 개발 공부법에 대해 물어보곤 했었습니다. 그럴 때마다 제가 공부했던 과정이나 처음 개발자로 입문할 때 필요한 지식들에 대해 생각해 보곤 하는데, 시중에 공부를 위한 책과 자료는 많지만 왠지 명쾌하게 이렇다 할 답은 항상 찾지 못했던 것 같습니다.

일반적으로 웹 개발자라고 한다면 프론트엔드 개발자와 백엔드 개발자로 나뉘는데, 이 중에서 디자이너와 관련 있는 프론트엔드 개발 코스를 배운다고 가정하면 html, css는 물론이고 기초 Javascript, 더 나아가 react나 vue 같은 요즘 많이 쓰는 프론트 기술들을 따로 공부해야 합니다. 디자인을 전혀 모르는 사람이 디자인을 공부한다고 1~2개월 만에 갑자기 모든 디자인 이론을 이해할 수 없는 것처럼 개발을 아예 모르던 디자이너들이 이 모든 코스를 공부하려면 너무나 많은 시간 투자가 필요합니다.

디자이너들이 개발을 공부하려는 궁극적인 목적은 직접 개발을 하고자 하는 것보다는 디자인을 하는 데에 있어서 도움을 받기 위함인 것 같습니다. 실제 디자이너가 개발 공부를 하는 것은 보다 창의적으로 디자인을 하는 데에 도움이 됩니다. 개발이 되는 것과 안 되는 것을 모호하게 아는 상태에서 기존의 디자인된 UI 형태를 보고 비슷하게 흉내내는 것과, 개발 가능한 것과 안되는 것에 대한 명확한 선을 알고 디자인에 접근하는 것은, 결과물에 있어 명확한 차이를 만들 수 있습니다. 이 외에도 개발이 어렵거나 불가능한 디자인을 가져와서 프로젝트가 딜레이되는 리스크를 줄일 수 있고, 개발자와 원활한 소통을 통해 커뮤니케이션에 소요되는 시간을 줄일 수 있다는 점 등 다양한 이점들이 있습니다. 때문에 UX/UI디자이너가 개발지식을 갖추는 것은 다른 디자이너와 차별화되는 강력한 무기가 됩니다.

이러한 맥락에서 그동안 명쾌하게 답을 내리지 못한 이유를 알 것 같습니다. 디자이너에게 개발지식은 좋은 디자인을 하기 위한 좋은 도구일 뿐인데, 그 도구를 제대로 습득하기 위해서는 디자인을 새롭게 배우는 것만큼이나 높은 학습량이 요구됩니다. 보다 효율적으로 공부할 수 있는 방법은 없는지, 직접 개발은 아니더라도 디자이너가 디자인을 하는 데에 도움될 만한 수준으로 개발 공부를 할 순 없는지 항상 고민을 해 왔습니다. 마치 토익 점수가 높다고 실제로 영어를 잘하는 것은 아닌 것처럼, 디자이너가 '더 나은 디자이너'로 성장하기 위해 공부하는 개발과 실제로 개발을 잘하는 것에는 차이가 있습니다. 하지만 토익은 토익 시험을 위한 다양한 공부법이 있는 것에 반해 디자이너는 디자이너를 위한 개발 자료가 많지 않습니다.

이 책은 이러한 디자이너를 위한 개발 서적을 만들고자 출발했습니다. 더 알려주기보다 덜 알려주는 것을 고민했습니다. UX/UI디자이너가 디자인을 하는 데에 가장 필요한 개발지식이라고 한다면, 레이아웃과 스타일을 다루는 html과 css를 이해하는 것입니다. 하지만 시중에 있는 html, css 자료들은 앞에서 언급한 대로 대부분 개발자로 입문하기 위한 사람들을 대상으로 쓰인 책이기 때문에 디자이너에게 필요 없는 부분이 많이 포함되어 있습니다. 이러한 부분들이 계속 쌓여서 많은 디자이너가 개발을 공부하는 데에 있어 피로감을 느끼는 것을 잘 알고 있습니다. 그래서 필요 없다고 생각되는 부분은 과감히 생략하였습니다.

대신에 디자이너에게 필요한 부분을 더 담아내는 것에 집중했습니다. 일반적으로 개발 입문자가 배우는 css는 시각적인 디테일에 크게 신경을 쓰지 않습니다. 하지만 디자이너들의 시각은 개발자와 다릅니다. 일반 사람들은 디자이너가 나름 고민해서 정한 행간, 폰트 굵기 등의 디테일을 잘 모를 수 있지만 디자이너에게는 1px, 2px, 이 약간의 차이가 중요합니다. 이 책에서는 이러한 시각적인 디테일을 주로 다루기 때문에 개발자가 어떤 부분을 놓치고 있는지, 또 어떻게 하면 직접 해당 소스를 고칠 수 있는지에 대해 공부합니다.

실무에서 퍼블리싱 작업을 하려고 시안을 받다 보면, 시각적으로는 좋아 보이지만 개발적으로 구현하는 데에 문제가 있는 시안을 자주 마주하게 됩니다. 하지만 하나의 잘못된 디자인은 사소한 것에서 그치지 않는 경우가 많습니다. 만약 플랫폼 서비스라면 하나의 UI는 공통으로 관련된 UI들이 수없이 연결되어 있기 때문에 관련된 부분들을 전부 수정해야 합니다. 또한, 시각적으로 잘 계획된 디자인일수록 하나의 디자인 요소는 다른 시각적 요소들까지도 영향을 주기 때문에 이후에 생기는 수정 작업들이 처음 시안을 만드는 시간보다 더 오래 걸리는 경우도 많습니다. 실제 많은 프로젝트가 이러한 시행착오를 겪으면서 예정보다 더 많은 시간을 소비하고 있습니다. 이 책이 모든 문제를 다 해결할 순 없겠지만, 분명히 이러한 문제들에 대해 크고 작은 도움이 될 거라는 희망을 가지며 책을 준비했습니다.

참고로 이 책에서는 실제로 운영되고 있는 서비스의 이미지와 코드를 사용하기 때문에, 라이센스 문제가 있어 직접 데이터를 공유드리기는 어렵습니다. 따라서 이 책에 나오는 해당 서비스 사이트(비긴메이트, 와이낫링크 등)에서 직접 이미지를 다운받으실 수 있습니다.

목차

저자 소개 ·· 02
베타 리더 리뷰 ·· 03
머리말 ·· 04

CHAPTER 0. 시작하기 앞서

0-1 사회는 왜 디자이너에게 개발 역량을 요구하는 걸까 ················ 12
0-2 이렇게 공부하세요 ·· 13
0-3 개발 초간단 세팅법 ·· 15

CHAPTER 1. HTML 훑어보기

1-1 HTML의 기본구성 ·· 20
1-2 부모 자식 구조 ··· 23
1-3 줄바꿈 〈br/〉 태그, 띄어쓰기   ································· 24
1-4 페이지 이동을 위한 〈a〉 태그 ··· 25
1-5 이미지를 위한 〈img〉 태그 ·· 25
1-6 입력 폼을 위한 〈input〉, 〈button〉 태그 ···························· 26
1-7 레이아웃을 위한 〈div〉, 〈span〉 태그 ································ 27

CHAPTER 2. CSS 훑어보기

2-1 CSS란 무엇인가 ··· 32
2-2 CSS 기본문법 ··· 34
2-3 선택자 ·· 35
2-4 기본 레이아웃 잡기 1 ··· 44

2-5 기본 레이아웃 잡기 2(Position) ·· 51
2-6 border, border-radius, box-sizing ······································ 57
2-7 Background ··· 60
2-8 타이포그래피 ··· 65
2-9 마우스 오버 애니메이션(hover, transition) ························· 76
2-10 알아두면 유용한 CSS 속성들 ··· 78

CHAPTER 3. CSS를 이용한 반응형 이해하기

3-1 개발을 어렵게 만드는 디자인 ·· 92
3-2 데스크톱 - 노트북 반응형 대응하기 ·································· 93
3-3 모바일 반응형 디자인 ·· 98
3-4 폰트어썸 ·· 102
3-5 부트스트랩 ·· 105

CHAPTER 4. 실전 웹페이지 코딩하기

4-1 원페이지 프로모션 사이트 만들기 ·································· 116
4-2 플랫폼 서비스 퍼블리싱하기 1 ······································· 184
4-3 플랫폼 서비스 퍼블리싱하기 2 ······································· 220
4-4 비주얼 퀄리티를 높여주는 팁 ··· 334

CHAPTER 5. 앞으로는 이렇게 공부하세요

5-1 앞으로 어떤 공부를 하면 좋을까요 ································ 350
5-2 개발하면서 알아두면 좋은 사이트 ·································· 355
5-3 크롬 개발자모드 활용하기 ··· 360

Less is more work.

Patric McCue

CHAPTER

0.

시작하기 앞서

0-1 | 사회는 왜 디자이너에게 개발 역량을 요구하는 걸까

0-2 | 이렇게 공부하세요

0-3 | 개발 초간단 세팅법

CHAPTER 0.

시작하기 앞서

0-1 사회는 왜 디자이너에게 개발 역량을 요구하는 걸까

웹 디자이너 채용공고에서 종종 웹 코딩에 대한 이해(html, css, Javascript)를 요구하는 회사들을 볼 수 있습니다. 이는 작은 회사에서 디자이너와 개발자를 각각 채용할 수 없으니 디자인도 시키고 필요에 따라 개발도 시키겠다는 의도일 수도 있겠지만, 이러한 요구 조건은 이미 개발자와 디자이너 인원이 충분히 있는 중견기업, 대기업 공고에서도 종종 보이는 부분입니다.

왜 필요할까? 왜 필요하다고 하는 걸까?
앞서 얘기했지만, 프리랜서로서 퍼블리싱을 하다 보면 개발로 구현할 수 없는 디자인을 자주 봅니다. 이 경우 문제가 있는 부분에 대해 수정 요청을 드리고 수정된 디자인을 받으면 그것에 대해 다시 피드백, 이렇게 몇 번의 커뮤니케이션을 거쳐야 제대로 된 개발 작업이 가능합니다. 때로는 구현이 안 되는 것은 아니지만, 참 개발하기 까다롭게 디자인을 해 놓은 경우도 비일비재합니다. 빠르게 프로토타입을 구현해야 하는 상황에서는 퀄리티보다도 빠른 개발이 중요한데, 디자이너에게는 작은 디테일 하나가 개발자에게는 큰 업무 노가다로 이어지는 경우가 있습니다. 이렇게 디자이너가 개발에 대한 이해도 없이 작업하는 것은 디자이너나 개발자 모두에게 큰 피로감을 줍니다. 디자이너는 디자이너대로 고민해서 만든 시안을 수정해야 하며, 개발자는 개발자대로 매번 피드백하느라 실제 개발 시간보다 소통을 하는 시간이 더 길어질 때도 있습니다. 이렇게 발생하는 시간 소비는, 프로젝트 전체에서 보거나 기업 입장에서 봤을 때 예측하기도 힘들고 부담스러운 리스크로 작용합니다.

사실 어떤 디자인 작업이든 디자인이 구현되는 매체에 대한 이해가 필요합니다. 편집 디자이너는 종이 재질, 인쇄에 대한 지식이 필요하고, 건축, 가구 등 대부분의 디자인은 공정에 대한 지식들을 배경으로 디자인 시안 작업을 합니다.

하지만 디지털 미디어를 다루는 UX/UI에서는 실제 소프트웨어의 공정 과정인 개발에 대한 지식을 따로 배우지 않는 경우가 많습니다. 디자인 대학에서 커리큘럼으로 코딩을 가르치지 않거나(요즘은 프로그래밍을 가르치는 미대도 있다고는 합니다), 언뜻 보기에 어려워 보여서 포기하는 등 다양한 경우가 있을 것입니다. 아마 앞서 얘기한 다른 디자인 분야에 비해 프로그래밍은 공부할 것이 너무 많아 쉽게 접근하지 못하는 경향이 있는 것 같습니다. 하지만 종이 재질을 제대로 이해하고 만든 명함, 포스터가 종이에 대한 이해도 없이 만든 것과 최종 결과물에서 큰 차이를 만들어내는 것처럼, 개발을 제대로 이해하지 못한 UX/UI와 개발을 제대로 이해하고 있는 디자인은 최종 결과물에서 큰 차이를 만들어 낼 것입니다. 그러므로 소프트웨어가 사라지지 않는 이상, UX/UI에서 개발 지식에 대한 필요성은 앞으로도 점점 더 높아질 것입니다.

0-2 이렇게 공부하세요

0-2-1 W3schools를 이용하세요

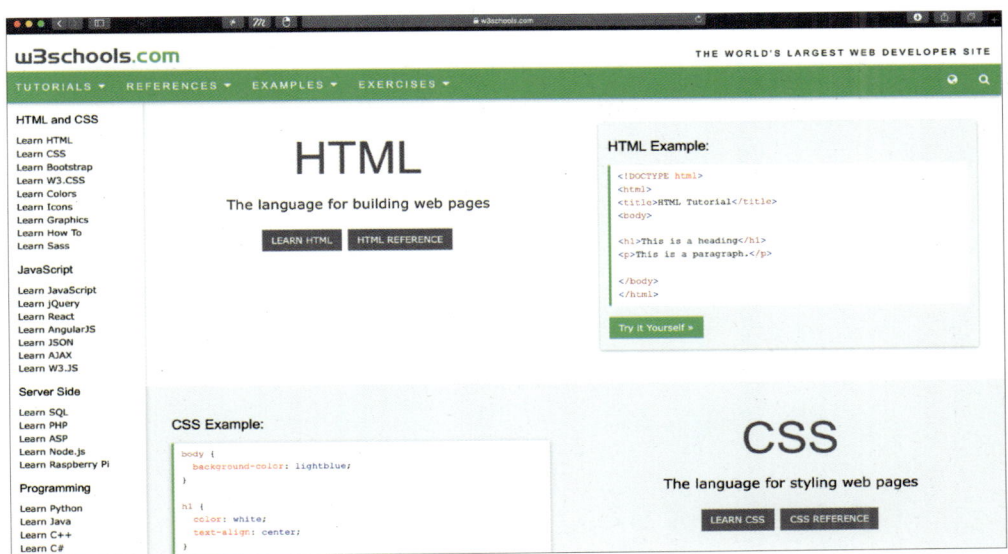

0-2-1 W3schools.com

프로그래밍 언어는 대부분 영어로 되어 있기 때문에 처음 개발을 배우는 입장에서는 모르는 영단어를 외워야 하는 것에 대한 부담감이 있습니다. 하지만 대부분의 개발자는 영단어를 전부 외우지 않습니다. 우리가 독해를 할 때 사전을 옆에 끼고 공부를 하는 것처럼 웹 프로그래밍도 중간중간 생각나지 않거나 헷갈리는 것이 있을때마다 'W3schools'라는 레퍼런스 사이트에 검색합니다. 이처럼 모르는 것이 있을 때 블로그를 검색해서 알아보는 방법도 있지만, 독해를 할 때 블로그보다 사전이 정확하듯이 레퍼런스 사이트에 익숙해지면 보다 정확하고 빨리 정보를 얻을 수 있습니다. 처음에는 익숙해지기 힘들더라도 모르는 속성이나 헷갈리는 부분이 있으면 이곳에서 검색하는 습관을 만들어 두는 게 좋습니다.

0-2-2 설렁설렁 공부해도 괜찮습니다

1 내용을 달달 외우기보다는 이해만 하고 훑고 넘어가세요

보통의 숙련된 개발자들도 필요할 때마다 W3schools나 구글에서 다른 개발자들이 정리한 이론을 검색해보고 이를 참고하여 코드를 완성합니다. 우리가 실제로 작업하는 프로젝트는 학교 시험이 아니기 때문에 얼마든지 정보를 검색하여 자료를 참고할 수 있다는 사실을 인지해야 합니다. 따라서 대부분의 내용을 암기하기보다는 이해하는 수준에서 보고, 자세한 건 나중에 실습을 해본다든가 실제 프로젝트를 진행할 때 다시 검색하거나 책을 통해 정보를 얻는 것이 더 좋습니다.

2 태그를 외우지 마세요. 앞의 철자 몇 개 정도만 알고 있어도 충분합니다

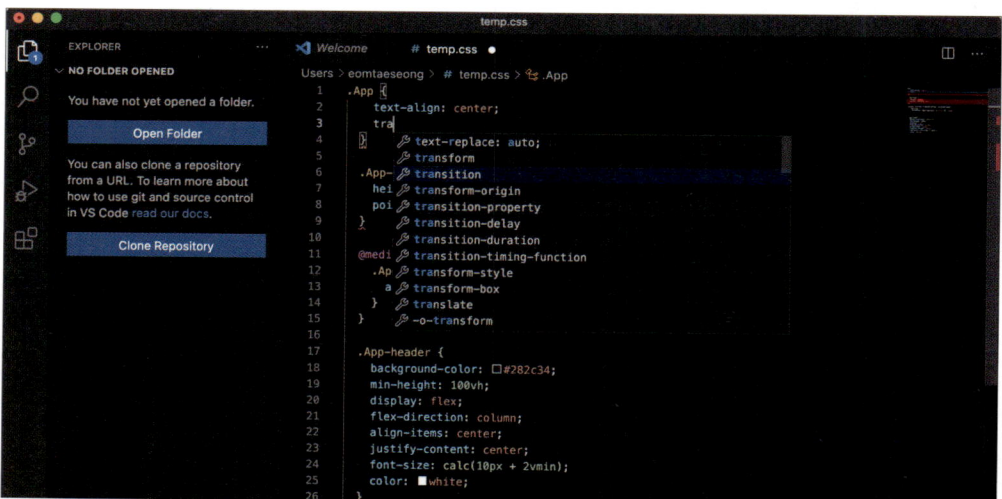

0-2-2 자동완성이 되는 속성명들

대부분의 개발 툴은 자동완성 기능을 제공하기 때문에 앞의 철자 몇 개만 입력해도 해당 속성이나 값을 쉽게 가져올 수 있습니다. 따라서 속성들을 정확하게 외우려고 하기보다 전체적인 부분들을 이해하고 넘어가는 게 효율적입니다.

0-2-3 구글 크롬 개발 툴을 적극 활용하세요

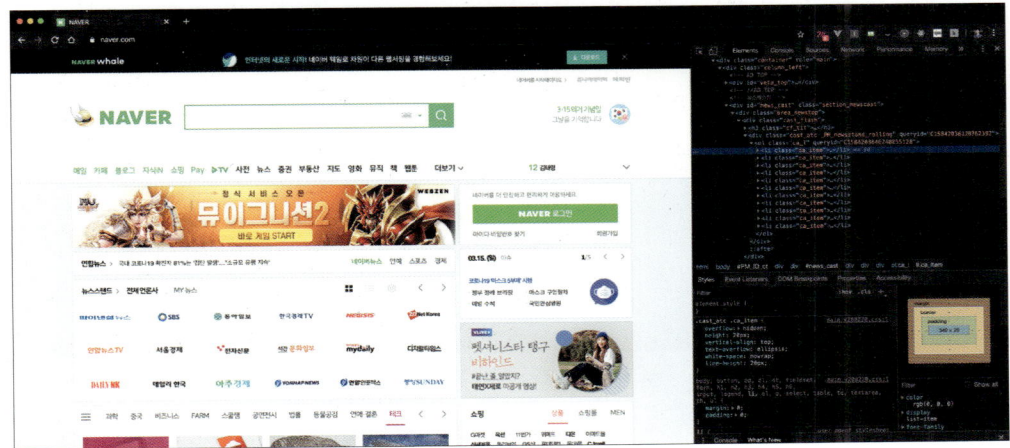

0-2-3 웹페이지 구조를 쉽게 파악할 수 있게 도움을 주는 크롬 개발자모드

마지막 챕터(5.3장)에서 한 번 더 설명하겠지만, 크롬 개발자모드를 이용하면 css나 html 구조를 쉽게 파악할 수가 있습니다. 자신이 만든 웹사이트를 실제 웹브라우저로 확인해보면 규칙을 잘못 써서 깨져 보이는 경우가 허다합니다. 그럴 때 크롬 개발자 툴을 이용하면 어디가 잘못되어 있는지 쉽게 파악할 수 있습니다. 또한, 웹사이트의 css 요소가 어떻게 구성되어 있는지 쉽게 볼 수 있으므로, 잘 만들어진 웹사이트의 css 구성을 참고하고 싶을 때 크롬 개발자 툴을 활용하면 css 요소를 파악하는 데에 도움이 됩니다.

0-3 개발 초간단 세팅법

웹 개발에서는 개발 툴의 중요도가 비교적 낮기 때문에 어떠한 툴도 상관없지만 개인적으로는 Webstorm, VSCode, Brackets 중에 골라 사용하는 것을 권장합니다. 이 책은 그 중에서도 무료 라이선스이면서 막강한 기능을 제공하는 'VSCode'을 기준으로 설명합니다. 물론 다른 개발 툴을 사용하셔도 괜찮습니다(Webstorm은 유료이지만, 학생이면 무료로 이용할 수 있습니다).

VSCode 설치

1️⃣ https://code.visualstudio.com에서 다운받을 수 있습니다. 다운받아 설치합니다.

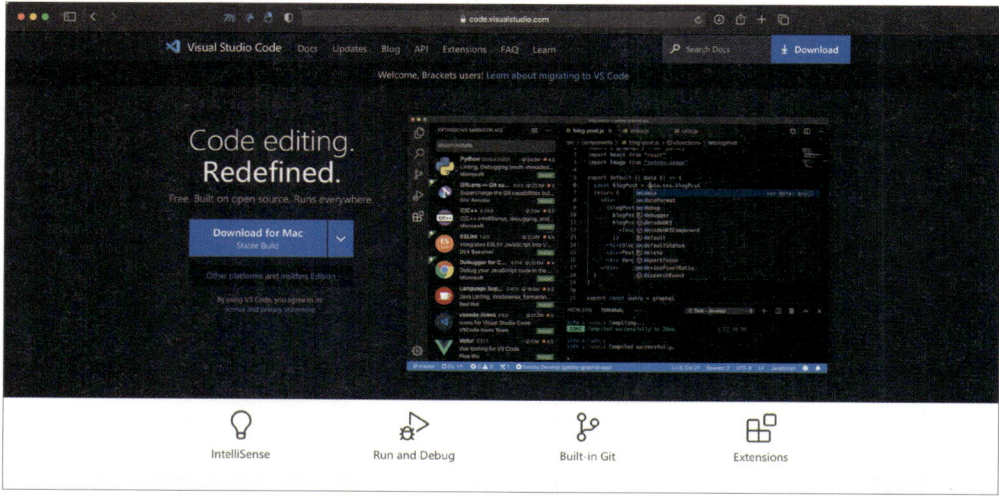

`0-3-1` VSCode 공식사이트 첫화면

2️⃣ 설치하고 실행하시면 이미지 0-3-2와 같은 화면이 나옵니다. 가운데 Start섹션에서 'New file'을 클릭합니다.

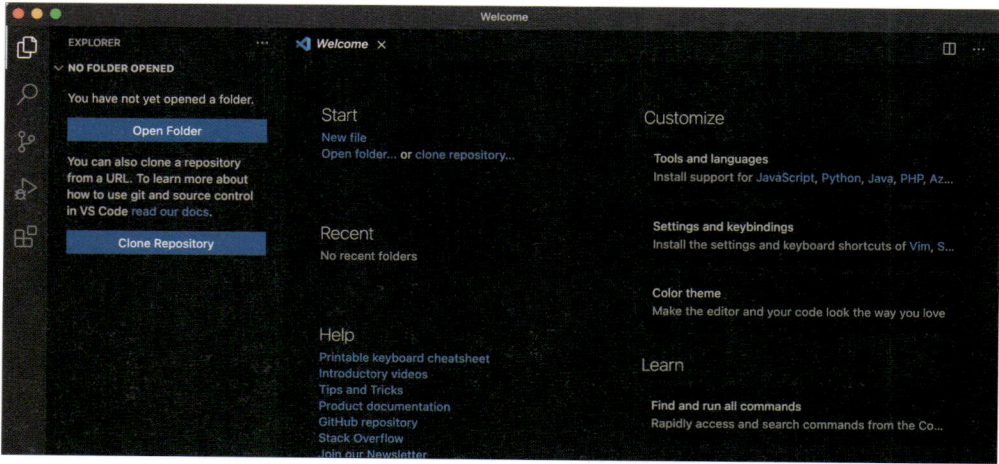

`0-3-2` VSCode 첫 실행화면

3️⃣ 윈도우 컴퓨터를 사용하시면 컨트롤+S, 맥을 사용하시면 커맨드+S를 눌러서 일단 저장을 합니다. 파일 위치는 적당한 위치에 아무 이름(여기서는 test로 설정)으로 지정하시면 됩니다. 여기서 주의하실 점은 끝에 .html을 꼭 붙여서 저장해야 한다는 것입니다.

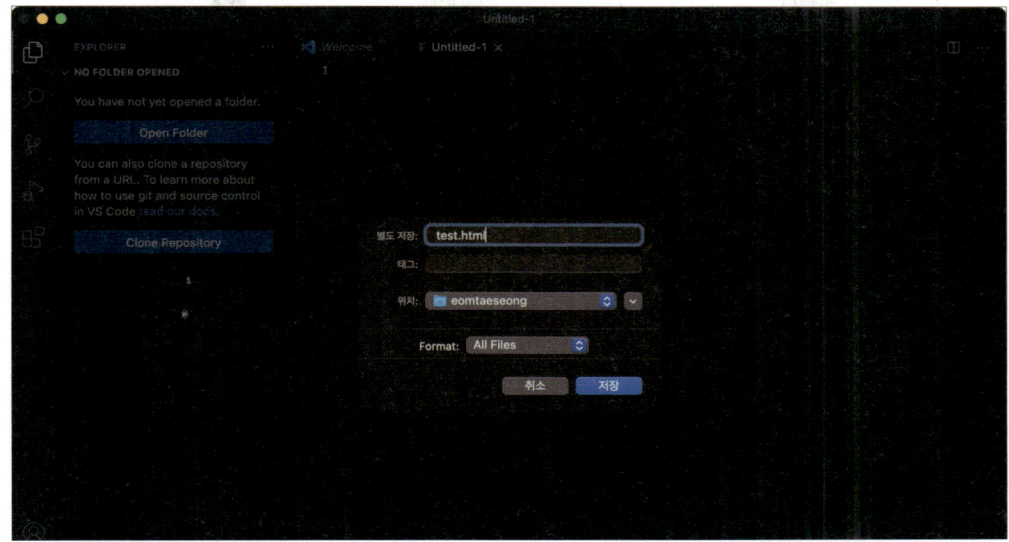

0-3-4 test.html로 저장

4️⃣ 저장한 뒤, 'html'이라고 입력하면 이미지 0-3-5처럼 자동완성이 뜹니다. 추천된 항목 중에 'html:5'라고 쓰여진 부분을 선택합니다.

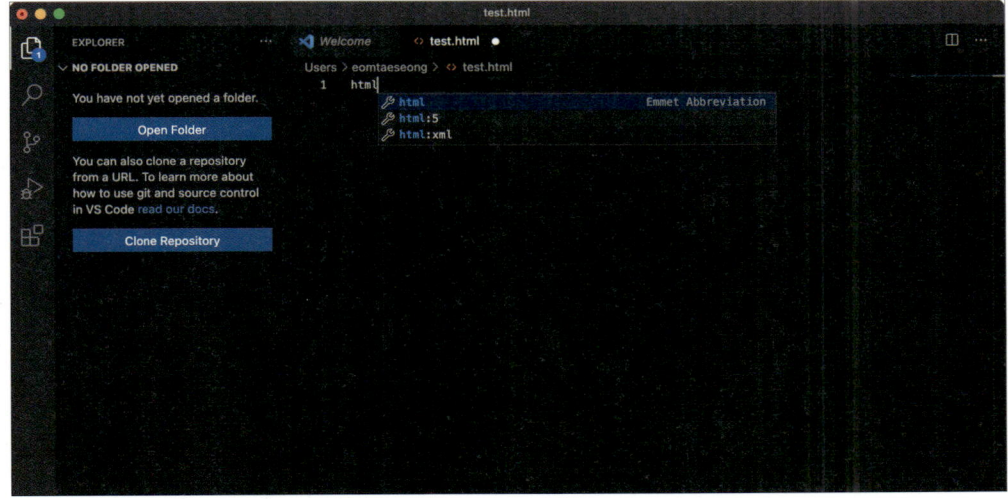

0-3-5 html입력시 자동완성 되는 추천 코드

Chapter 0. 시작하기 앞서 | 17

5 'html:5'을 선택하면 html에 대한 기본문법 코드가 입력됩니다. 이 코드들은 직접 타이핑해서 입력해도 되지만, 자주쓰이는 형식을 쓰기 쉽게 템플릿으로 제공하는 기능이라고 이해하시면 됩니다. 각 코드에 대한 설명은 다음 장에서 하겠습니다.

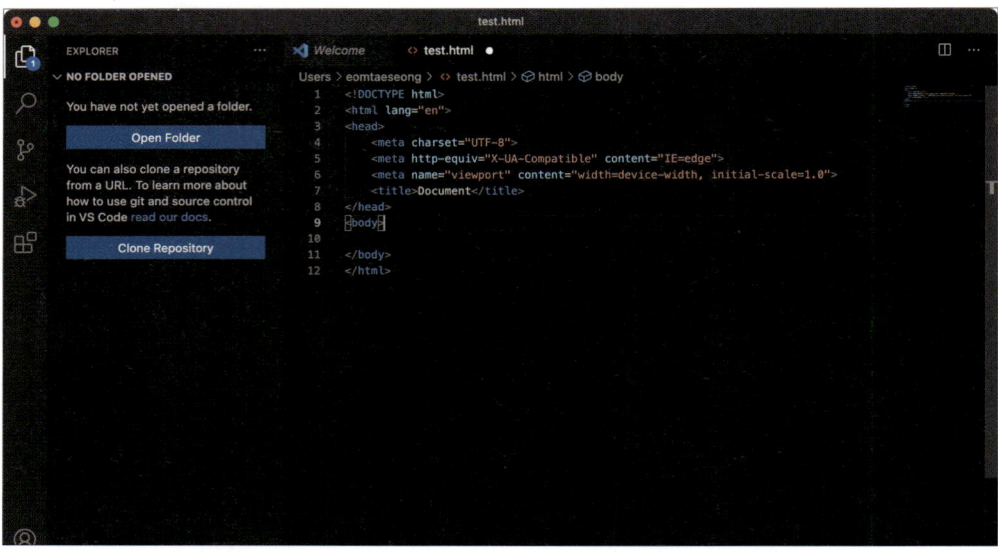

0-3-6 html기본문법 템플릿

CHAPTER

1.

HTML 훑어보기

1-1 | HTML의 기본구성

1-2 | 부모 자식 구조

1-3 | 줄바꿈 〈br/〉 태그, 띄어쓰기

1-4 | 페이지 이동을 위한 〈a〉 태그

1-5 | 이미지를 위한 〈img〉 태그

1-6 | 입력 폼을 위한 〈input〉, 〈button〉 태그

1-7 | 레이아웃을 위한 〈div〉, 〈span〉 태그

CHAPTER 1.

HTML 훑어보기

1-1 HTML의 기본구성

html을 다루는 시중의 많은 책과 공부자료에서는 html의 어원부터 웹의 역사, 웹의 구성원리 등 웹에 대한 전반적인 것을 간단히 설명하고 시작하지만 이 책에서는 그러한 것들을 다루지 않습니다. 웹에 대한 전반적인 지식도 알아두면 나쁘진 않겠지만, 실제 당장 코딩을 하는 데에 반드시 필요한 부분은 아닙니다. 이러한 부분들까지 공부하다 보면 이후에 정작 중요한 내용을 공부하는 곳에서 쉽게 지칠 수 있습니다. 따라서 이 책을 끝내고 여유가 있을 때, 인터넷에서 따로 검색해 보는 것을 권장합니다.

이러한 맥락에서 우리는 앞서 띄워 놓은 코드부터 보겠습니다.

```html
<!DOCTYPE html>
<html lang="en">
<head>
    <meta charset="UTF-8">
    <meta http-equiv="X-UA-Compatible" content="IE=edge">
    <meta name="viewport" content="width=device-width, initial-scale=1.0">
    <title>Document</title>
</head>
<body>
```

```
</body>
</html>
```

먼저, 가장 최상단에 표시된 '<!DOCTYPE html>'은 이 문서가 html5문법으로 작성되었다는 것을 의미합니다. 우리가 쓰는 한국어도 시대에 따라 신조어가 생기고 국어 문법이 조금씩 바뀌는 것처럼, html언어도 시대의 요구에 따라 새롭게 진화하고 있습니다. 현재 우리가 쓰는 html버전은 html5버전이고 이 문서는 html5버전의 문법을 사용하겠다는 의미로 이해하시면 됩니다.

대부분의 웹(html)은 크게 머리(head), 몸통(body)으로 구성되어 있습니다. 코드를 보시면 <html lang='en'>~</html>이라고 쓰인 코드 사이에 <head>~</head>와 <body>~</body>로 구성된 것을 확인할 수 있습니다.

head에는 웹사이트에 대해서 요약한 정보가 주로 들어갑니다. 예를 들면, 구글에서 사이트가 검색되었을 때 사이트를 설명할 내용이나 facebook에 웹사이트 링크를 넣었을 때 뜨는 섬네일 이미지, 브라우저 상단에 뜨는 웹사이트 제목과 같이, 주로 이 웹사이트가 어떤 사이트인지 설명하는 내용이 들어갑니다. 이 외에도 앞의 코드처럼 <head>~</head>사이에 <meta~로 시작하는 코드들이 있는데, 이 사이트가 어떠한 문자코드로 작성이 되었는지, 모바일에서 이 사이트를 접속했을 때 어떤 비율로 화면을 보여줄 것인지 등에 대한 정보가 담겨 있습니다. 이 부분이 이해하기 어려우시면 그냥 이런게 있구나 하고 넘기셔도 좋습니다. 또한, <title>Untitled Document</title>이라고 되어 있는 부분을 수정하면 브라우저 상단에 뜨는 웹사이트 제목을 지정할 수 있습니다.

body에는 웹사이트를 접속했을 때 실제 보이게 될 내용이 들어갑니다. 보통은 body 안에서도 웹사이트 상단 메뉴로 사용될 'header(앞에서 말한 head와는 다름)'와 콘텐츠가 들어갈 본문 부분, 그리고 연락처나 카피라이트 정보가 들어갈 'footer'로 나누어집니다.

```
<!DOCTYPE html>
<html lang="en">
<head>
    <meta charset="UTF-8">
    <meta http-equiv="X-UA-Compatible" content="IE=edge">
```

```
    <meta name="viewport" content="width=device-width, initial-scale=1.0">
    <title>Document</title>
</head>
<body>
안녕하세요
</body>
</html>
```

body에 '안녕하세요'라는 문구를 넣고 실행하겠습니다. 방금 test.html을 저장한 폴더를 열어서 저장된 html문서를 실행하면 기본 브라우저가 열리고, 이미지 1-1-1과 같은 화면이 나옵니다.

1-1-1 body에 '안녕하세요'가 그대로 출력된 화면

> ▶ 마크업 랭귀지(markup language)와 태그(tag)
>
> 위의 코드에서 〈html〉, 〈head〉, 〈body〉가 적힌 것을 볼 수 있습니다. 우리가 브랜드 상품을 샀을 때 브랜드 '마크'가 이 상품이 어떤 브랜드인지 나타내는 것처럼, 이 부분이 어떤 영역이라는 것을 '마크'해 주는 것이 마크업 랭귀지의 특징입니다.
>
> HTML 코드를 보면 〈html〉, 〈head〉 아래에 〈/html〉, 〈/head〉라고 적힌 것을 항상 볼 수 있습니다. 대부분의 HTML은 이렇게 〈〉로 시작해서 〈/〉로 끝납니다. 마크업 랭귀지를 보다 효율적으로 나타내기 위하여 〈html〉〈/html〉, 〈head〉〈/head〉처럼 시작과 끝을 쉽게 구분할 수 있도록 태그를 통해 표현합니다. 또한 이러한 태그 하나하나를 '엘리먼트' 혹은 '노드'라고도 부르니 꼭 기억하길 바랍니다.

✓ 앞서 말해온 것처럼 이 책에서는 아주 기본적으로 자주 사용되는 태그들만 다루겠습니다. html에서는 웹페이지

의 목적과 개발자의 숙련도에 따라 다양한 태그가 사용되고 있지만, 막상 사용되는 태그들은 실제로 그렇게 많지 않습니다. 만약 이 책에서 다루지 않는 태그들이 있다면 그때 가서 W3schools를 통해 이 태그가 어떤 것인지 검색해 봐도 무방합니다.

1-2 부모 자식 구조

```html
<!DOCTYPE html>
<html lang="en">
<head>
    <meta charset="UTF-8">
    <meta http-equiv="X-UA-Compatible" content="IE=edge">
    <meta name="viewport" content="width=device-width, initial-scale=1.0">
    <title>Document</title>
</head>
<body>
안녕하세요
</body>
</html>
```

다시 코드를 보면 <html>과 </html> 사이에 <head>가 있고, <head>와 </head> 사이에는 <meta>와 <title>~</title>이 작성된 것을 볼 수 있습니다.

FAQ

Q. '<title>Untitled Document</title>'처럼 들여쓰기를 꼭 해야 하나요?

A. 들여쓰기는 필수 사항은 아니지만, 코딩하는 사람이 영역을 구별하기 쉽게 하기 위해서 사용됩니다. 개발자가 시각적으로 코드를 구별하기 위해서 사용되는 것이기 때문에 들여쓰기가 제대로 안 되어 있다고 해서 결과물이 달라지지는 않습니다. 위에서 설치한 웬만한 개발 툴들은 이러한 들여쓰기를 쉽게 할 수 있도록 자동으로 지원하므로 크게 신경 쓰지는 않아도 됩니다.

> Q. '<html>태그 옆에 lang='en'이나 <meta>태그에 적힌 내용들은 어떤 의미인가요? 그리고 꼭 써야 하나요?
>
> A. 템플릿으로 작성된 코드는 실무에서 바로 적용할 수 있도록 전문성을 갖춘 코드이기 때문에, 입문자가 접근하기엔 조금 어려운 세부적인 내용들을 담고 있습니다. 세세한 부분을 처음부터 다 설명하기엔 이 책의 취지와 맞지 않기 때문에 생략하겠습니다. 간단한 웹사이트를 구성하는데 반드시 필수적인 부분이 아니므로 무시하거나 지우셔도 괜찮습니다. 지금 알고 싶으신 분은 직접 구글에 검색해보시는 것을 권장합니다.

1-3 줄바꿈
 태그, 띄어쓰기

html 코드 내에선 엔터를 통해 줄바꿈을 할 수 없습니다. 따라서 줄바꿈을 하고 싶으면 '<br/>'이라는 태그를 사용합니다. 마찬가지로 띄어쓰기 또한 html 코드 내에선 아무리 띄어쓰기를 해도 띄어쓰기가 한 번만 적용됩니다. 보통은 두 칸 이상 뛰어쓸 경우에는 css를 이용해서 간격을 주지만 그래도 꼭 띄어쓰기를 여러 번 사용하고 싶을 때는 ' '를 사용하면 됩니다.

```
띄어쓰기를    하고싶다. 그리고<br/>
줄바꿈을<br/>
하고싶다
```

```
띄어쓰기를    하고싶다. 그리고
줄바꿈을
하고싶다
```

1-3-1 띄어쓰기는 ' ', 줄바꿈은 '<br/>'

✔ 기존의 <body></body>처럼 보통의 태그는 < >에서 </>로 끝난다고 했는데, 이
태그는 따로 영역이라는 것이 존재하지 않기 때문에
하나만 적어 주면 됩니다. 이 외에도 뒤에 나오는 이미지 삽입 시에 쓰는 <img>태그나 <input> 태그 또한 영역이라는 것이 따로 없기 때문에 < >에서 </>로 끝나는 것이 아니라 <img />식으로 뒤에 한 번만 사용하면 됩니다.

1-4 페이지 이동을 위한 <a> 태그

```
<a href="https://naver.com">네이버 이동</a>
<a href="https://daum.net" target="_blank">다음 이동</a>
```

웹과 아날로그의 가장 큰 차이를 말한다면 바로 페이지 간의 이동이 가능하다는 점인 것 같습니다. 웹에서 가장 중요한 부분이지만 사용하는 것은 가장 간단합니다. <a> 태그는 'href'라는 속성을 통해서 원하는 페이지로 이동할 수 있습니다. href 값에 이동하고 싶은 주소를 적으면 됩니다. 일반적으로 target이라는 속성을 안 쓰면 해당 창에서 이동이 되지만, target에 '_blank'라는 속성을 주면 새로 창 혹은 탭이 열리면서 해당 페이지로 이동하게 됩니다.

1-5 이미지를 위한 <img> 태그

웹사이트에 이미지를 넣기 위해서는 크게 img 태그를 사용하는 것과 css를 이용하는 방법이 있는데, 이 장에서는 img를 사용해서 이미지를 넣는 방법에 대해 배우겠습니다.

```
<img src="이미지경로" width="이미지 너비" height="이미지 높이" alt="이미지설명"/>
```

이미지 너비와 높이를 정할 수 있지만, 뒤에 나오는 css를 배우고 css 언어로 너비와 높이를 정하는 것이 더 좋기 때문에 되도록이면 넣지 않는 것이 좋습니다.
뒤에 alt라는 속성은 이미지를 못 보는 시각장애인들을 위해 이미지에 대한 설명을 붙여주는 용도라고 이해하면 됩니다. 특히 웹 접근성이 중요한 웹사이트에서는 필수입니다.

✓ **고해상도 환경 대응 방법**
아이맥, 맥북 등 맥 환경이나 모바일 디스플레이는 기본적으로 해상도가 높기 때문에 이미지 사이즈를 화면 사이즈에 맞게 그대로 적용하면 해상도가 맞지 않아 조금 흐릿한 느낌을 받을 수 있습니다(일반적으로 웹 목적용 이미지 해상도는 72dpi를 사용합니다). 이에 대한 몇 가지 대응 방법이 있습니다.

첫째, 가급적 이미지는 svg를 사용한다

svg는 용량이 가벼우면서도 벡터 이미지이기 때문에 해상도가 아무리 높아져도 선명하게 보이는 장점을 가지고 있습니다. 꼭 비트맵으로 표현해야만 하는 이미지가 아닌 이상 웬만한 아이콘 및 벡터 이미지들은 svg로 저장하는 것이 좋습니다(이 외에도 svg는 색상이나 모양 변경이 쉽다는 장점이 있으므로, 특히 아이콘 같은 이미지라면 적극 사용하는 것을 권장합니다).

둘째, 이미지 사이즈를 실제 적용할 사이즈보다 1.5~2배 크게 저장한 다음에 줄여서 사용한다

이미지 용량이 조금 늘어난다는 단점이 있지만, 이미지 사이즈가 어마어마하게 늘어나지 않는다는 가정하에선 괜찮은 방법입니다. 특히 국내 시장을 타깃으로 하는 웹사이트의 경우 국내 인터넷 속도는 엄청 빠른 편이므로 이미지가 2mb가 넘지 않는 선에선 괜찮습니다.

셋째, 웹사이트 속도를 최적화하기 위해 해상도에 따라 다른 이미지를 보여준다

이는 여러 방법이 있지만 초보자가 사용할 일이 적고 복잡하므로 키워드만 알려드릴 테니 나중에 필요할 때 직접 찾아보면 될 것 같습니다. 〈picture〉, 〈figure〉 태그, 'retinajs' 라이브러리.

1-6 입력 폼을 위한 <input>, <button> 태그

〈input〉 태그는 입력박스를 만들기 위한 태그입니다.

1-6-1 기본 input폼 예시

```
이름 :
<input type="text" placeholder="예)홍길동" maxlength="4"><br/><br/>
전화번호:
<input type="text" placeholder="숫자만 입력합니다" maxlength="11"><br/>
<button type="button">Click Me!</button>
```

보기처럼 초록 글씨의 '예)홍길동'이나 기본 안내 문구를 넣기 위해서는 'placeholder' 속성을 이용하면 됩니다. 또한, 'maxlength'라는 속성을 이용하면 input 박스의 글자 입력 수를 제한할 수 있습니다.

또한, type을 text가 아닌 radio나 checkbox라고 적으면 텍스트 입력 폼이 아닌, 라디오 버튼이나 체크박스 버튼을 만들 수 있습니다.

```
<input type="radio">라디오 버튼입니다.
<input type="checkbox">체크박스 버튼입니다.
```

html에서 기본적인 버튼을 만들기 위해서는 <button>이라는 태그를 사용하면 됩니다. 위의 예시에서는 스타일이 적용되지 않은 버튼 모양이라 디자인이 좀 낯설 수 있는데, 이후 css를 배우시면 예쁜 모양의 버튼을 만들 수 있습니다.

1-7 레이아웃을 위한 <div>, <span> 태그

<div>는 division의 약자인데, 뜻 그대로 콘텐츠의 영역을 나눠주고 레이아웃을 만드는 데에 아주 중요한 역할을 합니다. <div>는 기본값으로 너비를 100%로 가지고 있는 것이 특징입니다. 높이와 너비를 지정할 수 있지만 div는 해당하는 줄을 혼자서 독차지하려는 특성을 가지고 있기 때문에 div를 여러 개 만들고 너비를 30%씩 지정한다 해도 각각의 div가 한 줄에 붙는 것이 아니라 너비가 30%인 채 한 줄씩 해당 영역을 차지합니다. 이 부분은 처음 레이아웃을 짤 때 초보자들이 많이 실수하니 꼭 유념했으면 좋겠습니다.

1-7-1 너비는 30%이지만 한 줄 전체를 차지하는 div태그

그렇다면 한 줄에 객체들을 이어 붙이려면 어떻게 해야 할까요? 이는 <span>이라는 태그를 통해 가능합니다. <span>은 기본적으로 영역을 가지려는 속성이 없습니다. 그래서 너비와 높이를 지정해도 적용되지 않고 오롯이 span 안에 속한 콘텐츠, 즉 텍스트나 이미지 사이즈에 따라 span의 사이즈도 정해집니다. 이처럼 사이즈가 유동적이기 때문에 <span>은 마치 글을 이어 붙여서 쓰는 것처럼 너비가 넘어가지 않는 이상, 계속 이어서 붙일 수 있는 특징을 가지고 있습니다.

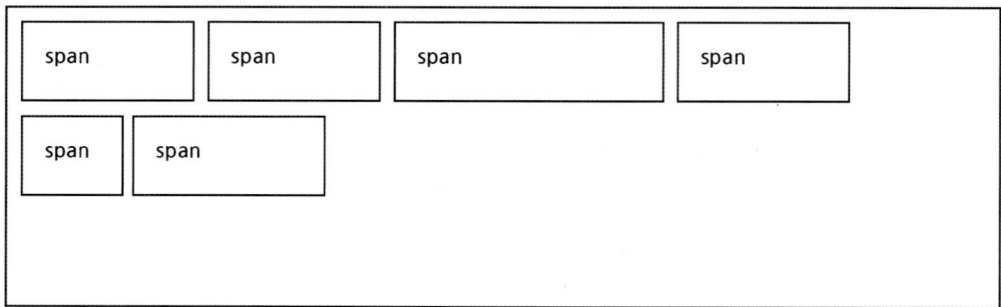

1-7-2 사이즈만큼 공간을 차지하는 span태그

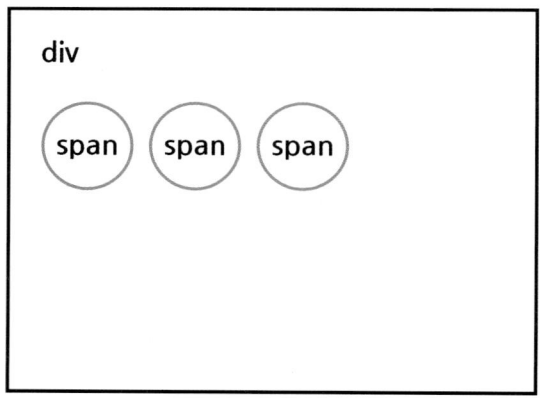

1-7-3 span태그와 div태그

div와 span의 차이를 비유를 들어서 좀 더 설명하자면 div는 포장박스, span은 포장지 정도로 생각하면 됩니다. 포장박스는 어떠한 물건을 넣더라도 물건에 따라 박스의 공간이 줄어들거나 늘어나지 않습니다(div의 세로 길이를 따로 지정하지 않으면 콘텐츠에 따라 세로 길이는 늘어나긴 합니다). 반면 포장지는 박스와 다르게 안에 든 내용에 따라 사이즈와 형태가 변화하는 특성을 가지고 있습니다. 그래서 보통 div는 공간을 나눌 때 자주 사용되고, span은 담고 있는 콘텐츠의 사이즈를 가늠할 수 없는 경우에 유용합니다. 예를 들어, 텍스트의 글자색을 바꾼다고 가정했을 때 텍스트의 글자 수나 사이즈에 상관없이 해당 문구에 대한 색을 변경하고 싶은 경우에는 div가 아니라 span을 사용하는 것이 훨씬 쉽습니다.

```
<div>특정문구를 바꾸고 <span>싶다면</span> 이렇게 하세요</div>
```

✓ div와 span태그의 차이는 css와 함께 이해하지 않으면 헷갈릴 수 있습니다. 이는 추후에 css를 배우면 자연스럽게 이해되는 부분이니 이해가 안되시면 넘어가셔도 좋습니다. 앞에서 배운 태그들 외에도 html 태그에는 사용 목적에 따라 조금씩 다른 수많은 태그들이 존재합니다. 하지만 시각적인 표현을 위한 태그들은 앞에서 배운 태그들과 css만으로 충분히 커버할 수 있습니다. 이 책에서는 디테일이 다른 많은 html 태그를 다루기보다는, 가장 기본적인 html 태그와 css만으로 웹상에서 자주 사용되는 레이아웃을 구현하는 데에 초점을 두었습니다.

CHAPTER

2.

CSS 훑어보기

2-1 | CSS란 무엇인가

2-2 | CSS 기본문법

2-3 | 선택자

2-4 | 기본 레이아웃 잡기1

2-5 | 기본 레이아웃 잡기 2(Position)

2-6 | border, border-radius, box-sizing

2-7 | Background

2-8 | 타이포그래피

2-9 | 마우스 오버 애니메이션
       (hover, transition)

2-10 | 알아두면 유용한 CSS 속성들

CHAPTER 2.

CSS 훑어보기

2-1 CSS란 무엇인가

많은 디자이너가 기초 css에 대한 이해 없이 디자인을 하면서 자주 시행착오를 겪습니다. 따라서 이 챕터는 더욱 꼼꼼히 보는 것을 권장하며, 이 책에서 다루는 기본 css 속성 외에도 이 분야에 대해 꾸준히 지속적으로 공부하는 것을 권장합니다.

CSS(stands for Cascading Style Sheets)란 무엇인가?

> CSS is a language that describes the style of an HTML document.
> CSS describes how HTML elements should be displayed.

[W3schools.com 참고]

간단히 말해서 css는 html의 시각적인 것을 구현해 주는 언어라고 생각하면 됩니다.
시각적인 것을 다루는 언어이기에 디자이너에게 더 중요합니다.

2-1-1 CSS는 왜 필요할까

이전에는 css 없이 html 언어로만 홈페이지를 만들었습니다. 하지만 홈페이지를 예쁘게 만들고 싶어 하는 수요가 점점 더 늘어나자, 웹페이지는 조금 이상한 형태로 흘러가게 됩니다.

1 모든 텍스트, 레이아웃 등이 이미지로 구성된 웹사이트
포토샵으로 디자인된 시안을 몇 개의 이미지로 부분부분 잘라다가 이미지를 통째로 넣어서 만든 웹사이트를 말합니다. 이러한 사이트는 시안을 단기간에 빠르게 웹으로 출력할 수 있다는 장점이 있습니다.

2 올플래시로 구성된 웹사이트
홈페이지 전체를 하나의 플래시로 만드는 방법으로 자유롭게 레이아웃을 구성하고 크리에이티브한 모션이펙트를 쉽게 넣을 수 있는 장점이 있습니다.

지금은 이런 사이트들이 없어졌지만 15년 전만 하더라도 웹에서 꽤 흔하게 볼 수 있었습니다. 이 같은 웹사이트들은 언뜻 보기엔 문제없어 보이지만, 다음과 같은 치명적인 단점들이 있었습니다.

단점 1. 검색엔진 입장에서 사이트 내용을 알 수 없음
검색엔진 같이 사람이 아닌 컴퓨터 입장에서는 이미지로만 구성된 웹사이트의 내용을 읽을 수 없습니다. 이를 보통 '웹 접근성이 떨어진다'라고 표현을 하는데, 이런 경우 검색엔진에 웹사이트가 제대로 노출이 안 될 뿐만 아니라 시각장애인이 웹사이트를 접속했을 때 웹사이트 내용이 글이 아닌 그림이나 플래시이기 때문에 제대로 웹사이트를 이용할 수가 없습니다.

단점 2. 다양한 디바이스에 대응하기 어려움
이미지로 된 웹사이트는 대부분 특정 가로 너비를 고정으로 생각하고 디자인을 합니다. 아이폰이 나오기 전, 대부분의 웹을 pc에서만 접속했을 때만 해도 이 부분이 크게 문제되지는 않았습니다. 그런데 스마트폰이 나오고, 태블릿, 그리고 노트북 이용률이 데스크톱만큼이나 높은 요즘에는 웹 사용자가 어느 정도의 화면 사이즈에서 접속할지 예측하기가 어렵습니다. 그래서 이때부터 반응형 디자인의 중요성이 커지게 되었는데, 이미지나 플래시로만 제작된 웹사이트는 이러한 반응형에 제한적이라 현재는 없어졌습니다.

때문에 이미지나 플래시가 아닌, html 문서를 시각적으로 꾸며낼 수 있는 css가 중요하게 자리 잡게 됩니다. css는 위에 있는 단점들을 커버할 뿐만 아니라 기존의 이미지로 도배되었던 웹사이트보다 용량이 훨씬 가볍기 때문에 전반적으로 웹 속도를 향상시킬 수 있었습니다.

2-2 CSS 기본문법

css는 다른 프로그래밍 언어에 비해 직관적이고, 복잡한 구조를 가지는 경우가 많지 않으므로, 비교적 쉽게 배울 수 있습니다. 이 장에서는 간단하게 css를 통해 글씨에 효과를 주는 법에 대해 배워보겠습니다.

```html
<!DOCTYPE html>
<html lang="en">
<head>
    <title>Title</title>
    <style>
        div{
            color:gray;
        }
    </style>
</head>
<body>
    <div>안녕하세요.</div>
    <div>안녕하세요.2</div>
</body>
</html>
```

css 언어는 기본적으로 <style>~</style>이라는 태그 안에 입력을 해야 합니다. 위에 적은 css 문법은 div 태그 안에 있는 글자들의 색을 회색(gray)으로 지정한다는 명령어입니다.

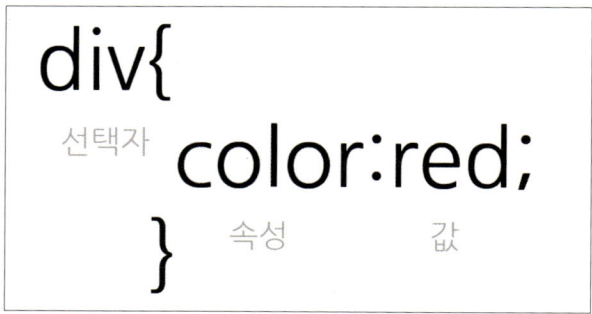

2-2-1 css 기본구조

이처럼 css는 기본적으로 선택자(selector), 속성(property), 값(value)으로 구성되어 있습니다. 또한, 값 뒤에는 항상 세미콜론(;)이 붙는데, 이는 대부분의 프로그래밍 언어에서 마침표(.) 대신에 쓰이는 표현이라고 생각하면 됩니다. 에디터를 쓰다 보면 모니터 특성상 큰 모니터에선 한 줄짜리 명령이 작은 모니터에선 두 줄, 세 줄이 되는데, 이럴 때 명령어를 좀 더 확실히 구분하기 위해 일반 글에서 쓰는 마침표(.) 대신 세미콜론(;)을 사용합니다.

2-3 선택자

html 요소에서 어떠한 부분을 스타일링할지 정하는 것을 '선택자'라고 합니다.

2-3-1 태그 선택자

앞 장에서 본 예제처럼 선택자는 div, a, span 등의 스타일을 주고자 하는 특정 태그를 지정할 수 있습니다.

```html
<!DOCTYPE html>
<html lang="en">
<head>
    <title>Title</title>
    <style>
        div{
            color:gray;
        }
    </style>
</head>
<body>
    <div>안녕하세요.</div>
    <div>안녕하세요.2 </div>
</body>
</html>
```

2-3-1 회색으로 변한 글자들

2-3-2 class 선택자

앞 장에서 본 예제를 다시 살펴보겠습니다.
태그에 스타일을 주면 종종 같은 태그에서 다른 스타일을 주고 싶은 욕구가 생깁니다.

```
<div class="hello1">안녕하세요.</div>
<div class="hello2">안녕하세요.2</div>
```

'안녕하세요.'로 감싸진 <div>와 '안녕하세요.2'로 감싸진 <div>의 태그 스타일을 다르게 지정하고 싶다고 가정해 봅시다. 이럴 때 <div>를 서로 구별할 수 있게 만들어 주는 것이 class와 id입니다. 이 장에서는 class에 대해서 먼저 알아보겠습니다.
위의 코드처럼 div의 class라는 속성에 'hello1', 'hello2'라고 임시 이름을 적어 놓습니다. 이제 '안녕하세요.'와 '안녕하세요.2'는 class를 통해서 hello1, hello2로 이름이 지어졌습니다.

그러곤 다시 css로 돌아와 이번에는 div가 아닌 아까 div에 이름을 붙인 .hello1, .hello2를 입력한 뒤 해당 class에 각각 색을 지정하겠습니다. 이때 주의할 것은 css <style>~</style>에서는 class로 지정한 이름 앞에 .을 붙여야 해당 class를 선택자로 사용할 수 있다는 점입니다.

```
<div class="hello1">안녕하세요.</div>
<div class="hello2">안녕하세요.2</div>
```

```
<style>
    .hello1{
        color:gray;
    }
    .hello2{
        color:blue;
    }
</style>
```

안녕하세요.
안녕하세요.2

2-3-2 class로 스타일 구분짓기

이제 class로 각각의 div를 구별시켜 줌으로써 다른 스타일을 지정할 수 있게 되었습니다. 이처럼 css는 주로 각각의 태그를 구별시켜 주기 위해서 사용하지만, 반대로 한번 정의한 class는 다른 태그에도 중복으로 사용할 수 있습니다.

위의 예제처럼 css로 한번 정의해 놓은 것은 추후에 적용하고 싶을 때마다 class 이름만 지정해 주면 중복으로 사용할 수 있습니다.

```html
<div class="hello1">안녕하세요.</div>
<div class="hello2">안녕하세요.2</div>
<div class="hello1">안녕하세요.3</div>
<div class="hello2">안녕하세요.4</div>
<div class="hello1">안녕하세요.5</div>
<div class="hello2">안녕하세요.6</div>
```

2-3-3 한번 정의해 놓으면 언제든 계속해서 활용 가능한 class

2-3-3 id 선택자

id는 class의 중복 사용과 반대로 유일무이한 요소의 스타일을 지정할 때만 사용됩니다. class가 사회에서 사람의 이름을 지정해 주는 것이라면, id는 주민등록번호라고 생각하면 됩니다. 전체 html 문서에서 딱 한 번만 사용되고 다른 곳에서 사용되면 안 된다는 것을 명시하기 위해 사용됩니다.

✓ id는 딱 한 번만 사용해야 할 때, class는 여러 번 사용될 때, 이렇게 구분 지어 놓고 사용하는 것도 좋지만, 대부분은 class만 사용하셔도 무관합니다. 한 번만 사용될 것 같아서 id로 지정해놨는데 추후에 다른 곳에서 쓰일 가능성이 있다면 변경하는 것이 번거롭고, class도 규칙을 잘 정리해 놓으면 class만으로도 충분히 요소들이 혼합되지 않게 구분해서 스타일을 정의할 수 있기 때문입니다.

2-3-4 부모 자식 선택자

앞서 html을 설명할 때 부모 자식 관계에 대해서 언급을 했었는데 기억하시나요? html이 이렇게 부모 자식 구조로 관계가 지정되어 있는 것처럼 css도 부모 자식 형태로 엘리먼트 요소들을 지정할 수 있습니다.

```html
<div class="grid-container">
  <div class="grid-item">1</div>
  <div class="grid-item">2</div>
  <div class="grid-item">3</div>
</div>
```

grid-item이라는 class 이름을 가진 div는 grid-container라는 엘리먼트의 자식입니다.

```
<style>
  .grid-item{
    //grid-item을 선택합니다.
  }
  .grid-container div{
    //grid-item을 선택합니다.
  }
  .grid-container div.grid-item{
    //grid-item을 선택합니다.
  }
</style>
```

grid-item을 선택하기 위해서는 앞서 class 선택자에서 배운 것처럼 .grid-item을 써서 선택해도 되지만, 이는 좋은 방법이 아닙니다. 이렇게 하면 html 내의 .grid-item이라는 이름을 가진 모든 class를 선택하기 때문에 자칫하면 원하지 않았던 엘리먼트가 선택될 가능성이 있습니다. 따라서 해당 요소의 부모 class를 입력하고 그 안에 있는 태그 선택 혹은 더 정확하게 '태그.클래스명'을 입력해서 선택하는 것이 가장 바람직한 방법입니다.

2-3-5 CSS 중첩

css 스타일은 기본적으로 중첩해서 사용할 수 있는 것이 특징입니다.
앞선 예제 코드에서 맨 뒤의 2줄만 글씨를 굵게 하고 싶다고 가정해 봅시다. 전체적으로 글씨를 굵게 하고 싶다면 .hello1, .hello2에 'font-weight:bold'(폰트 굵기를 bold로 설정하는 css 코드)를 추가하면 되지만, 우리는 뒤의 2줄만 굵게 하고 싶기 때문에 앞의 4줄과 끝의 2줄을 구별할 수 있도록 class를 추가합니다. 그런 다음 text_bold라는 class 이름을 css에서 선택자로 사용하여 속성을 추가해 줍니다.

```html
<div class="hello1">안녕하세요.</div>
<div class="hello2">안녕하세요.2</div>
<div class="hello1">안녕하세요.3</div>
<div class="hello2">안녕하세요.4</div>
<div class="hello1 text_bold">안녕하세요.5</div>
<div class="hello2 text_bold">안녕하세요.6</div>
```

```css
<style>
    .hello1{
        color:gray;
    }
    .hello2{
        color:blue;
    }
    .text_bold{
        font-weight:bold;
    }
</style>
```

안녕하세요.
안녕하세요.2
안녕하세요.3
안녕하세요.4
안녕하세요.5
안녕하세요.6

2-3-4 중첩해서 사용할 수 있는 class

이미지 2-3-4의 아래 두 줄만 글씨가 조금 굵어진 것이 보이시나요? class의 중복 사용과 중첩 속성을 잘 이용하면 이후에 스타일 관리가 간편해집니다. 예를 들어, hello1의 모든 글자를 회색에서 붉은색으로 바꾸고 싶을 때 css 내 .hello1의 color 속성만 변경하면 html 문서 내 모든 hello1의 글자색을 한 번에 변경할 수 있습니다.

그리고 css는 이처럼 중첩되서 사용할 수 있기 때문에, 대부분 어려워하기도 합니다. 그러므로 같은 속성이 중첩될 때, 어떤 것이 먼저 적용될 지 우선순위를 명확히 아는 것이 상당히 중요합니다.

2-3-6 CSS 우선순위

css 우선순위는 다음과 같은 규칙을 따릅니다.

부모 자식 구조를 구체적으로 적어 준 속성이 우선순위가 더 높습니다.

```css
div{
  color:red;
}
div .container .text_box{
  color:blue;
}
```

인생에서 소속, 출신이 중요한 것처럼 css에서도 소속을 명확하게 적어 준 것이 우선순위가 높습니다.
그리고 class(.)보다는 id(#)로 지정해 준 것이 우선순위가 더 높습니다.
같은 우선순위라면 아래에 있는 속성이 우선순위가 더 높습니다.

```css
div{
  color:red;
  color:blue;
}
```

프로그래밍은 일반적으로 위에서부터 아래로 순차적으로 내려오기 때문에 위에서 쓰인 속성이 똑같이 아래에서 쓰인다 했을 때, 두 번째 나온 속성이 위에서 쓰인 속성을 덮어씌우게 됩니다. 일반적으로 작성자의 잘못으로 발생하는 경우인데, 종종 나오는 실수이니 기억해두시면 좋습니다.

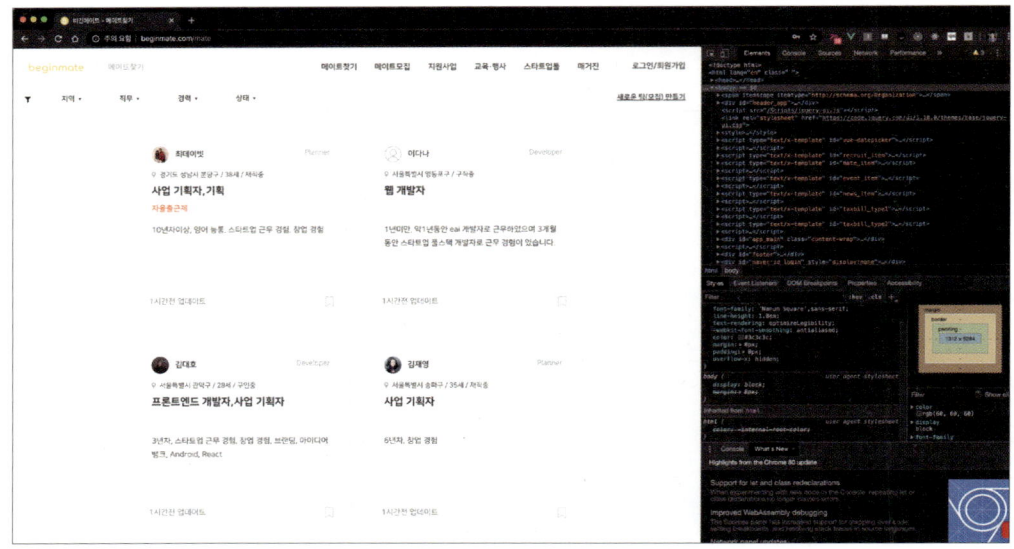

2-3-5 크롬 개발자모드

앞서 얘기했지만 중요한 부분이기에 다시 한번 강조하겠습니다. 크롬 개발자 도구를 이용하면 이런 css의 우선순위 및 규칙들을 쉽게 알아볼 수 있게 되어 있습니다. 그래서 원하지 않는 방향으로 사이트 결괏값이 나올 경우 크롬 개발자 도구를 이용하면 쉽게 어느 속성이 어느 속성 때문에 우선순위가 밀렸는지, 어떤 속성에게 덮어씌워졌는지 쉽게 파악할 수 있습니다. 속성과 값에 가운뎃줄이 그어진 것은 다른 우선순위에 밀려서 속성이 덮어씌워진 것으로 이해하면 됩니다.

✓ 스타일을 좀 더 효율적으로 관리하기

지금까지는 css를 쓰기 위해 css 언어를 〈style〉~〈/style〉에다 내용을 넣어 작업했지만, 이런 방식은 사실 좋은 방법은 아닙니다. 대부분의 웹사이트는 html 코드만 하더라도 꽤 내용이 긴 편인데 여기다 css 분량이 늘어나면 늘어날수록 관리하기가 힘들어집니다.

때문에 실제로는 css 부분을 따로 파일로 만들어 관리합니다. 예를 들어, VSCode에서 좌측 상단 버튼을 통해 새 파일을 만들고(file → New file),

2-3-6 style만 분류해서 따로 관리하기

다음과 같이, 위에서 적은 css를 입력 후 untitle.css란 이름으로 저장하겠습니다.

```html
<!doctype html>
<html>
<head>
    <title>Untitled Document</title>
    <link rel="stylesheet" type="text/css" href="./untitle.css">
</head>
<body>
    <div class="hello1">안녕하세요.</div>
    <div class="hello2">안녕하세요.2</div>
    <div class="hello1">안녕하세요.3</div>
    <div class="hello2">안녕하세요.4</div>
    <div class="hello1 text_bold">안녕하세요.5</div>
    <div class="hello2 text_bold">안녕하세요.6</div>
</body>
</html>
```

그리고 이렇게 작성한 css 파일은 위의 예시처럼 head 태그 안에 link 태그를 통해 첨부할 수 있습니다.

이런 식으로 css 파일을 따로 관리하면, 어떤 페이지에서든 스타일 내용을 쉽게 가져올 수 있다는 장점이 있습니다. 예를 들어, 첨부를 안 하고 전처럼 페이지 내의 〈style〉~〈/style〉에다 스타일을 작성해서 웹사이트를 만든다고 가정해 봅시다. 새롭게 만드는 B페이지에 A페이지에서 썼었던 〈style〉 내용들을 다시 사용하고 싶으면 A페이지에서 〈style〉 내용을 복사해 와야 합니다. 복사, 붙여넣기하는 것이 뭐 그렇게 어렵다고 이럴까 싶은 분들도 있겠지만, 만약 A 안에 있던 〈style〉 내용이 바껴서 B안에 있던 〈style〉도 바꿔줘야 한다고 가정해 봅시다. 한두 번이야 또 복사 붙여넣기하면 되겠지만, 만약 이러한 작업을 수백 번, 수천 번 해야 한다면 어떨까요? 실제 업무에서는 이런 식으로 수정되는 경우가 자주 있기 때문에 공통으로 사용되는 css 스타일은 따로 파일을 만들어 공용으로 사용되게 하는 것이 바람직합니다.

2-4 기본 레이아웃 잡기 1

2-4-1 Display

display 속성은 css에서 레이아웃을 만드는 데에 엄청 자주 쓰이면서도 심화되면 종종 헷갈리는 부분이라 그만큼 집중하여 공부해야 합니다.

> ▶ block과 inline
> 앞서 배운 태그들에는 css 속성이 기본적으로 적용되어 있는 것들이 있습니다. 예를 들어, 〈div〉는 display가 기본적으로 block으로 설정되어 있고, 〈span〉 태그에는 display가 inline으로 설정되어 있습니다. 따라서 이를 강제적으로 변형하면 〈div〉 태그를 〈span〉처럼 사용할 수 있고 반대로 〈span〉을 〈div〉처럼 사용할 수 있기도 합니다.

✔ 이처럼 〈div〉와 〈span〉 등 대부분의 태그는 css를 이용해서 용도를 변경할 수 있으므로 태그를 사용할 때 어떤 태그를 사용할지 너무 고민하지 않으셔도 됩니다.

〈div〉와 〈span〉을 제대로 이해했다면 이미 알고 있겠지만 display:block은 어떤 영역을 고정으로 지정하기 위한 속성이라고 생각하면 됩니다. 따라서 기본적으로 너비(width)와 높이(height)를 지정할 수 있으며, 해당 영역에 배경색을 지정한다든가, 전체 레이아웃 틀을 지정하는 데에 좋습니다.
반대로 display:inline은 유동적인 콘텐츠에 유동적으로 영역을 설정하고 싶을 때 사용하면 좋습니다. 예를 들어, 특정 글자의 배경색을 파랑으로 지정하고 싶다고 가정해 봅시다. 특정 글자를 〈div〉 혹은 〈span〉으로 감싼 뒤, display:block을 통해서 해당 글자의 배경색을 파랑으로 지정해도 되지만, 이 방법은 그렇게 좋지 않습니다. 기본적으로 block 속성은 너비가 100%이기 때문에 해당 글자가 의도와 다르게 줄바꿈이 되어 버리고, 억지로 해당 영역의 너비를 지정하더라도 기본적으로 block은 한 줄을 다 차지하는 속성을 가지고 있기 때문에 의도처럼 되지 않습니다.

```css
.what_is_block{
    display:block;
    background-color: #3f86ff;
}
```

```html
<div>
    <span class="what_is_block">display:block</span>은 어떤 영역을 지정
하기 위한 속성이라고 생각하면 됩니다.
    때문에 기본적으로 너비(width) 와 높이(height)를 지정 할 수 있으며,
해당 영역의 배경색을 준다던가,
    어떤 레이아웃 틀을 지정하는데 좋습니다.
</div>
```

하지만 'display:inline'으로 설정하면 해당 범위가 콘텐츠 사이즈에 따라 자동으로 늘어나고 조절되기 때문에 기존 레이아웃을 파기하지 않으면서 특정 부분만 바꾸고 싶을 때 사용하면 좋습니다.

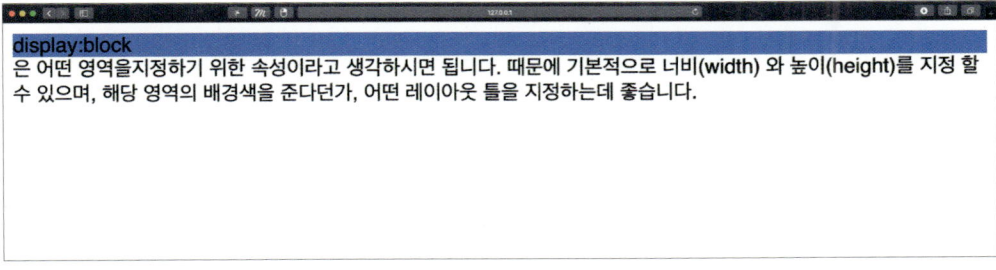

2-4-1 display속성이 block 상태일 경우

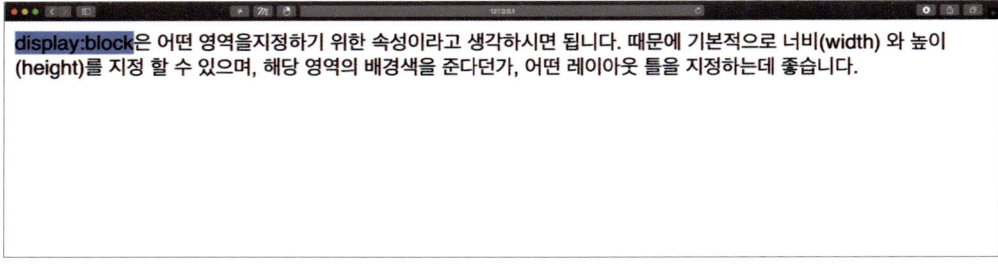

2-4-2 display속성이 inline으로 변할 경우

display 속성은 css에서 레이아웃을 만드는 데에 엄청 자주 쓰이면서도 심화되면 종종 헷갈리는 부분이므로 꼭 직접 텍스트 에디터에서 코드를 타이핑하여 확인하는 것이 좋습니다.

▶ Inline-block

inline-block은 앞서 말한 inline 속성과 block 속성을 둘 다 가지고 있는 중간 속성이라고 생각하면 됩니다.

2-4-3 display가 inline-block으로 되어 있는 경우

위의 예제처럼 버튼들을 나열한다고 가정했을 때, 한 줄에 여러 콘텐츠를 넣을 수 있는 inline 속성에 버튼 사이즈를 지정할 수 있도록 하는 block 속성이 둘 다 필요합니다. 이런 경우엔 inline-block으로 지정하면 특정 사이즈를 지정하면서도 block처럼 한줄의 전체너비 공간을 차지하지 않도록 설정할 수 있습니다.

또한 inline-block 속성은 공간을 분할하는 데에도 유용합니다.

2-4-4 공간을 분리할 때 편리한 inline-block

```
<div class="inline-block-container">
 <div class="div1">공간1</div>
 <div class="div2">공간2</div>
</div>
```

```
.inline-block-container .div1{
   display:inline-block;
   width:60%;
   height:200px;
   border:1px solid #ccc;
}
.inline-block-container .div2{
   display:inline-block;
   width:30%;
   height:200px;
   border:1px solid #ccc;
}
```

| 공간1 | 공간2 | 공간3 | 공간4 |

2-4-5 공간을 분리할 때 편리한 inline-block

Inline-block을 자주 쓸 때 주의해야 할 점은, inline-block 사이에는 의도치 않게 4px 정도의 작은 간격이 생긴다는 점입니다. 이 때문에 4개의 inline-block의 너비를 25%로 지정하게 되면 실제 4개로 나뉘는 것이 아닌, 하나의 inline-block이 다음으로 넘어가게 되는데, 이를 방지하기 위해서는 부모로 감싸있는 div에 font-size:0px로 지정하면 여백이 없어지게 됩니다. 하지만 font-size를 조절하기 애매한 상황이라면 뒤에 나오는 flex 속성을 통해서 공간 분배하는 것을 권장합니다.

> ▶ 해당 영역을 감춰주는 none
> display:none은 특정 영역을 가리고 싶을 때 사용합니다. 특히 뒤에서 배우게 될 반응형을 만들 때 유용합니다. 예를 들어, pc에서는 보이지만 모바일 기기에서 볼 때는 특정 영역을 보이고 싶지 않을 때 이 속성을 통해서 쉽게 가릴 수 있습니다.

2-4-2 margin, padding

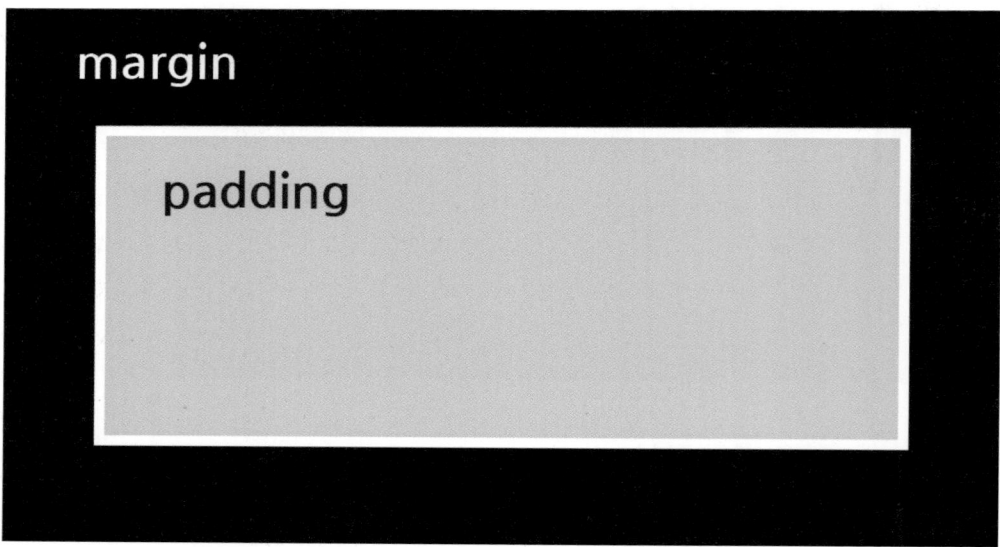

2-4-6 바깥 여백은 margin, 안쪽 여백은 padding

margin과 padding은 오브젝트 간의 간격을 조절하는 데에 사용합니다. margin은 해당 오브젝트의 바깥 여백을, padding은 해당 오브젝트의 안쪽 여백을 지정한다는 차이가 있습니다.

상하좌우 모든 방향에 여백을 주기 위해서는 padding:20px이나 margin:40px 식으로 사용하면 되지만, 간혹 특정 방향별로 간격을 다르게 줘야 하는 상황이 있을 수 있습니다. 이런 경우는 margin-right, margin-top, margin-bottom, margin-left 등 이렇게 하이픈을 붙임과 동시에 원하는 방향을 같이 써주면 해당하는 방향의 간격을 조절할 수 있습니다(padding도 같습니다). 또한, 상우하좌 순서대로 padding: 20px 30px 50px 20px 와 같이 작성하면 각각 원하는 값으로 설정할 수 있습니다. 마지막으로 상하, 좌우끼리는 여백이 같고 상하와 좌우 각각 여백 사이즈만 다르게 할 경우에는 상하, 좌우 순서대로 padding: 50px 20px 식으로 두 개의 수치만 입력하면 상하는 50px, 좌우는 20px로 적용됩니다. 이때, 각 값 뒤에 콤마(,)가 들어가지 않도록 주의합니다.

2-4-3 width height

width와 height는 가로너비와 세로길이를 지정하는 속성입니다. display에서 언급했다시피, inline 속성으로 되어 있는 태그들은 width와 height를 지정해도 적용되지 않습니다. inline-block은 됩니다.

2-4-7 px과 %를 활용한 사이즈 지정 예시

앞의 예시처럼 사이즈를 정할 때는 px과 %를 가장 많이 사용합니다. px은 고정적이지만 %는 부모의 사이즈에 종속되기 때문에 항상 주의하면서 사용해야 합니다.

2-4-4 overflow

`2-4-8` .box를 살짝 튀어나온 .box_child

overflow에 대해 설명하기 위해 바로 앞 장의 예시를 다시 보겠습니다. 앞에서의 .box_child는 height가 100%이지만 바로 윗줄의 '.box'라는 텍스트 때문에 밀려나면서 부모 box를 살짝 넘어가게 됐습니다. 의도해서 이렇게 디자인하는 경우도 종종 있지만, 보통은 코드를 구성하다 보니 실수로 자식 엘리먼트가 부모 엘리먼트의 영역보다 커서 의도치 않게 넘어가는 경우가 많습니다.

```css
.box{
  width:500px;
  height:300px;
  overflow:hidden;
}
.box_child{
  width:50%;
  height:100%;
}
```

`2-4-9` .box를 튀어나온 부분은 감춰진 모습

이럴 때, 자식 엘리먼트가 부모 엘리먼트 영역을 넘어가지 않도록 돕는 설정이 overflow입니다. 단어 뜻 그대로 넘쳤을 때 어떻게 처리할 것인가에 대해 묻는 것인데, 앞의 예시처럼 hidden이라고 설정해 주면 넘어간 부분을 잘라주어서 보다 깔끔해집니다. 웹사이트를 구성하다 보면 의도치 않게 width가 화면 너비보다 넓어져서 가로 스크롤이 생기는 경우가 가끔 있는데, 이럴 때 overflow를 이용하면 의도치 않은 가로 스크롤을 쉽게 제거할 수 있습니다.

✓ 또한, 특정 영역에 overflow를 scroll로 지정하면, 영역 안에서 스크롤 처리할 수 있습니다.

2-5 기본 레이아웃 잡기 2(Position)

포지션은 특정 엘리먼트의 위치를 좀 더 자유롭게 옮기고 싶을 때 자주 사용합니다. 최근에 종종 그리드를 무시하는 레이아웃으로 구성된 디자인을 해외 웹사이트에서 볼 수 있는데, 이를 구현하기 위해서는 포지션 속성을 잘 이해해야 합니다.

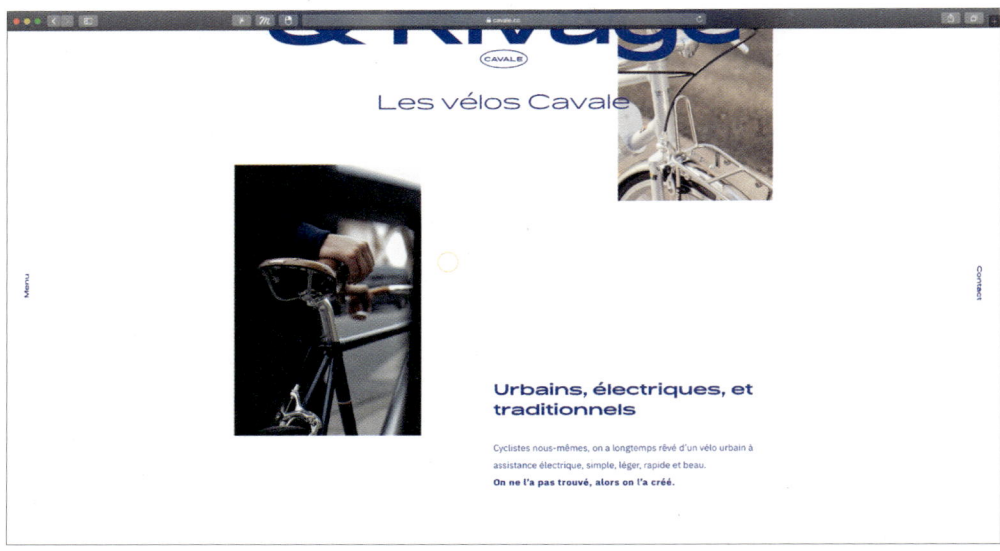

2-5-1 그리드를 무시한 레이아웃 디자인

2-5-1 absolute

absolute는 단어 그대로 절대적인 위치를 잡아 주기 위해서 사용됩니다. 보통 앞에서 배운 margin 이나 padding 속성들이 엘리먼트 간 간격을 조정하는 것이었다면, absolute는 엘리먼트와 관계없이 해당 영역에서 원하는 대로 자유롭게 위치를 잡아줄 수 있습니다.

```css
.absolute_box{
    width:100px;
    height:100px;
    background-color:yellow;
    position: absolute;
    left:200px;
    top:100px;
}
```

2-5-2 좌측 상단을 기준으로 좌측 200px, 상단 100px만큼 이동된 노란박스

코드를 보면 이미 유추할 수 있을 정도로 absolute의 사용법은 간단합니다. position에 absolute 값을 넣고, top, left를 기준으로 원하는 값을 넣어 위치를 잡을 수 있고, 오른쪽을 기준으로 하고 싶으면 left가 아닌 'right:0px' 식으로 하면 오른쪽을 기준으로 0px만큼 거리를 띄우게 됩니다.

absolute를 쓸 때 주의하실 점은 해당 엘리먼트를 다른 차원의 레이어로 만들어서 그려내는 것이 기본 속성이라는 것입니다. 바로 이해가 안 될 수도 있는데, 쉽게 말해서 포토샵에서 새 레이어를 띄우고 그 위에 그려내는 것과 같다고 보면 됩니다.

2-5-3 글자 위에 띄워진 노란 박스

때문에 위의 예시처럼 기존 콘텐츠를 무시한 채 위에 하나의 층을 만들고, 그 위에 독립적으로 위치를 잡는다고 생각하면 됩니다.

2-5-2 relative

absolute에서 top, left로 위치를 잡을 수 있다고 했었는데, 이는 정확히 어디를 기준으로 잡게 되는 걸까요? 일반적으로 top, left는 웹브라우저의 최상단 왼쪽 끝을 기준으로 하지만 매번 이런 식으로 위치를 잡아야 한다면 틀림없이 위치를 계산하기 어려운 경우가 많이 생길 것입니다. 좀 더 이해하기 쉽게 다음 예제를 보겠습니다.

2-5-4 relative 활용 예시

이런 형태로 레이아웃을 구성해야 하는 경우는 많지 않지만 어쨌든 이해를 위해 이러한 레이아웃을 구성해야 한다고 가정해 봅시다. 아까는 노란색 박스가 하나여서 위치 잡기가 편했는데, 비슷한 모양의 4개의 텍스트 박스가 있고, 만약 이 노란 박스의 위치 기준이 브라우저 상단 왼쪽 끝이라면, 각각의 노란 박스의 top 위치를 계산해서 입력해 주어야 합니다.

relative는 용어에서 어느 정도 추측할 수 있겠지만 이러한 작업을 쉽게 만들고자 있는 속성입니다. 노란 박스를 감싸는 텍스트 박스를 relative로 지정해 주면 Absolute의 기준을 텍스트 박스 기준으로 변경할 수 있습니다.

```css
.box_container{
    border:1px solid #ccc;
    position:relative;
}
.absolute_box{
    position: absolute;
    width:100px;
    height:100px;
    background-color:yellow;
    left:20px;
    top:20px;
}
```

.absolute_box가 .box_container의 자식 엘리먼트라고 가정했을 때, 부모인 box_container에 position:relative를 입력하면 그때부터 absolute_box는 box_container를 기준점으로 두고 위치를 잡습니다. 이 부분은 뒤의 실습에서 다시 사용하겠지만 잘 헷갈리면서도 꽤나 중요하니 꼭 제대로 이해하고 넘어가면 좋겠습니다.

2-5-3 fixed

fixed는 사용자가 스크롤을 움직여도 고정적으로 엘리먼트를 fix시키고 싶을 때 사용합니다.

2-5-5 스크롤을 내려도 고정되어 있는 fixed

보통 웹사이트에서 스크롤을 내렸을 때 내비게이션 메뉴가 사라지지 않고 상단에 고정되어 있는 웹사이트들이 많은데, 대부분 fixed를 이용해서 만듭니다.

```css
.header{
    position: fixed;
    right:100px;
    top:100px;
}
```

absolute와 다르게 fixed는 relative에 따라 기준점이 바뀌는 것이 아닌, 무조건 화면을 기준으로 위치를 잡는다는 것을 주의해야 합니다.

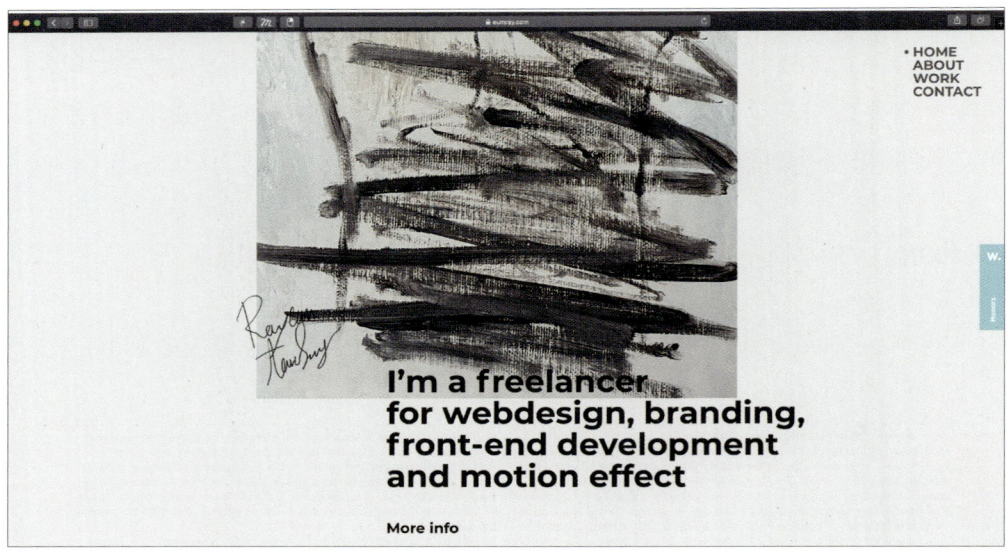

2-5-6 스크롤을 내려도 고정되어 있는 우측 상단 글로벌(eumray.com) 메뉴

제 개인 포트폴리오 웹사이트에서도(eumray.com) 상단 우측 메뉴를 fixed로 설정해서 스크롤해도 고정되어 있도록 만들었습니다.

2-5-4 z-index

absolute나 fixed는 포토샵처럼 다른 레이어층을 만들어 위치를 잡기 때문에 종종 엘리먼트끼리 겹치는 경우가 있습니다. 이럴 때는 z-index 값을 지정하여 우선순위를 정할 수 있습니다. z-index가 높은 값이 위에 오게 됩니다.

2-5-7 겹친 오브젝트끼리의 z 값을 지정할 수 있는 z-index

```css
.absolute_box{
  position: fixed;
  width:100px;
  height:100px;
  background-color:yellow;
  left:20px;
  top:20px;
  z-index:2;
}
.absolute_box2{
  position: fixed;
  width:200px;
  height:150px;
  background-color:#eee;
  left:30px;
  top:30px;
  z-index:1;
}
```

✓ position 속성은 비교적 직관적이기 때문에 초보자 중에도 전체적인 레이아웃을 잡을 때 자주 사용하는 분들이 있습니다. 하지만 위의 예시처럼 엘리먼트 간의 겹치기 쉬운 속성 때문에 자주 사용하면 오히려 전체적인 레이아웃이 쉽게 망가지거나 복잡해질 수 있습니다. 그러므로 정말 필요한 부분에서만 사용하기를 권장합니다.

2-6 border, border-radius, box-sizing

2-6-1 border, border-radius

테두리를 주기 위해서는 border 속성을 이용하면 됩니다. 속성값으로는 총 세 가지를 한 번에 입력해야 하는데 기본적으로 테두리 두께, 모양, 색상을 입력하면 됩니다. 두께는 보통 px 단위로 입력하면 됩니다. 모양에는 solid, dotted 정도가 자주 쓰이는데, solid는 기본 선이라고 보면 되고, dotted는 단어 뜻 그대로 점선입니다. 이 외에도 선 모양이 몇 가지 더 있지만 자세한 건 W3schools에서 직접 검색해 보는 것을 권장합니다.

2-6-1 w3schools.com border-style 예시

```
div{
    border:1px solid #dddddd;
    border-radius: 10px;
}
```

또한, 버튼 같이 모서리의 굴곡을 만들기 위해서는 border-radius를 이용합니다. 기본적으로 픽셀을 사용해도 좋지만, 값을 '50%'라고 입력하면 쉽게 원 모양으로 만들 수 있습니다.

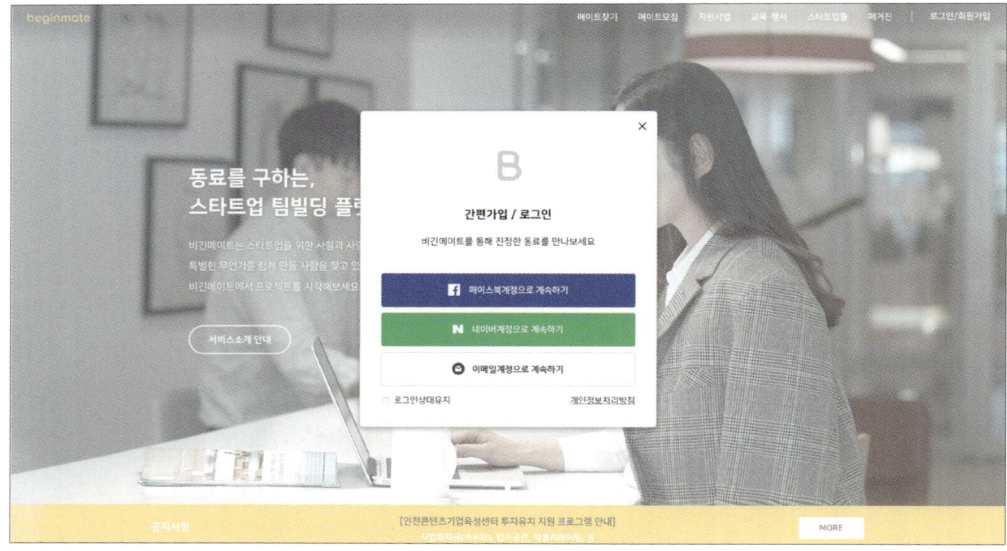

2-6-2 모서리가 둥근 모양의 팝업 및 버튼 예시

2-6-2 box-sizing

padding이나 border 값은 값을 주는 만큼 해당하는 오브젝트 사이즈도 커지게 됩니다. 예를 들어, 가로세로 길이가 100px인 오브젝트가 있다고 가정했을 때 padding 값으로 padding:100px을 주면 상하좌우에 100px씩 여백이 생기면서 전체 너비는 각각 300px로 늘어납니다. 여기에 50px의 border를 더한다고 가정하면 원래는 가로세로 100px이던 사이즈가 앞서 padding으로 인해 300px이 되고 거기에 테두리 사이즈가 더해져 총 400px이 됩니다.

```css
.box{
  margin:50px auto;
  width:100px;
  height:100px;
  padding:100px;
  background-color : yellow;
  border:50px solid #ddd;
}
.box .real_size{
  width:100px;
  height:100px;
  background-color:#ffd112;
  line-height:100px;
}
```

```html
<div class="box">
  <div class="real_size">
    real size
  </div>
</div>
```

2-6-3 padding과 border가 생기면서 실제 사이즈가 그만큼 커져버린 .box

그렇다면, 원래 의도대로 100px 사이즈의 오브젝트에 테두리나 패딩을 줘도 100px 사이즈를 그대로 유지하기 위해서는 어떻게 해야 할까요? 이럴 때 필요한 것이 box-sizing입니다. box-sizing:border-box라는 속성을 주게 되면 padding이나 border가 기본 사이즈를 유지합니다. 100px 오브젝트에 테두리로 10px을 주든 50px을 주든 사이즈는 그대로인 채, 안쪽에 여백이 생기고, 안쪽으로 테두리가 그려진다고 생각하면 됩니다. 실제로 border 같은 테두리 값은 1px이나 2px 같이 가는 선을 주는 것이 일반적이기 때문에 가끔 원래 의도보다 사이즈가 커졌음에도 불구하고 이를 감지하지 못하고 넘어가는 경우도 허다합니다. 그렇기에 대부분의 오브젝트 사이즈를 구성할 때는 box-sizing:border-box를 기본적으로 설정하는 것이 좋습니다.

2-7 Background

앞에서 <img> 태그를 배울 때 살짝 언급했다시피, 웹에서 이미지를 표현할 때는 크게 img와 css를 이용한 background-image를 사용합니다.

background-image로 이미지를 나타내는 경우는 단어 뜻에서 유추할 수 있듯이 보통 어떠한 섹션의 배경이미지로 사용할 때 주로 사용됩니다. <img>태그는 단순히 특정 부분에 이미지를 삽입하고 싶은 경우 많이 사용되고, background-image는 배경이미지로써 많이 사용하지만, 상황에 따라서는 두 개를 혼용하거나 서로 다른 반대 목적으로 사용하는 경우도 있으니 용도에는 크게 의미 부여하지 않으셔도 됩니다.

[2-7-1] background-image 예시

2-7-1 Background-image

백그라운드 이미지를 첨부하기 위해서 <img> 태그에서는 'src'라는 속성을 사용했지만 css에서는 'background-image'라는 속성을 사용합니다. css에서는 바로 이미지 경로를 적어 주는 것이 아닌, 'url("이미지경로")' 식으로 적어 주어야 제대로 경로가 작동한다는 점에 유의하기 바랍니다.

```
div{
    background-image: url("이미지경로");
}
```

2-7-2 Background-color

배경을 이미지가 아닌 특정 색으로 채우기 위해 사용하는 속성입니다. 일반적으로 background-image로 배경을 이미지로 주게 되면 인터넷 속도에 따라 그림이 조금 느리게 로딩되는 경우가 있는데(배경이미지는 사이즈가 커서 의외로 이런 경우가 잦습니다), 이때 그 짧은 순간의 공백을 채우기 위해 배경이미지 속성과 중첩해서 속성을 같이 쓰기도 합니다. 이런 경우 배경이미지가 다 로딩되기 전까지는 background-color가 적용되다가 이미지가 다운되면 background-image로 대체됩니다.

```
div{
  background-color: #3f86ff;
  background-image: url("이미지경로");
}
```

2-7-3 Background-size

단어에서 유추할 수 있듯이, 배경이미지의 사이즈를 정하는 속성입니다. 가로를 꽉 채우도록 값을 100%로 할 수도 있지만, 'cover'라는 값을 사용하면, 이미지가 가로,세로 비율 상관 없이 공간을 꽉 채우게 됩니다. 반면에 '100%'로 지정하게 되면 가로는 채워지지만 세로도 100%를 보장하진 않기 때문에, 배경 영역이 이미지보다 비율이 길다면 세로부분이 남게 됩니다.

background-size: 100%일 때

background-size: cover 일 때

2-7-2 cover적용 예시

2-7-4 Background-repeat

background는 기본적으로 배경이미지라는 속성 때문에 배경이미지가 해당 영역보다 작으면 이미지를 반복해서 삽입하게 됩니다(그래서 cover라는 속성으로 한 번에 채우기도 합니다). 때문에 이를 반복이 아닌, 한 번만 나타나게 하고 싶을 때는 값으로 'no-repeat'라고 적어 주면 됩니다.

2-7-3 기본적으로 이미지가 반복되는 background-image

2-7-4 no-repeat 예시

2-7-5 Background-position

배경이미지의 위치를 잡아 주는 속성입니다. 기본적으로 배경이미지는 좌측 상단에 붙게 되어 있지만, 값으로 'center center'를 주게 되면 배경이미지가 가운데에 위치하게 됩니다.

`2-7-5` size와 position을 적용하지 않았을 때 모습

`2-7-6` cover 및 position을 'center center'로 지정했을 때 예시

`2-7-7` 배경이미지 size를 전체너비보다 줄이고, no-repeat 상태에서 position을 'center center'로 지정했을 때 예시

```
div{
    background-size: 50%;
    background-repeat: no-repeat;
    background-position: center center;
}
```

2-8 타이포그래피

최근 몇 년 사이 웹에서 아이콘이나 이미지보다는 타이포만으로 웹디자인을 하는 것이 유행하면서 웹사이트에서 타이포그래피를 다루는 것이 무엇보다 중요해졌습니다.

웹사이트 예시

2-8-1 https://www.marieweber.fr/en/

2-8-2 https://www.designembraced.com

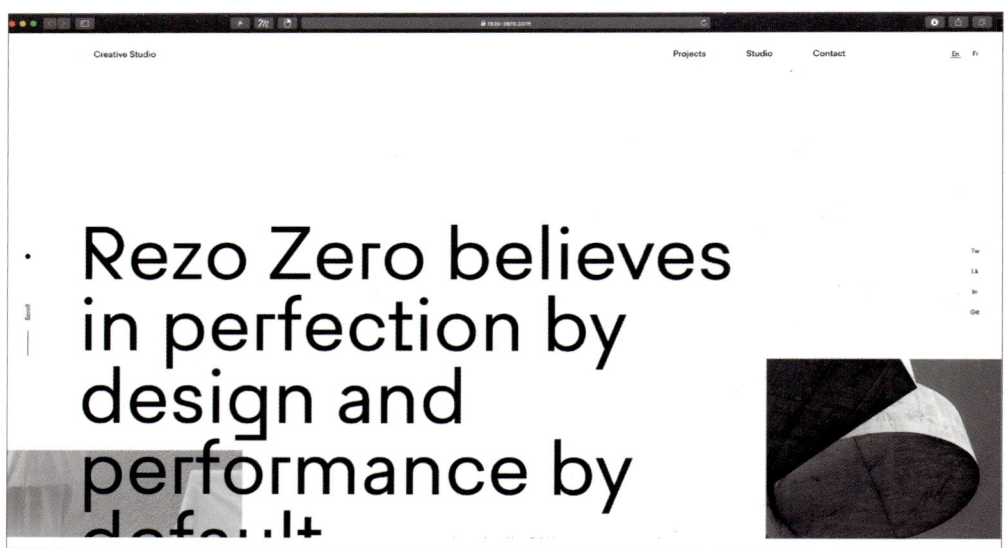

2-8-3 https://www.rezo-zero.com

2-8-1 폰트 주의사항 및 폰트 세팅

웹에서 폰트를 정할 때 주의해야 할 점은 AI 파일이나 PSD 파일을 공유할 때 해당 폰트가 상대에게 없으면 해당 글씨들이 깨지는 것처럼, 상대방의 컴퓨터에 해당 폰트가 없으면 웹사이트의 글씨가 깨져 보인다는 것입니다. 이를 방지하기 위해 웹폰트라는 일반적인 폰트 파일보다 좀 더 가벼운 폰트 파일을 만들어 두고 웹사이트 접속 시 다운받게 합니다.

일반적으로 대부분 폰트는 라이선스가 있어서 함부로 사용이 어려운 것처럼, 웹폰트 또한 라이선스를 가지고 있고 사이트 접속 시 사용자에게 배포된다는 특성이 있습니다. 따라서 유료 폰트를 사용할 때는 좀 더 신중하게 결정해야 합니다. 종종 많은 디자이너들이 편집 디자인용 폰트를 구입하는 비용이랑 웹폰트 비용을 혼동해서 유로 폰트여도 구입을 생각하고 디자인을 하는 경우가 있는데, 실제로는 가격 차이가 매우 큽니다. 일반적으로 웹폰트 비용이 훨씬 비싸고, 사용할 수 있는 기간도 정해져 있기 때문에 작은 프로젝트에서는 유료 폰트 도입이 쉽지 않습니다. 이 때문에 대부분의 웹에서는 네이버 나눔 시리즈나, 본고딕(Noto Sans) 같은 무료 폰트들을 사용하는 것이 일반적인데, 이러한 폰트들은 웹폰트가 이미 만들어져 있고 경량화도 잘 되어 있기 때문에 조금만 검색하면 쉽게 이용할 수 있습니다.

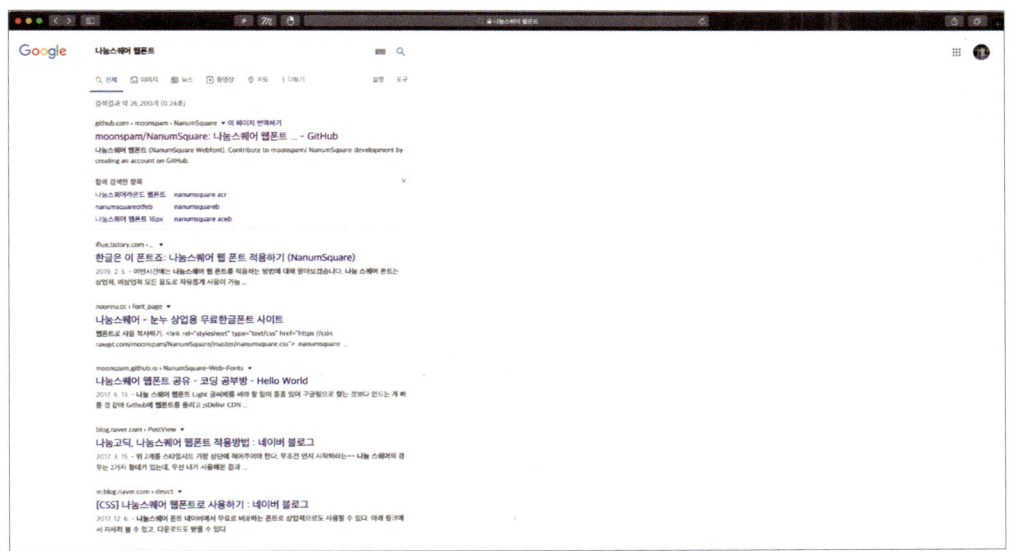

2-8-4 구글에서 나눔스퀘어 웹폰트 검색결과

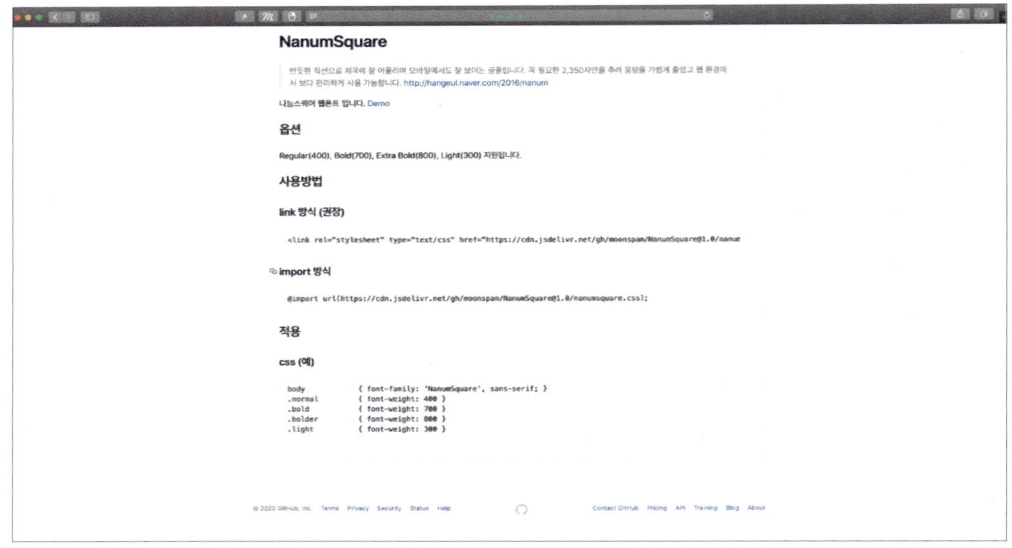

2-8-5 블로그 및 다양한 채널에서 쉽게 다운받을 수 있는 나눔스퀘어 웹폰트

보통은 이미지 2-8-5처럼 구글 검색을 하면 해당 웹폰트를 사용할 수 있는 깃사이트나 블로그에 파일과 사용법이 자세히 나와 있습니다. 위의 사용 방법을 보면 link 방식과 import 방식 두 가지가 나와 있는데, link 방식은 소스를 복사해서 html 문서 내의 <head></head>에 넣으면 되고, import 방식은 css 파일 안에 집어넣어서 사용하면 됩니다. 둘 중에 뭘 사용하든 상관없으니 아무거나 가져다가 사용해도 무방합니다. 이 외에 폰트 파일을 직접 가지고 있는 경우에는 직접 css에 첨부하여 폰트를 세팅하는 방법도 있습니다.

```css
@font-face {
  font-family: 'Noto Sans KR';
  font-style: normal;
  font-weight: 400;
  src: local('Noto Sans KR Thin'), local('NotoSansKR-Thin'), url("파일경로입력") format('woff2');
}
```

위에 있는 명령어를 css 파일 안에 혹은 <style> 태그 안에 넣으면 폰트를 세팅할 수 있습니다. 위에서는 format을 woff2라고 적었는데 만약 가지고 있는 폰트 확장자가 OTF거나 TTF면 format에 OTF, TTF를 적어 주면 됩니다. 하지만 일반적으로 OTF나 TTF는 폰트 사이즈 때문에 폰트 변환기를 이용해서 woff나 woff2로 변환해서 많이 사용합니다. 참고로 폰트 변환기는 구글에 검색하면 쉽게 구할 수 있습니다.

```
/* [0] */
@font-face {
  font-family: 'Noto Sans KR';
  font-style: normal;
  font-weight: 100;
  src: local('Noto Sans KR Thin'), local('NotoSansKR-Thin'), url(http://fonts.gstatic.com/s/notosanskr/v12/Pby6FmXiEBPT4ITbgNA5CgmOs
  unicode-range: U+f9ca-fa0b, U+ff03-ff05, U+ff07, U+ff0a-ff0b, U+ff0d-ff19, U+ff1b, U+ff1d, U+ff20-ff5b, U+ff5d, U+ffe0-ffe3, U+ffe
}
/* [2] */
@font-face {
  font-family: 'Noto Sans KR';
  font-style: normal;
  font-weight: 100;
  src: local('Noto Sans KR Thin'), local('NotoSansKR-Thin'), url(http://fonts.gstatic.com/s/notosanskr/v12/Pby6FmXiEBPT4ITbgNA5CgmOs
  unicode-range: U+d723-d728, U+d72a-d733, U+d735-d748, U+d74a-d74f, U+d752-d753, U+d755-d757, U+d75a-d75f, U+d762-d764, U+d766-d768
  U+d79a, U+d79c, U+d79e-d7a3, U+f900-f909, U+f90b-f92e;
}
/* [3] */
@font-face {
  font-family: 'Noto Sans KR';
  font-style: normal;
  font-weight: 100;
  src: local('Noto Sans KR Thin'), local('NotoSansKR-Thin'), url(http://fonts.gstatic.com/s/notosanskr/v12/Pby6FmXiEBPT4ITbgNA5CgmOs
  unicode-range: U+d679-d68b, U+d68e-d69e, U+d6a0, U+d6a2-d6a7, U+d6a9-d6c3, U+d6c6-d6c7, U+d6c9-d6cb, U+d6cd-d6d3, U+d6d5-d6d6, U+d
}
/* [4] */
@font-face {
  font-family: 'Noto Sans KR';
  font-style: normal;
  font-weight: 100;
  src: local('Noto Sans KR Thin'), local('NotoSansKR-Thin'), url(http://fonts.gstatic.com/s/notosanskr/v12/Pby6FmXiEBPT4ITbgNA5CgmOs
  unicode-range: U+d5bc-d5c7, U+d5ca-d5cb, U+d5cd-d5cf, U+d5d1-d5d7, U+d5d9-d5da, U+d5dc, U+d5de-d5e3, U+d5e6-d5e7, U+d5e9-d5eb, U+d
  d613, U+d616-d61b, U+d61d-d637, U+d63a-d63b, U+d63d-d63f, U+d641-d647, U+d64a-d64c, U+d64e-d653, U+d656-d657, U+d659-d65b, U+d65d-d6
}
/* [5] */
@font-face {
  font-family: 'Noto Sans KR';
  font-style: normal;
  font-weight: 100;
```

2-8-6 font-face로 구성된 폰트 css파일

실제 앞에서 언급한 link 혹은 import로 적혀 있는 파일의 url을 브라우저로 들어가 보면, 이미지 2-8-6처럼 여러 font-face로 구성되어 있는 것을 볼 수 있습니다. 내 컴퓨터에 있는 폰트를 직접 이용하느냐, 아니면 웹에 올려진 것을 그대로 다운받아 이용하느냐의 차이 정도라고 생각하면 됩니다.

2-8-2 Color, rgba

앞서 잠깐 배웠다시피 폰트 색은 'color:색상 값' 속성을 이용해 정할 수 있습니다. 여기에 한 가지 더 유용한 속성을 알려드리자면, css에서는 기본적으로 색상을 정하는 rgb 값 외에 rgba라는 것을 설정할 수 있습니다. rgba는 기본적인 rgb 값에 불투명도를 정할 수 있는 a 값이 하나 더 추가되었다고 생각하면 쉽습니다.

```
.text{
    color:rgba(25,25,255,0.5)
}
```

위와 같이 입력했을 때 맨 뒤의 값이 불투명도입니다(0~1사이 값). 또한 앞에 rgb 값을 입력할 때 주의할 점은, 일반적으로 우리가 쓰는 16진수가 아닌, 10진수로 입력을 해야 한다는 것입니다 (0~255). 일반적으로 스케치나 포토샵, 일러스트 같은 대부분의 그래픽 툴에서는 16진수 이외에 10진수로 된 값을 같이 제공하니, 그 부분을 복사 붙여넣기하면 됩니다.
참고로 rgba는 폰트 컬러 외에도 background-color나 기타 색상을 지정할 수 있는 곳에서는 모두 사용이 가능한 속성입니다.

2-8-3 font-family

```
body{
    font-family: 'Roboto','Noto Sans KR ', sans-serif;
}
```

font-family 속성은 위의 예제처럼 기본적으로 다중으로 값을 집어넣습니다. 다중으로 지정하는 이유는 폰트 적용의 우선순위를 정해서 사용자 환경에 따라 폰트가 일시적으로 이상이 생겼을 때 (갑작스럽게 해당 웹폰트 다운이 안 된 경우) 다른 폰트로 대체하기 위함입니다. 또한, 예제처럼 영문 폰트(Roboto)를 앞에 써주고 한글 폰트를 뒤에 써 주면 홈페이지 내 영문에는 우선적으로 Roboto가 적용되고, 영문 폰트는 기본적으로 한글을 지원하지 않기 때문에 그다음 순서인 Noto Sans가 적용되도록 지정할 수 있습니다(영문 타이포와 한글 타이포를 따로 설정할 때 유용한 방법입니다). 제일 뒤에 sans-serif를 쓴 이유는 앞서 말한 대로 앞의 폰트들이 어떠한 이유로 폰트에 이상이 있어서 적용이 안 될 경우 사용자가 가진 폰트들 중에 sans-serif인 폰트를 적용하라는 명령어입니다.

✓ 한글 폰트는 일반적으로 영문 폰트보다 용량이 훨씬 크기 때문에 한 타입의 한글 폰트를 쓸 때마다 홈페이지 로딩 속도에 많은 무리를 줄 수 있습니다. 그러므로 다양한 한글 폰트타입을 쓰는 것은 지양해야 합니다. 참고로 영문

폰트는 한글 폰트보다는 상대적으로 용량이 작지만, 그래도 영문 폰트 또한 다양한 종류를 사용하는 것은 위험합니다. 또한 한글 폰트는 두께를 여러 개로 지정하면 두께마다 용량이 배로 증가하기 때문에 보통 한 홈페이지에 한글 타입은 1개, 두께는 2~3가지 안에서 정하는 편이 좋습니다.

FAQ

Q. 왜 한글 폰트는 영문 폰트에 비해서 용량이 큰가요?
A. 영문 폰트는 알파벳 소문자부터 대문자까지(a~Z) 52개의 문자에 몇몇의 특수문자만 포함되지만, 조합문자인 한글은 가나다라부터 잘 쓰이지 않는 조합의 글자(예를 들어 맒꿺갹찱)까지 모두 포함되어 있기 때문에 훨씬 용량이 커질 수밖에 없습니다. 최근에는 이러한 한글 폰트 문제를 해결하기 위하여 조금이라도 가볍게 만들고자 잘 안 쓰이는 글자들을 제외한 경량화된 웹폰트 파일이 꽤 많이 있으니 조금만 검색하면 쉽게 구할 수 있습니다('나눔고딕 경량화 웹폰트'와 같이 검색하면 쉽게 구하실 수 있습니다).

2-8-4 폰트 사이즈를 위한 px, vw

일반적으로 웹에서는 폰트 사이즈를 pt가 아닌, px로 정합니다. 실제 웹페이지는 대부분 px 단위로 디자인되고 개발되기 때문에 폰트 사이즈에서도 px를 쓰는 것이 더 직관적이기 때문입니다. 하지만 최근에는 반응형 웹이 당연시되면서 폰트 사이즈가 화면 사이즈에 맞게 조정되는 웹사이트들이 증가하고 있습니다. 보통, 본문의 작은 글씨 사이즈들은 고정 px 값을 준 뒤 가로 너비가 길어지거나 줄어들면서 한 줄이었던 문장이 두 줄이 된다든가 세 줄로 되는 등 유동적인 것이 일반적이지만, 특정 메인 카피가 화면의 반 이상을 차지하는 경우에는 화면 사이즈에 따라 한 줄 혹은 두세 줄이 되는 것은 디자인에 큰 영향을 미치기 때문에 실제 사용자 화면에서의 모습을 예측하기가 힘듭니다.

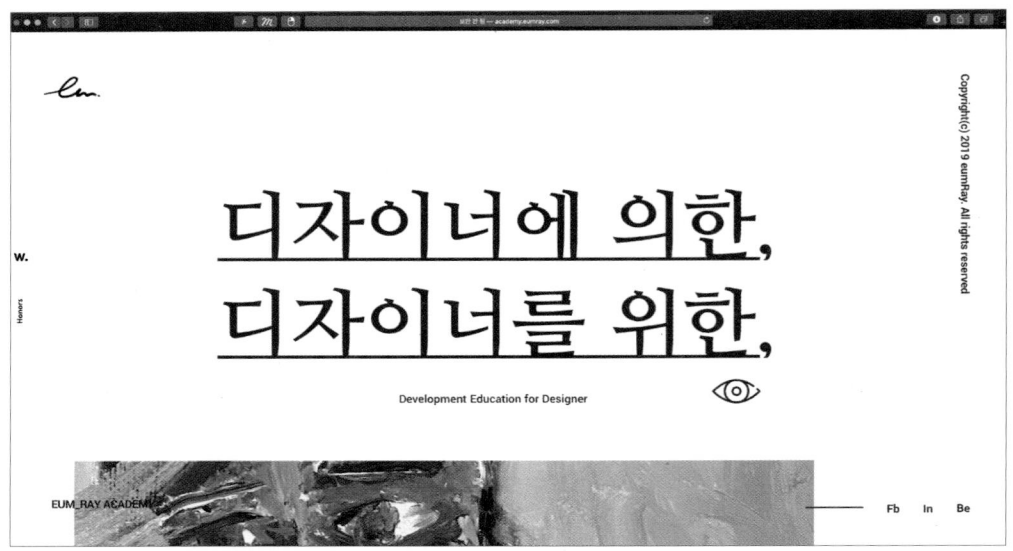

2-8-7 vw 단위를 적용한 메인 문구(http://academy.eumray.com)

때문에 이렇게 큰 폰트를 사용하는 경우에는 'vw'라는 단위를 사용합니다. 1vw는 사용자의 모니터 화면 가로 너비를 100으로 나눈 값을 의미합니다. 예를 들어, 가로 너비가 1920인 해상도에서 1vw는 19.2px을 의미합니다. 이처럼 사용자의 모니터에 따라 상댓값을 가지기 때문에 모니터 사이즈에 따라 폰트 사이즈를 설정하기가 좋습니다. 하지만 이를 이용해서 본문까지 모든 폰트를 vw 단위로 잡는 것은 지양하는 것이 좋습니다. 폰트 사이즈가 모두 가변적이면 오히려 화면이 예측과는 다르게 변할 확률이 커지기 때문에 뒤에 나오는 @media 쿼리를 통해서 대응하는 편이 좀 더 안정적인 웹사이트를 위해 좋습니다.

이 외에도 em, rem, % 등 상대적으로 폰트 사이즈를 지정할 수 있는 단위가 있긴 하지만, 이것들은 되도록이면 사용하지 않는 것을 권장합니다. 폰트 사이즈를 상대치로 정하는 것은 그만큼 유동성이 크기 때문에 의도치 않은 변화가 생기기 쉽습니다.

2-8-5 Line-height

웹에서는 행간을 조절하기 위해서 기본적으로 line-height라는 속성을 사용합니다.

| line-height | 웹에서는 행간을 조절하기 위해선 기본적으로 line-height 이란 속성을 사용합니다. |

2-8-8 vw 단위를 적용한 메인 문구(http://academy.eumray.com)

주의해야 할 것은 이미지 2-8-8처럼 일반적으로 행간이 문장과 문장의 간격을 조절하는 것이라면, 웹에서 line-height는 단어 의미 그대로 한 행의 높이를 정하는 차이가 있다는 점입니다.
보통 폰트 사이즈가 20px이라면 해당 폰트 사이즈의 1.4~1.6배 정도의 line-height를 주는 것이 일반적입니다. 하지만 글자가 가로 정렬 혹은 타이틀인지 본문 글씨인지 등의 차이에 따라 그때그때 상황에 맞게 행간을 주는 것이 더 보기가 좋기 때문에 특정 비율로 행간을 맞추는 것보다 일일이 직접 눈으로 확인하면서 px 단위로 행간을 적용하는 것을 권장합니다.

2-8-6 상대적 단위 em

모든 문장 혹은 콘텐츠마다 행간을 다 조절하면 퀄리티 면에서 좋겠지만, 실제로 빠르게 제작을 해야 하는 경우에는 일괄적으로 행간을 적용할 수도 있습니다.

```css
body{
    font-family:'Noto Sans KR','roboto', sans-serif;
    line-height:1.6em;
}
```

위의 예시처럼 폰트를 적용하면, 각각의 오브젝트의 폰트 사이즈의 배수(예시는 1.6배)로 행간을 적용시킬 수 있습니다. 일반적으로 이렇게 전역으로 적용을 한 뒤, 행간을 넓혀야 하거나 좁혀야 하는 엘리먼트에만 따로 line-height 값을 중첩으로 넣어서 사용합니다(body는 일반적으로 가장 순위가 낮기 때문에 class에서 line-height를 따로 설정하면 body에 설정한 값은 무시됩니다)

✔ 시안대로 퍼블리싱할 때 해야 할 점

가끔 제플린이나 시안 파일에서 나와있는 수치대로 똑같이 간격을 맞췄는데도 이상하게 실제 화면에서는 좀 더 넓어 보일 때가 있습니다. 이것은 실제 웹상에서는 문자의 높이를 line-height를 포함해서 기준으로 잡는데 제플린이나 시안 파일에서는 실제 문자와 오브젝트와의 간격만을 생각하다 보니 발생하는 문제입니다. 이 부분을 염두에 두고 작업해야 실제 시안과 비슷하게 맞출 수 있습니다.

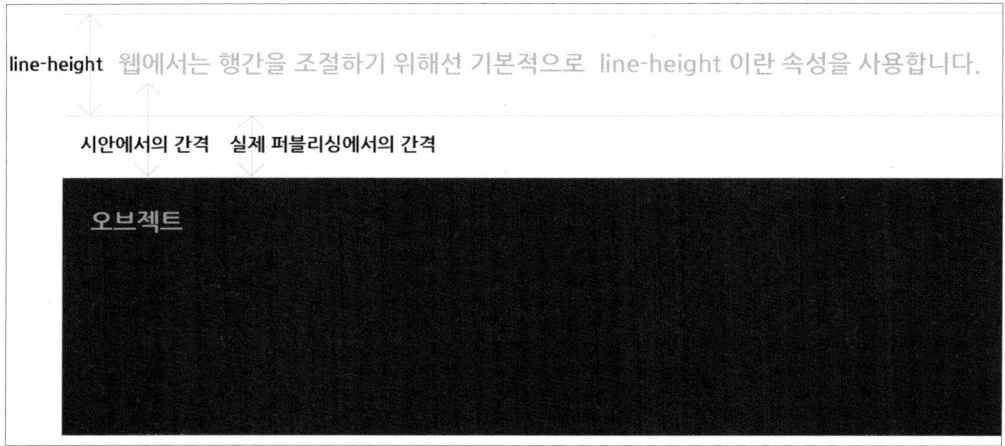

2-8-9 퍼블리싱 간격 값과 시안 간격 값의 오차가 발생하는 이유

2-8-7 Letter-spacing

웹상에서 자간을 조절하기 위해서는 Letter-spacing 속성을 사용합니다. 하지만 웹의 특성상, 동적으로 어떤 글자의 콘텐츠가 들어갈지 모르는 상태에서는 웬만하면 자간을 건드리지 않는 것이 좋습니다. 이유는 일반적으로 영문과 한글이 혼합되어 있는 글이 있다고 가정했을 때, 한글의 자간이 넓어서 좁혀준다면 영문에서는 역으로 너무 좁아 겹쳐보이는 현상이 종종 발생하기 때문입니다. 이를 디테일하게 잡기 위해 영문만 따로 span으로 감싸 letter-spacing을 영문과 한글을 서로 다르게 설정하면 조절은 할 수 있겠지만, 웹의 특성상 한 섹션 안에 정확하게 어떤 글자가 올지 예측하기 힘들기 때문에 이러한 작업은 현실적으로 많이 힘듭니다. 그러므로 자간이나 자폭이 마음에 안 드는 경우라면 차라리 자간이 좁은 한글 폰트를 찾아 letter-spacing을 건드리지 않는 선에서 디자인을 적용하는 편이 좋습니다(하지만 이러한 한글 폰트는 대개 유료이고 웹폰트로 쓰기에는 가격이 많이 비싸기도 합니다).

2-8-8 font-weight

폰트 굵기를 정하기 위해서는 font-weight라는 속성을 사용합니다. 앞서 폰트 세팅을 할 때 css 속성들을 다시 보면, 아래와 같이 폰트 스타일과 font-weight를 정할 수가 있습니다.

```
@font-face {
  font-family: 'Noto Sans KR';
  font-style: normal;
  font-weight: 400;
  src: local('Noto Sans KR Thin'), local('NotoSansKR-Thin'), url("파일경로입력") format('woff2');
}
```

이를 이용해서 두께를 적용하고 싶은 부분에 font-weight를 font-face에서 적은대로 normal 혹은 400 중에 아무거나 입력하면 됩니다. 일반적으로 디자인 툴에서는 regular, light, bold, extra-bold를 많이 사용하지만 웹에서는 200(light), 400(보통 레귤러를 뜻함), 600(bold) 식으로 각각의 수치를 정확하게 입력하기도 합니다. 또한, 문자 regular, light같은 문자열에는 작은따옴표가 들어가고 숫자를 입력할 때는 따옴표가 안 들어가는 점 주의하기 바랍니다.

```
body{
    font-weight:'bold';
    font-weight:600;
}
```

FAQ

Q. 어떤 곳에는 따옴표가 들어가고 어떤 곳에는 따옴표가 안 들어가던데 명확한 차이가 뭔가요?

A. 이것은 C언어나 기본 프로그래밍 언어를 공부한 분들에게는 자연스럽지만, 아예 처음으로 코딩을 접하는 분들이 자주 헷갈리는 부분입니다. 기본적으로 문자열이냐, 숫자냐, 변수이냐 아니냐 등으로 따옴표를 쓰고 안 쓰고가 정해지는데, 전부를 다루기에는 불필요한 설명이 늘어나는 것 같아 생략했습니다. 이와 관련된 내용을 확실히 알고 싶으면, C언어나 파이썬 등의 언어를 처음부터 공부하는 게 좋습니다. 그런 것이 아니라면 처음에는 억지로 암기하다가 몇 번 사용하다 보면 금방 적응되는 부분이니, 처음이라 헷갈리는 게 당연하다 생각하고 익숙해질 때까지 기다리는 것을 권장합니다.

2-8-9 디자인 시 주의사항

1 한글 폰트는 웹에서 상당히 무겁다
한글 폰트는 영문 폰트에 비해서 훨씬 많은 문자를 포함하고 있기 때문에 일반적으로 용량이 훨씬 무겁습니다. 따라서 한 웹사이트에서는 웬만하면 두께를 제외한 두 개 이상의 폰트 패밀리를 넣지 않는 것이 좋습니다(영문 제외). 사이트 속도가 아닌, 디자인의 일관성을 위해서라도 하나의 폰트만을 사용하는 것을 권장합니다.

2 폰트 라이선스 범위를 꼭 확인하자
웹에서 쓰일 수 있는 웹폰트의 라이선스는 일반적인 그래픽 작업의 라이선스와 다르기 때문에 홍보용 포스터 제작을 위해 돈 주고 샀던 폰트라 할지라도 웹폰트에 대한 라이선스는 따로 지불해야합니다. 또한, 웹폰트 라이선스 비용은 그래픽용 폰트에 비해 훨씬 비싸고 월/년 단위로 지불해야 하는 것이 일반적입니다. 때문에 무료 폰트가 아닌 유료 폰트를 쓰는 경우에는 꼭 라이선스 범위와 비용을 제대로 확인하고 적용하는 것을 권장합니다.

3 11px 이하는 깨져 보일 수 있으니, 신중하게 접근하자
한글은 알파벳에 비해 복잡한 구조를 가진 문자가 많기 때문에, 특정 사이즈 이하로 글씨 크기가 줄어들면 특정 글자, 특정 폰트에 따라 뭉개진 듯한 모습을 보실 수 있습니다. 때문에 디자인을 위해 폰트 사이즈를 11px 이하로 사용해야 하는 경우는 보다 신중하게 접근해야 합니다. 폰트에 따라 12px 이하, 혹은 이보다 큰 사이즈에서 뭉개져 보이는 폰트도 있습니다.

4 line-height를 고려해서 여백 사이즈를 맞출 것
line-height는 문장의 heigth를 정해 주기 때문에 실제 글자의 높이와 주변 오브젝트와의 간격이 다르게 보일 수 있습니다. 이 부분을 꼭 염두에 두고 간격을 조절해야 합니다.

2-9 마우스 오버 애니메이션(hover, transition)

대부분의 복잡해 보이는 애니메이션이나 모션그래픽은 Javascript를 이용해 구현되지만, 마우스 오버됐을 시 버튼의 색 변화나 아주 단순해 보이는 모션은 css로 구현하는 편이 간편하며 관리하기도 좋습니다.

```css
.button{
  display:inline-block;
  padding:10px 50px;
  border: 1px solid #0f4ce9; //파랑색 테두리로 된 버튼
  transition-duration: 0.2s;
  background-color: #fff;
  color: #0f4ce9;
}
.button:hover{
  background-color: #0f4ce9;
  color:#fff;
}
```

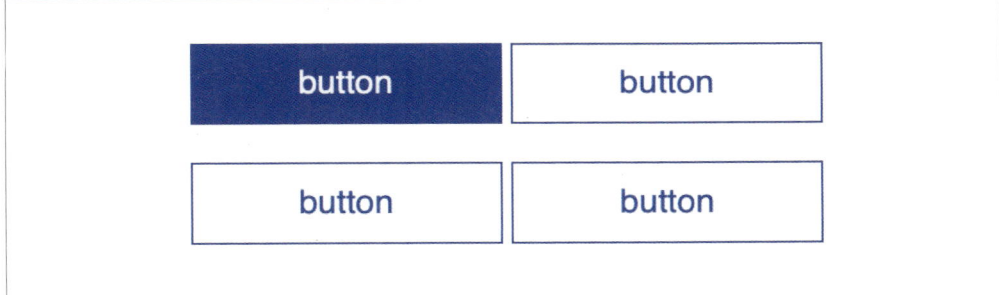

2-9-1 마우스 롤오버 애니메이션 예시

class 이름 뒤에 :hover를 붙이면 해당 class 요소에 마우스를 올려놨을 때의 반응을 의미합니다. 위의 코드를 보면 background-color를 #0f4ce9로, 글자색을 #fff로 지정하면서 마우스를 올려놨을 때 설정한 값으로 변하는 것을 볼 수 있습니다. button class의 중간을 자세히 보면, transition-duration이라는 속성을 볼 수 있는데, 이 속성은 웹에서 css 애니메이션을 쉽게 주기 위한 속성입니다. 속성명 그대로 class를 지정한 엘리먼트 속성이 변경되었을 때 지속시간을 지정해 준 것인데 ('0.2s'는 0.2초를 의미합니다), 저 속성 하나만 정해 주면 hover를 통해 속성값이 바뀌었을 때 서서히 변하도록 만들어 줄 수 있습니다.

이를 이용해서 꼭 background-color가 아닌, 폰트 사이즈나 버튼 사이즈 또한 서서히 변화하도록 애니메이션을 줄 수가 있습니다. css를 이용한 애니메이션은 이 외에도 엄청 다양한 것들을 구현할 수 있습니다. 하지만 앞서 말했다시피 복잡한 애니메이션은 Javascript에서 구현하는 것이 더

효율적입니다. 따라서 css를 이용한 애니메이션은 마우스 롤오버를 위한 효과 정도만 적용하는 것을 권장합니다. 그래도 궁금한 분들은 W3schools에서 css animation을 검색해 보시기 바랍니다.

2-10 알아두면 유용한 CSS 속성들

2-10-1 Flex

flex는 반응형 디자인에 대응하기 위해 나온 비교적 최신의 css 속성입니다. W3schools에서 검색해 보면 알 수 있지만 flex의 대부분 속성은 IE 11부터 지원하기 때문에 공공기관을 위한 웹사이트나 IE 10 이하의 브라우저를 고려해야 하는 상황에서는 사용하는 것이 적절하지 않습니다. 하지만 요즘은 대부분 IE 11이상 혹은 IE를 아예 포함하지 않는 웹사이트가 늘고 있기 때문에 이 부분만 고려하면 까다로운 레이아웃을 쉽게 구성할 수 있는 좋은 속성입니다. 또, 익숙해지면 아주 편리한 속성이지만 처음 배울 때는 다른 속성들에 내용이 많고 직관적이지 않은 부분이 있어서 초보자에겐 조금 어려울 수 있습니다. 그래서 이 책에서는 중요한 부분만 압축해서 설명드릴 예정입니다. 더 깊게 나가고 싶은 분들은 직접 검색해서 알아보는 것을 권장합니다.

Property	Chrome	Edge	Firefox	Safari	Opera
flex	29.0 21.0 -webkit-	11.0 10.0 -ms-	28.0 18.0 -moz-	9.0 6.1 -webkit-	17.0

2-10-1 flex속성의 브라우저 호환성 (W3shools 참고)

```html
<head>
  <style>
    #main {
      width: 100%;
      height: 200px;
      display: flex;
    }
    #main div {
      flex: 1;
    }
  </style>
</head>
<body>

<div id="main">
  <div style="background-color:coral;">RED</div>
  <div style="background-color:lightblue;">BLUE</div>
  <div style="background-color:lightgreen;">Green div with more content.</div>
</div>
```

2-10-2 #main에 동등한 비율로 공간이 나눠진 레이아웃 예시

기본적으로 flex는 'display'에 값을 쓰는 것부터 시작합니다. 다른 속성에 대한 설명과 다르게 시작한다고 표현했는데, 그만큼 다른 속성들에 비해 flex와 관련해서 설정할 수 있는 것들이 많습니다. 그럼 지금부터 차근차근 설명해 보겠습니다. 기본적으로 세로로 분할을 하는 데에 아주 좋습니다. 앞에서 display:inline-block을 이용해서 영역을 분할해도 좋지만, flex를 이용하면 display:flex 하나만 입력하는 것으로도 해당 엘리먼트 안에 있는 모든 요소가 똑같은 가로 너비 비율로 레이아웃을 나눕니다. #main div를 보면 'flex:1'이라고 적혀 있는 부분이 있는데, 이것은 각각의 비율을 말하는 것입니다. 지금은 #main 안에 있는 모든 div가 'flex:1'로 설정되어 있으니 너비가 같은 비율

로 설정되었지만 #main 안의 마지막 div만 'flex:2'로 설정해 주면 비율이 1:1:2가 돼버리기 때문에 마지막 div가 절반을 차지하는 것을 볼 수 있습니다.

```html
<head>
  <style>
    #main {
      width: 300px;
      height: 300px;
      display: flex;
    }
    #main div {
      flex: 1;
    }
    #main div.half_width{
      flex:2;
    }
  </style>
</head>
<body>
<div id="main">
  <div style="background-color:coral;">RED</div>
  <div style="background-color:lightblue;">BLUE</div>
  <div class='half_width' style="background-color:lightgreen;">Green div with more content.</div>
</div>
```

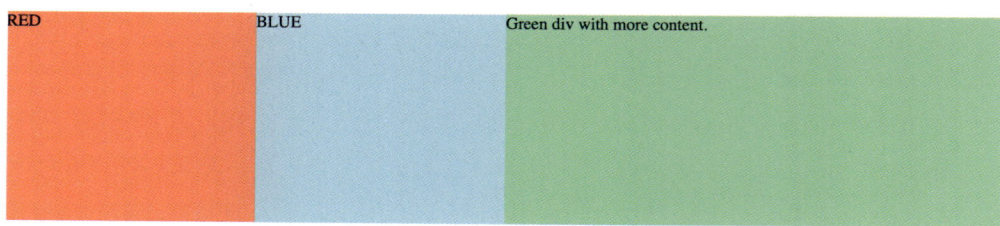

2-10-3 1:1:2로 공간이 분리된 레이아웃

```html
<head>
  <style>
    #main {
      width: 100%;
      height: 200px;
      display: flex;

    }
    #main div {
      flex: 1;
    }
    #main div.half_width{
      width:50px;
      flex:initial
    }
  </style>
</head>
<body>

<div id="main">
  <div style="background-color:coral;">RED</div>
  <div style="background-color:lightblue;">BLUE</div>
  <div class='half_width' style="background-color:lightgreen;">Green div with more content.</div>
</div>
```

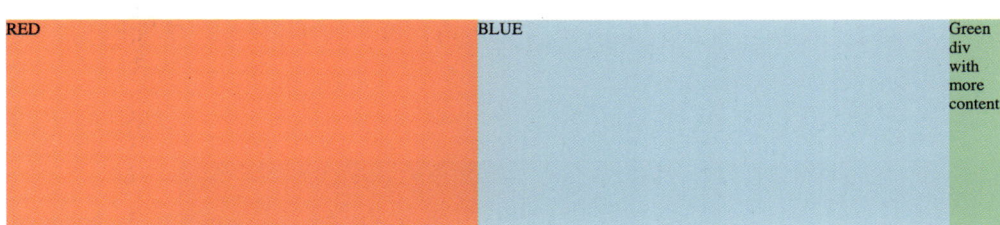

2-10-4 세 번째 50px을 제외하고 또다시 1:1로 나눠진 빨간색, 파란색 박스

이 외에도 flex 속성을 지워주고(initial 값은 초기 상태로 되돌리겠다는 의미), width 값을 주면 해당 엘리먼트 너비는 50px이 되고 나머지 div들이 전체에서 50px을 뺀 상태에서 1:1 비율로 너비를 가져갑니다.

2-10-5 공간 분리에 유용한 flex속성

웹사이트 퍼블리싱이나 디자인을 하다 보면 이미지 2-10-5처럼 왼쪽에는 설정 타이틀 값, 오른쪽에는 설정 input 값이 들어가는 화면을 자주 볼 수 있는데 이러한 화면을 구성할 때 유용한 속성이니 기억해두었다 활용하면 도움이 됩니다.

```css
#main {
  width: 100%;
  height: 200px;
  display: flex;
  flex-direction: column;
}
```

2-10-6 세로로 분리하기 위한 flex-direction 예시

flex-direction을 column으로 설정하면 #main 안의 div들이 수평으로 나뉘고 이 역시 flex:1 or flex:2 값에 따라 비율을 다르게 설정할 수 있습니다.

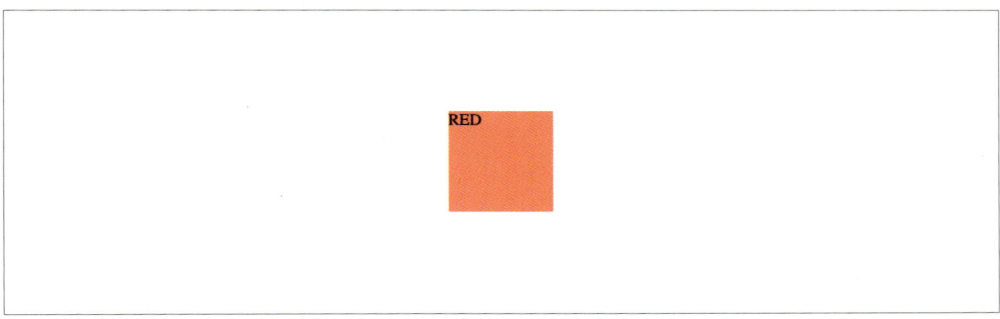

2-10-7 'justify-content:center, align-items:center'로 준 예시

2-10-8 'justify-content:center, align-items:flex-end'로 준 예시

flex가 자주 쓰이는 이유는 무언가를 자유롭게 배치하는 데에 유용하기 때문입니다. 앞의 예시처럼 오브젝트를 가운데 정렬로 하고 싶을 때 수평으로는 'margin:auto'나 'text-align:center'를 이용하는 방법도 있겠지만, 수직 정렬을 하고 싶을 때는 생각처럼 쉽게 되지 않는 경우가 많습니다. 하지만 flex를 사용하면 'align-items:center'를 통해 쉽게 세로를 가운데로 맞출 수가 있습니다(가운데는 center 값을 사용했지만 끝으로 보내려면 'flex-end'를 사용하면 됩니다). 또한, flex에서는 수평을 가운데로 옮기는 경우에는 justify-content를 이용해서 값을 center로 주면 가운데로 이동합니다(마찬가지로 flex-end를 쓰면 오른쪽 끝으로 이동합니다). flex의 이 가운데정렬 활용은 팝업 창을 가운데로 옮길 시에 특히 유용합니다.

```html
<html>
<head>
  <style>
    #main {
      width: 100%;
      height: 300px;
      display: flex;
      justify-content: center;
      align-items: center;
    }
    #main div {
      width:100px;
      height:100px;
    }
  </style>
</head>
<body>
<div id="main">
  <div style="background-color:coral;">RED</div>
</div>
</body>
</html>
```

2-10-2 Grid

grid는 가장 최근에 나온 css 기술로 앞서 설명드린 공간 분배를 위한 css 속성보다 훨씬 쉽게 레이아웃을 짤 수 있는, 알아두면 아주 유용한 속성입니다.

1	2	3
4	5	6
7	8	9

`2-10-9` 공간 분리에 더 유용한 grid 속성

예를 들어, 이러한 모양으로 공간 배분을 해야하는 레이아웃이 있다고 가정해 봅시다. 이것을 앞서 배운 display:inline-block이나 flex를 이용해서도 할 수있지만 grid를 이용하면 훨씬 더 간단합니다.

```html
<div class="grid-container">
    <div class="grid-item">1</div>
    <div class="grid-item">2</div>
    <div class="grid-item">3</div>
    <div class="grid-item">4</div>
    <div class="grid-item">5</div>
    <div class="grid-item">6</div>
    <div class="grid-item">7</div>
    <div class="grid-item">8</div>
    <div class="grid-item">9</div>
</div>
```

```css
.grid-container {
  display: grid;
  grid-template-columns: 10% 20% auto;
}
.grid-item {
  border:1px solid #ccc;
  padding: 20px;
  font-size: 30px;
  text-align: center;
}
```

grid의 다양한 속성 중에 grid-template-comumns를 이용하면 이 속성 하나만으로 쉽게 공간을 분리할 수 있습니다. 값으로 '10% 20% auto'라고 적었는데, 이는 앞에서부터 10% 20%의 공간을 차지하고 auto는 나머지 공간을 다 채우겠다는 의미입니다. 3가지 값만 넣었으니 한 줄에 3칸씩 지정한 너비대로 공간을 차지하게 됩니다. auto는 잘 활용하면 아주 유용한 속성값입니다.

```css
.grid-container {
  display: grid;
  grid-template-columns: auto auto auto auto;
}
.grid-item {
  border:1px solid #ccc;
  padding: 20px;
  font-size: 30px;
  text-align: center;
}
```

1	2	3	4
5	6	7	8
9			

2-10-10 4칸씩 공간 분리가 되는 .grid-item들

예를 들어 동일한 너비로 4칸으로 나눈다고 가정했을 때는 auto를 네 번 입력해 주면 됩니다. 앞서 배운 css 속성들에 비하면 상당히 직관적이고 쉽게 공간을 배분할 수 있습니다.

grid는 레이아웃을 직관적으로 쉽게 잡아줄 수 있는 아주 좋은 속성임에도 불구하고, 국내 사이트 개발 시에는 지양하는 것을 권장합니다. 이유는 grid는 최근에 나온 속성이기 때문에 IE 11이하에서는 지원되지 않기 때문입니다. 국내는 아직 IE 이용자 점유율이 아예 무시할 수 있는 정도는 아니기 때문에 그만큼 사용할 때 주의해야 합니다. 하지만 모바일에서는 대부분 웹브라우저들이 최신 버전이므로 모바일만을 위한 css에서는 사용해도 괜찮습니다.

2-10-3 !important

앞 장에서 css 우선순위에 대해 설명한 것처럼 css 속성은 얼마든지 중첩될 수 있고, 특정 우선순위에 따라 일부 속성이 일부 속성을 덮어씌우는 일이 자주 일어납니다. 이렇다 보니 때로는 원하지 않는 방향으로 css 속성이 중첩되는 경우가 많은데, 이럴 때 반드시 최우선순위로 주겠다는 의미로 사용하는 것이 !important입니다.

```css
.alert{
    border:1px solid #dddddd !important;
}
```

important는 위의 예시처럼 css 값 뒤에다 붙여주면 됩니다. 사실 important를 자주 사용하는 것은 별로 좋지 않습니다. 우선순위가 높다는 것은 그만큼 구체적으로 사용 구역과 목적을 적어 두었다는 것인데, 이렇게 강제로 우선순위를 올리는 것은 전체적인 스타일의 규칙을 깨트리기 때문에 자주 사용하는 것을 자제해야 합니다.

Design is where science and art break even.

Robin Mathew

CHAPTER

3.

CSS를 이용한 반응형 이해하기

3-1 | 개발을 어렵게 만드는 디자인

3-2 | 데스크톱 - 노트북 반응형 대응하기

3-3 | 모바일 반응형 디자인

3-4 | 폰트어썸

3-5 | 부트스트랩

CHAPTER 3.

CSS를 이용한 반응형 이해하기

이제 이론 수업의 마지막 장입니다. 앱에 비해 웹에 접근하는 디바이스는 엄청 다양하기 때문에 반응형을 잘 고려한 디자인 및 개발은 옵션이 아닌 필수가 되었습니다. 익숙하지 않은 분들에게 반응형을 고려한다는 것이 새로운 페이지를 만드는 것만큼이나 어렵고 시간이 오래 걸리는 일이 될 수 있겠지만, 일반적으로 기획만 잘되어 있다면 반응형에 맞춰서 개발을 하는 것이 마냥 어렵지는 않습니다. 이 장에서는 반응형이 어떠한 원리로 되는지 간단하게 살펴보겠습니다.

3-1 개발을 어렵게 만드는 디자인

많은 디자이너가 개발 메커니즘을 다 이해하는 것이 아니다 보니 구현하기 힘든 디자인이나 구현이 아예 불가능한 디자인을 가져올 때가 종종 있습니다. 디자이너가 나름 고민해서 나온 디자인이 개발 구현 문제로 몇 번 무산되다 보면, 이후부터는 개발적으로 안정적인 디자인만을 추구하게 됩니다. 이는 결과적으로 프로젝트 전체를 보았을 때 크리에이티브를 매우 제한되게 만듭니다.
구현이 어렵거나 안 되는 경우에는 복합적인 이유가 있지만, 대부분은 디자이너의 반응형에 대한 이해도가 낮아서 생기는 문제입니다. 일반적으로 그래픽 디자인은 정해진 사이즈 내에서 디자인만 하면 되지만, 웹이나 앱은 화면 사이즈가 다양하게 달라질 수 있다는 것을 고려해야 하므로 반응형을 고려하면 UI가 깨지거나 구현이 불가능해지는 상황들이 종종 발생합니다. 이를 완화하기 위해서는 디자이너가 반응형에 대한 메커니즘을 제대로 이해해야 합니다. 그리고 반응형을 제대로 이해하면 개발이 힘들거나 불가능한 디자인에 대한 위험 부담을 낮출 수 있기 때문에 좀 더 실험적이고 크리에이티브한 디자인을 만드는 데에 도움이 될 수 있습니다.

✓ 반응형 외에도 종종 디자이너들이 하는 실수 중의 하나가 일관성 문제입니다. 개발자가 시안을 가지고 개발하다 보면, 일관된 내용들을 묶어서 재사용하기 때문에 같은 속성을 가진 성격의 디자인인지 아닌지에 대해 민감합니다. 플랫폼 같은 기본적인 페이지가 많으면서도 공통된 부분들이 비교적 많은 서비스는 이러한 부분이 더욱 명확하게 드러날 수 있기 때문에 특히 주의하셔야 합니다. 같은 디자인 레벨인데 아주 미세하게 다른 간격을 가지고 있다든지, 특정 장소에는 화살표 아이콘을 넣었는데 같은 성격의 다른 곳에는 화살표 아이콘이 없다든지 하는 실수들은 초기 디자인에서 종종 접할 수 있습니다. 보통은 페이지가 많아짐에 따라 한두 번 대규모 수정을 할 때 몇 개 수정하는 것을 놓쳐서 발생하는 실수인데, 개발자는 이게 의도된 변화인 것인지 실수로 바꾸는 것을 까먹은 것인지 명확히 알 수 없기 때문에 그만큼 소통하는 시간이 소요되고, 때로는 잘못된 방향(잘못 디자인된 그대로)으로 개발하여 불필요한 시간이 소비될 수 있습니다.

3-2 데스크톱 - 노트북 반응형 대응하기

종종 반응형을 제작한다 하면 모바일 기기에 맞춰서 모바일 홈페이지를 만드는 것만을 생각하는 분들이 많습니다. 하지만 요즘은 노트북 이용률이 과거에 비해 꽤 증가하였기 때문에 가로 1920뿐만 아니라 1650, 1440 등 다양한 노트북 환경에 맞는 해상도를 대응해 줘야 합니다.
때문에 이러한 모니터의 변화를 고민하지 않기 위해 가로 너비를 고정으로 설정하는 사이트도 많습니다.

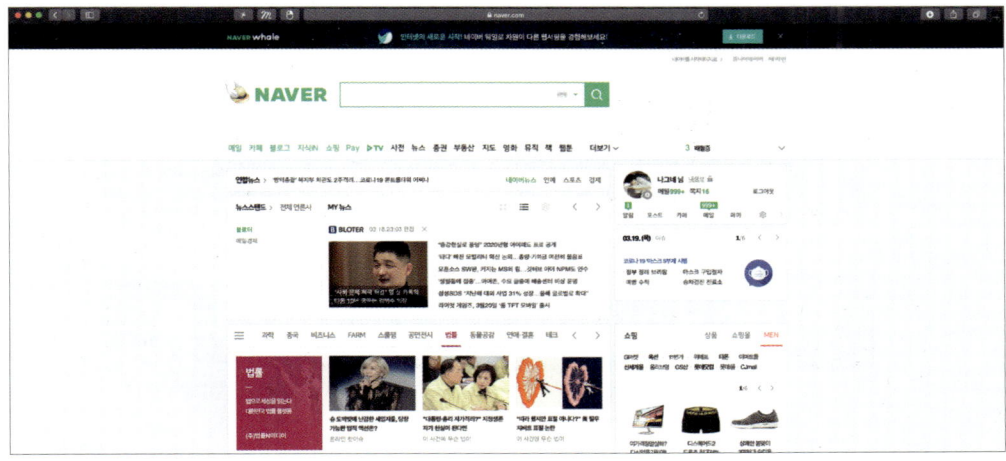

3-2-1 가로 너비가 고정적인 네이버 웹사이트

이렇게 가로 너비가 제한적일 경우 양옆이 아무리 늘어나도 홈페이지가 깨져 보이지 않기 때문에 일반적으로 가장 안정적인 성격을 가지고 있습니다. 하지만 가로 너비가 좁으면 좁을수록 다양한 모니터에 대응되는 것에는 좋을 수 있어도 그만큼 많은 여백이 생기기 때문에 전체적으로 답답한 느낌을 받습니다.

3-2-2 가로 너비를 최대치로 활용하는 웹디자인 예시1

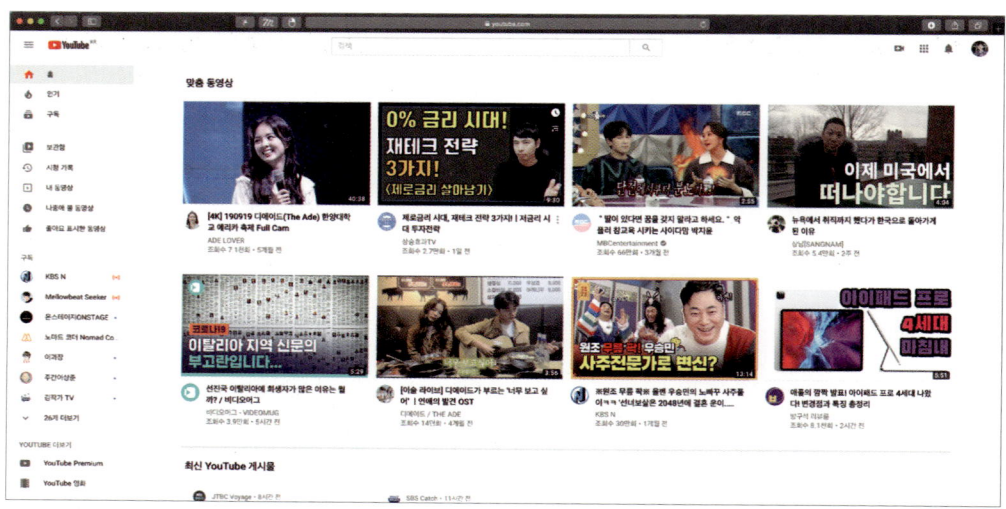

3-2-3 가로 너비를 최대치로 활용하는 웹디자인 예시2

반면에 가로 너비 제한 없이 100% 화면을 이용하고 있는 웹사이트들은 보다 시원시원한 느낌을 줄 수 있습니다. 사실 반응형 웹사이트에 대한 이슈는 역사가 그렇게 길지 않습니다. 모니터 해상도는 1024가 일반적인 컴퓨터 환경이었던 시대에서(그전에 더 작았던 시대도 있었겠지만) 1280, 1600, 1920 등 계속해서 해상도 및 모니터 사이즈가 늘어나면서 같은 데스크톱이더라도 해상도가 제각각이던 때가 있었습니다. 계속해서 늘어나는 해상도에 대응해야 하다 보니, 가장 쉽게 할 수 있는 대응은 네이버처럼 가로를 고정형으로 가고 넓어지는 만큼 여백으로 채우는 방식이었습니다. 그리고 css가 발달하고, 웹디자인들이 좀 더 퀄리티를 높이는 방법에 대해 고민하면서 이미지 3-2-2, 3-2-3의 넷플릭스나, 유튜브 같이 공간을 최대한 활용하는 디자인들이 나오기 시작합니다. 이런 디자인들의 장점은 보통 좀 더 트렌디한 느낌을 줄 수 있다는 것입니다. 대신에 모니터 해상도에 따라 콘텐츠를 100% 채워야 하니 사용자 화면을 예측하기가 힘들기 때문에 이러한 디자인은 사실 디자인적으로나 개발적으로 신경 써야 하는 것도 많고 손이 많이 가는 레이아웃입니다. 이 책에서는 콘텐츠를 100% 활용하는 디자인을 기준으로 반응형을 만들어 볼 계획입니다. 고정형을 기준으로 삼지 않는 것은, css를 조금만 공부하면 그렇게 어렵지 않은 레이아웃이기 때문입니다. 이 책을 다 이해하고 나면 자연스럽게 알게 되는 부분이라고 장담합니다.

그럼 이제부터 진짜로 반응형을 개발하기 위한 코드에 대해서 알아보겠습니다.

```
@media screen and (max-width: 1750px) and (min-width: 1000px){
    //반응형을 위한 css를 넣어 주면 됩니다.
}
```

반응형을 개발하기 위해서는 무언가 대단한 것이 나와야 할 거 같지만, 실제로 이론은 간단합니다. 위 코드는 사용자 화면 가로 사이즈가 1750~1000px이 되었을 때 저 안에 있는 스타일을 실행하겠다는 의미입니다. 실제로 데스크톱 기준으로는 1920이 가장 일반적인 해상도이기 때문에 1920을 기준으로 제작을 한 뒤, 1750~1440, 1440~1280, 이런 식으로 쪼개서 각각의 해상도마다 다른 레이아웃을 보여줄 수 있게 제작하기도 합니다. 앞서 말했다시피 css는 중첩이 되며 우선순위에 따라 적용이 되기 때문에 1920을 기준으로 한 스타일이 전체적으로 적용된 상태에서 @media screen을 통해 레이아웃 변경이 필요한 부분을 중첩해서 덮어씌우는 식으로 스타일이 적용됩니다.

예를 들어, 다음과 같은 4개의 박스가 이어져 있는 레이아웃이 있다고 가정합시다.

|box|box|box|box|

`3-2-4` 4개의 박스

```html
<div class="container">
  <div class="box_item">box</div>
  <div class="box_item">box</div>
  <div class="box_item">box</div>
  <div class="box_item">box</div>
</div>
```

```css
.container{
  display:flex;
  flex-wrap:wrap;
}
.box_item{
  background-color:yellow;
  width:25%;
  height:50px;
  text-align:center;
  display:flex;
  align-items: center;
  justify-content: center;
}
```

위의 코드처럼 각각의 박스는 width가 25%이므로 4개의 섹션으로 나뉘어 있습니다. 그런데 1920 해상도에서는 4개로 나누면 괜찮아 보이는 레이아웃이, 가로 너비가 1440 정도의 노트북 모니터에서는 4개의 섹션으로 나누기엔 너무 작게 느껴질 때가 있습니다.

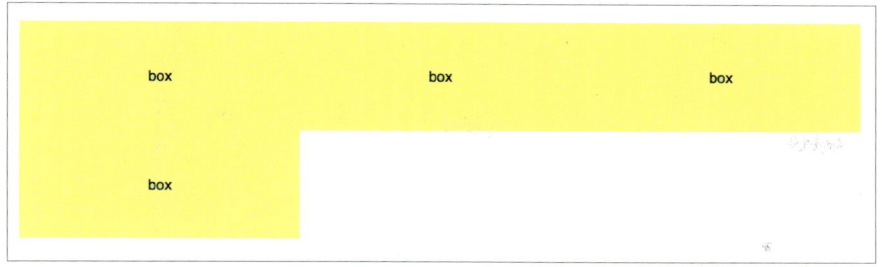

3-2-5 모니터가 넓을 땐 4개씩, 좁을 땐 3개씩 정렬하고 싶은 박스

때문에 우리는 이미지 3-2-5처럼 가로 1440 모니터 이하에서는 섹션을 3개로 나누고, 나머지는 그 아래로 내려가게 하고 싶습니다. 그리고 이때 바로 앞에서 언급한 @media screen을 이용하는 방법을 사용합니다.

```css
.container{
  display:flex;
  flex-wrap:wrap;
}
.box_item{
  background-color:yellow;
  width:25%;
  height:100px;
  text-align:center;
  display:flex;
  align-items: center;
  justify-content: center;
}
@media only screen and (max-width: 1440px) and (min-width: 1000px){
  .box_item{
    width:33%;
  }
}
```

위에서처럼 @media screen 코드를 추가해 주면 1440~1000px에서는 저 규칙이 우선적으로 작용합니다. 섹션을 3개로 나눠주고 싶기 때문에 width 값을 25%가 아닌 33%로 주었습니다. 그래서 실제 .box_item은 모니터 가로 너비가 1440에서 1000 사이가 되었을 때 25%라는 값에 33% 값이 우선순위에 의해 덮워씌어져 33% 값만 적용되게 됩니다. 이때 주의해야 할 것은 .container class에 포함되어 있는 flex-wrap이라는 속성입니다. flex는 기본적으로 한 줄로 나열하려는 속성을 가지고 있기 때문에 안에 있는 자식 노드의 width가 몇이든 한 줄 안에 표현하는 성격을 지니고 있습니다. 하지만 flex-wrap을 wrap으로 설정하면 해당 width가 넘어갔을 때 나머지 노드들은 자동으로 다음으로 넘어가게 해줍니다. flex 관련 속성들은 직관적이지 않기 때문에 초반에는 많이 헷갈리는 부분이니 꾸준한 연습이 필요합니다.

앞에서는 단순히 레이아웃만 변경했지만, 이를 이용해서 폰트 사이즈를 수정하거나 우측에 위치했던 포지션을 다음 줄로 옮기는 식의 구성을 만들 수 있습니다. 좀 더 실무적인 것들은 다음 장에서 다시 언급하겠습니다.

3-3 모바일 반응형 디자인

모바일 역시 @media screen으로 반응형을 잡아 주면 됩니다. 다만, 모바일은 노트북에 비해서는 변경되는 레이아웃의 변동 폭이 크므로 그만큼 좀 더 복잡하고 손이 많이 갈 수밖에 없습니다.

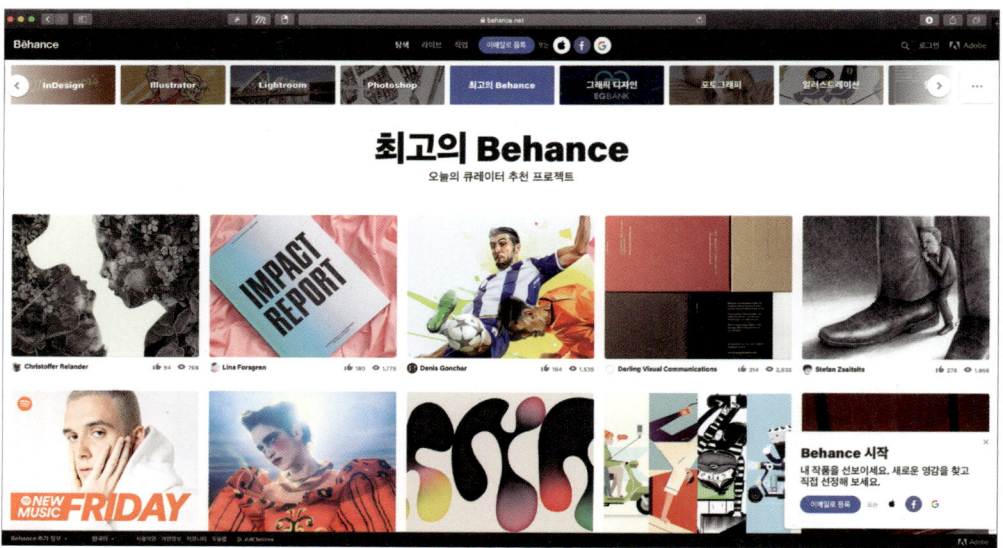

3-3-1 데스크톱에서 본 화면

3-3-2 모바일에서 본 화면

모바일에서는 이미지 3-3-1, 3-3-2의 사이트들 처럼, 단순 레이아웃 변경이 아닌 pc에서 아예 없던 부분이 생겨난다든가, pc에서는 있지만 모바일에서는 감추어야 할 부분들이 종종 있습니다.

```css
.mobile_view{
  display:none !important;
}

@media only screen and (max-width: 600px){
  .mobile_view{
    display:inherit !important;
  }
  .mobile_hide{
    display:none !important;
  }
}
```

때문에 저는 앞의 코드처럼 .mobile_view, mobile_hide라는 class를 만들어 주고 모바일에만 필요한 레이아웃에는 .mobile_view class를 함께 추가하고, 모바일에서는 감춰야 할 부분에는 .mobile_hide를 함께 추가해서 쉽게 특정 섹션들을 감추고 드러낼 수 있게 관리합니다. 코드를 보시면 .mobile_view class는 평소에는 display:none으로 감춰져 있다가(display:none은 해당 class를 감추겠다는 의미입니다), 모니터 해상도가 600 이하가 되었을 때 값을 inherit으로 바꿔서 원래 있던 none 값을 없애 주는 역할을 합니다. 참고로 inheirt은 우선순위 바로 아래 단계의 값을 적용하겠다는 의미로 특정 값을 지워주고 싶을 때 종종 사용합니다. mobile_view는 어느 class에 들어갈지 모르므로 상황에 따라 다른 우선순위에 밀려서, 실제로 적용이 안 될 가능성이 크기 때문에 스타일 우선순위를 가장 강력하게 주기 위해 !important를 썼습니다. 하지만 이런 형식을 자주 쓰는 것은 코드를 복잡하게 만들기 때문에 바람직하지 않습니다.

```
<div class="mobile_header mobile_view">모바일에서만 보여지는 헤더</div>
<div class="main_contents mobile_hide">pc에서는 보이지만 모바일에서는 감출 콘텐츠</div>
<div>메뉴이름<span class="mobile_hide">모바일에서는 감춰도 될 부가설명</span></div>
```

이렇게 등록해 놓은 class는 위에서처럼 필요할 때마다 class를 붙이는 것만으로도 쉽게 드러내고 적용할 수 있기 때문에 간단한 프로젝트에서는 유용합니다.

이 외의 나머지 오브젝트에 대한 처리는 앞서 언급한 레이아웃 변형과 같습니다.

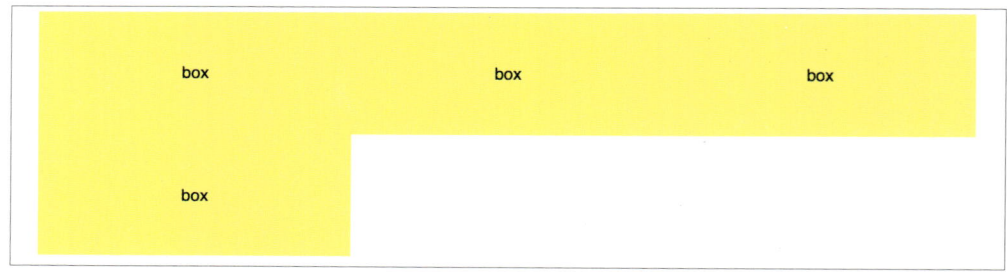

3-3-3 4개 박스 예시

예를 들어, 위와 같은 레이아웃이 있다고 가정해 봅시다.

```css
.container{
  display:flex;
  flex-wrap:wrap;
}
.box_item{
  background-color:yellow;
  width:25%;
  height:100px;
  text-align:center;
  display:flex;
  align-items: center;
  justify-content: center;
}
@media only screen and (max-width: 1440px) and (min-width: 1000px){
  .box_item{
    width:33%;
  }
}
@media only screen and (max-width: 600px){
  .box_item{
    width:100%;
  }
}
```

3-3-4 세로로 나열된 박스들

앞의 코드처럼 가로가 600 이하가 되었을 때, box-item width를 100%로 설정하는 식으로 모바일 반응형 처리를 해 주면 됩니다. 생각했던 것보다 간단하지 않나요? 실무에서도 잘 기획된 홈페이지를 반응형으로 모바일 페이지를 만드는 것은 생각보다 공수가 많이 들지 않습니다. 종종 기획 자체가 반응형으로 구현하기에 힘든 경우는 많이 있습니다. 더 디테일한 것은 뒷장의 실무편에서 다시 다루기로 하겠습니다.

앞에서는 핸드폰을 기준으로 가로 사이즈를 넉넉히 600 이하로 기준을 잡았지만, 상황에 따라 1000 이하로 잡거나 태블릿 pc에 대응하기 위해 중간의 1000~600은 태블릿으로 규정하고 태블릿에 대한 반응형을 따로 제작하기도 합니다. 다만, 이렇게 모든 디바이스에 대해 제대로 된 레이아웃을 지원하는 것은 현실적으로 어렵습니다. 초기 비용은 그렇다 쳐도 작은 업데이트가 생길 때마다 핸드폰, 데스크톱(노트북 포함), 태블릿에 대해 각각 스타일을 적용해 줘야 하기도 하고, 앞에서는 반응형 구현이 생각보다 어렵지 않다고 얘기했지만, 핸드폰 반응형을 구현하는 만큼 태블릿도 공수가 들어가기 때문에 디자인 디테일이 중요하게 들어가는 개발일수록 개발 기간이 많이 늘어지게 됩니다. 배로 길어지는 개발 기간에 비해 실제 태블릿 pc로 웹을 접근하는 비율이 아직은 그렇게 많지 않기 때문에 엄청나게 큰 규모의 프로젝트가 아닌 이상, 보통은 데스크톱(노트북 포함), 모바일 이 두 가지로 대응을 하는 것이 일반적입니다.

3-4 폰트어썸

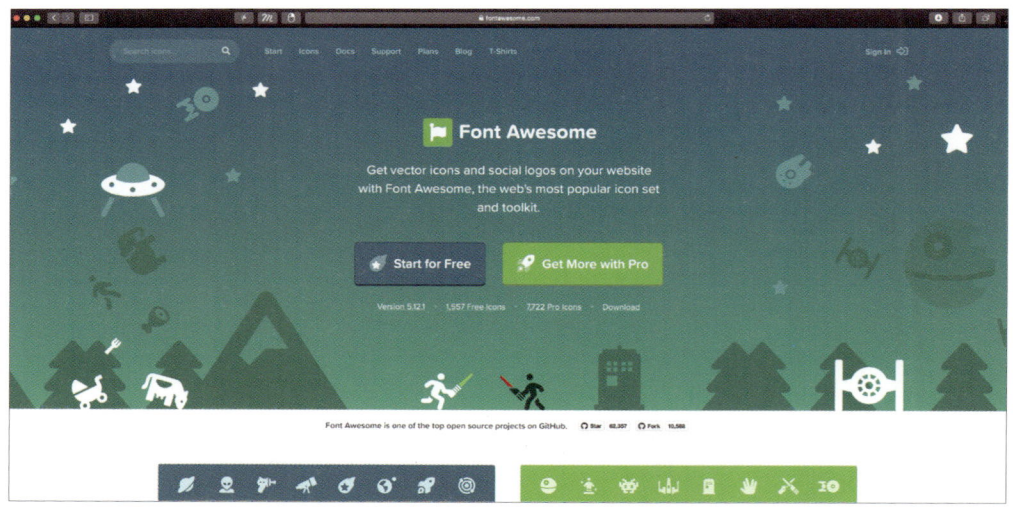

3-4-1 폰트어썸 공식 사이트

폰트어썸은 웹사이트에다 쉽게 아이콘을 삽입할 수 있도록 도와주는 라이브러리입니다. 아이콘을 넣어 주는 기능인데, '폰트'라는 말이 앞에 들어가는 것은, 실제 이 라이브러리는 이미지가 아니라 여러 개의 폰트로 구성되었기 때문입니다. 아직 무슨 말인지 제대로 이해가 안 될 텐데, 본인이 폰트 제작자라고 가정해 봅시다. 한글 폰트를 제작한다 했을 때 가, 나, 다, 라 같은 문자를 하나하나 디자인한 후, 내가 디자인한 문자는 실제 사용자가 '가'를 입력했을 때 나오도록 설정되어 있습니다. 그런데, '가'라는 문자를 디자인한 것이 아니라, 사과를 그려놓고 사용자가 '가'를 요구했을 때 그 사과 이미지가 매치되서 출력되도록 한다면 어떻게 될까요? 그 폰트는 문자로서는 기능을 못하지만, '가'를 입력했을 때 사과 이미지가 출력되는 새로운 기능의 도구가 됩니다. 또한, img로 이미지를 넣었을 때는 해당 이미지 사이즈를 조절하기 위해 width나 height 값을 조절해 줘야 하지만, 이 사과 그림은 근본적으로는 '폰트'이기 때문에 font-size를 통해 쉽게 사이즈를 조절할 수 있습니다. 이 외에도 폰트이기 때문에 색상을 수정하기도 쉽다는 장점이 있습니다. color 값으로 폰트 색만 바꿔주면 되기 때문입니다. 폰트어썸은 이렇게 폰트 속성이 가지는 편리함을 이용하여 쉽게 아이콘을 넣을 수 있도록 돕습니다.

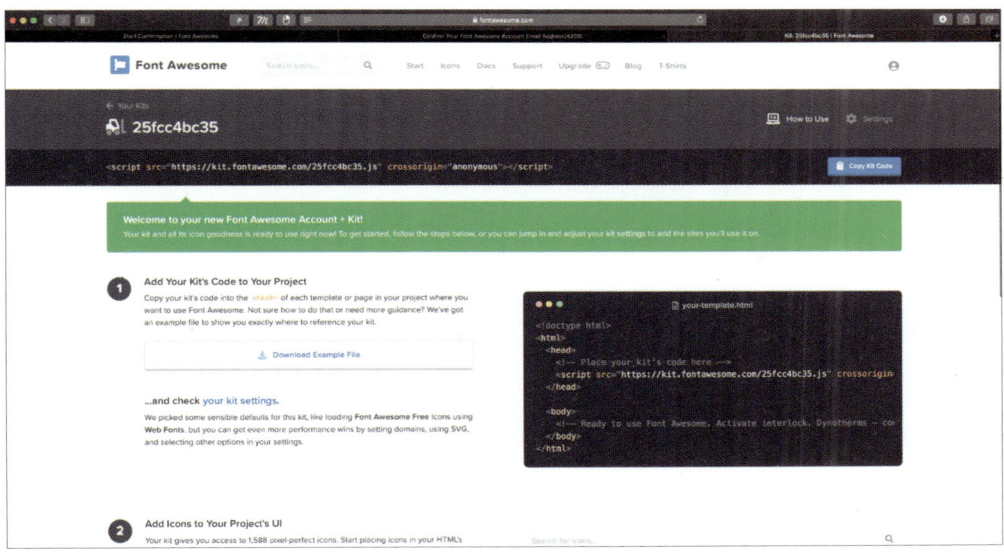

3-4-2 폰트어썸 설치 가이드

설치 및 사용법은 간단합니다. 이미지 3-4-1의 인트로 화면에서 Start to Free로 넘어가면, 간단한 이메일 인증 후 가입이 이뤄지는데 그렇게 가입을 하고 나면 이미지 3-4-2 페이지로 이동하게 됩니다.

```
<html>
  <head>
    <!-- Place your kit's code here -->
    <script src="https://kit.fontawesome.com/25fcc4bc35.js" crossorigin="anonymous"></script>
  </head>
```

안내 페이지대로 head 태그 안에 <script>로 시작하는 스크립트 태그를 넣어 주면 우선 설치가 끝납니다. 이러한 설치 방식을 주로 CDN 방식이라고 합니다.

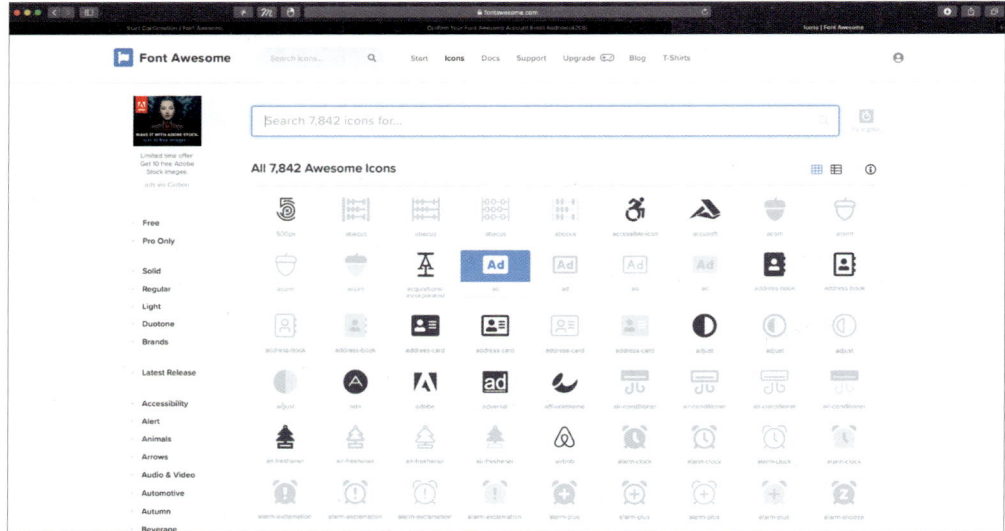

3-4-3 폰트어썸 아이콘 리스트

홈페이지 상단에서 아이콘을 둘러보고 필요한 아이콘을 클릭해서 상세보기로 들어갑니다.

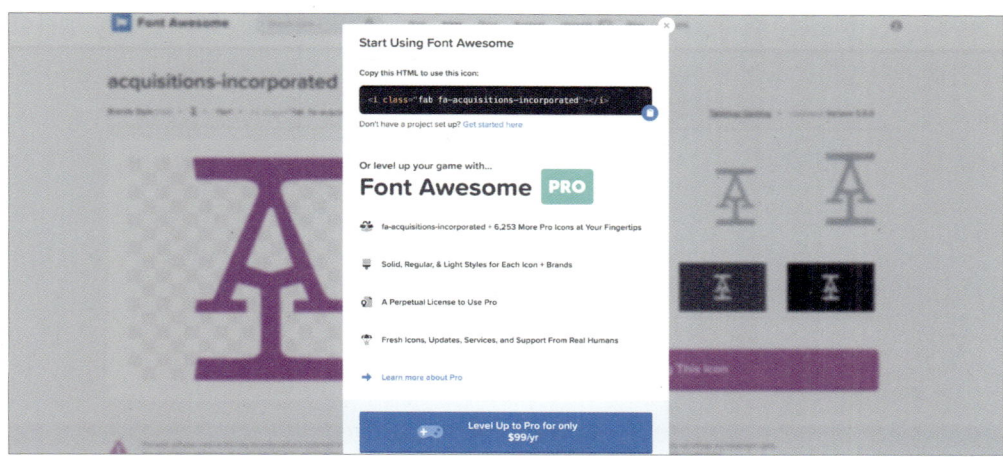

`3-4-4` 직접 복사 붙여넣기해서 사용할 수 있는 코드 제공(사전에 설치 필요)

상세보기로 들어가서 우측에 크게 보이는 'Start Using This Icon' 버튼을 클릭하면 이미지 3-4-4처럼 관련 아이콘을 쓸 수 있는 태그가 나옵니다. 이걸 복사하여 필요한 부분에 넣으면 아이콘을 삽입할 수 있습니다.

때때로 어떤 아이콘들은 유료이긴 하지만 기본적으로 무료로 된 아이콘도 많으니, 한번 둘러보길 권장합니다.

3-5 부트스트랩

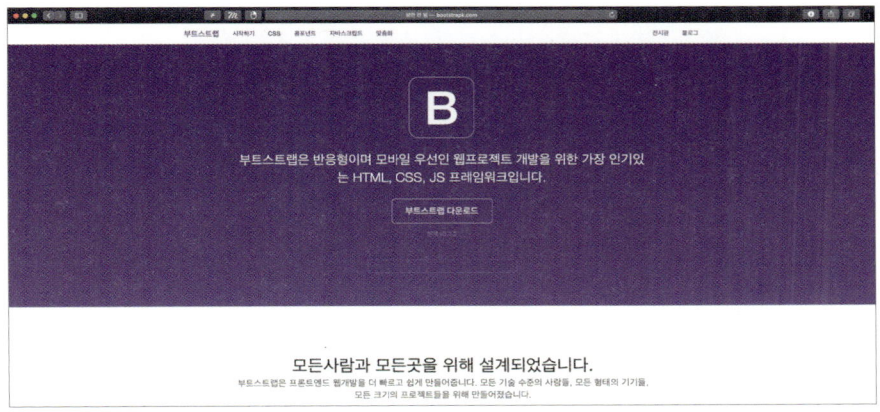

`3-5-1` 부트스트랩 공식 사이트

부트스트랩은 웹사이트를 쉽게 제작하기 위해 만들어진 프레임워크입니다. 특히 반응형 웹사이트를 간단한 조작만으로 쉽게 구현할 수 있어서 과거에는 폭발적인 인기를 끌었던 적도 있습니다. '과거에는'이라고 표현한 것은 최근에는 이용률이 계속해서 줄어들고 있기 때문입니다. 그래서 이 책에서는 부트스트랩을 비중 있게 다루지 않습니다. 다만, 아직까지도 부트스트랩을 이용한 웹사이트들이 종종 있고, 사용은 줄어들고 있지만 무언가를 빠르고 쉽게 구현해야 할 때는 여전히 아주 좋은 툴이기 때문에 간단한 특징 몇 가지만 설명하고 넘어가겠습니다. 공식 사이트가 한글 지원이 잘 되어 있고, 설명도 아주 깔끔하니 공부해 볼 분은 공식 사이트를 참고하기 바랍니다.

3-5-1 그리드 시스템

부트스트랩의 가장 큰 특징이자 무기는 그리드 시스템입니다.

> 부트스트랩은 기기나 뷰포트 사이즈가 증가함에 따라 12 열이 적절하게 확대되는 반응형, 모바일 우선 유동 그리드 시스템입니다. 그리드 시스템은 쉬운 레이아웃을 위해 미리 정해진 class들 뿐만 아니라 강력한 더 시멘틱한 레이아웃을 생성하기 위한 믹스인을 포함하고 있습니다.

그리드 시스템에 대해 부트스트랩 공식 사이트에 있는 설명을 가져오자면 어려운 말들이 섞여 있어 어렵게 느껴질 수 있는데, '12열'이라는 단어만 머리에 넣어 두면 됩니다. 12열이 중요하다고 강조한 이유는, 이 그리드 시스템은 기본적으로 레이아웃을 12열로 나누고 필요한 사이즈에 따라 차지하고 싶은 영역만큼 숫자를 적으면 되기 때문입니다.

```html
<div class="row">
  <div class="col-md-8">.col-md-8</div>
  <div class="col-md-4">.col-md-4</div>
</div>
```

예를 들어 부트스트랩을 정상적으로 설치한 상태에서 위와 같이 적혀 있다고 가정하면, row라는 div 안에 12그리드를 8:4 비율로 나눈 레이아웃을 쉽게 구현할 수가 있습니다.

```
<div class="row">
  <div class="col-md-6">.col-md-6</div>
  <div class="col-md-6">.col-md-6</div>
</div>
```

이를 다시 col-md-6이라고 이름을 바꾸면 이번에는 6:6, 즉 실제로 1:1 비율의 너비를 50%씩 차지하게 됩니다. 또한 만약 col-md-3이라는 div가 4개가 있다고 가정하면 12를 3만큼 차지하는 4:4:4의 비율의 div 레이아웃이 구성됩니다. 이처럼 css로 스타일을 따로 설정하지 않아도, class 이름으로도 쉽게 레이아웃을 설정할 수 있습니다.

규칙에 대해서 좀 더 설명을 드리면, 'col-md-6'의 col은 column의 약자로 그리드 시스템을 쓰기 위한 일련의 기본적인 규칙입니다. 그리고 반응형을 위해서는 중간의 md의 의미가 중요한데 이 칸에는 xs, sm, md, lg 중에 선택해서 입력할 수 있습니다. 의미를 따져보자면 xs, sm, md, lg는 앞에서부터 핸드폰, 태블릿, 노트북, 데스크톱 순서로 점점 더 큰 모니터에 대응하는 값을 설정하는 것이라고 생각하면 됩니다.

```
<div class="row">
  <div class="col-xs-12 col-md-4">.col-md-4</div>
  <div class="col-xs-12 col-md-4">.col-md-4</div>
  <div class="col-xs-12 col-md-4">.col-md-4</div>
</div>
```

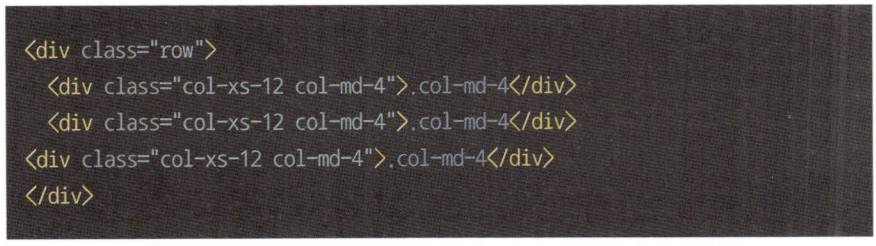

3-5-2 4:4:4 비율로 나눠진 공간

예를 들어 위에서처럼 class 이름을 "col-xs-12 col-md-4"라고 지정했을 때 데스크톱에서는 12를 4:4:4로 쪼개서 33%의 비율로 나누지만(공간 구분을 명확히 하기 위해 일부러 테두리를 넣었습니다), 핸드폰에서 접속해 보면 xs-12 때문에 4만 차지하던 너비가 12로 바뀌면서 가로 사이즈를 100% 차지하는 div로 바뀌게 됩니다.

3-5-3 4:4:4로 나눠진 공간이 모바일 화면에서는 세로로 나열되는 모습

이처럼 class 이름을 입력하는 것만으로도 디바이스에 따라 공간을 쉽게 나눌 수 있기 때문에 부트스트랩을 기본적인 라이브러리로 선정해서 전체 홈페이지를 제작하는 경우도 많습니다.

3-5-2 다양한 컴포넌트

부트스트랩은 웹사이트에 자주 사용되는 다양한 기능을 쉽고 빠르게 구현이 가능하도록 합니다.

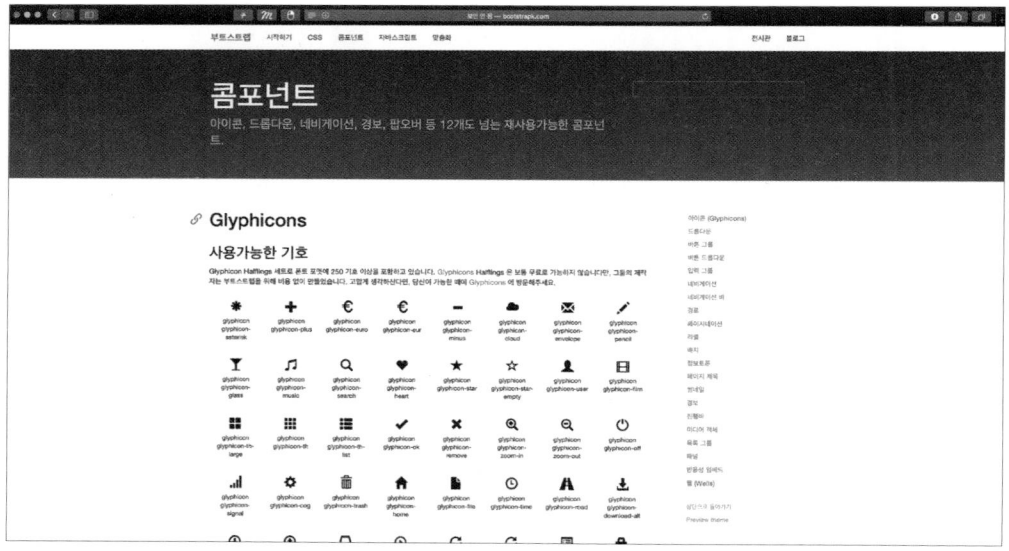

3-5-4 부트스트랩에서 제공하는 아이콘들

예를 들어, 웹사이트에 자주 쓰일 만한 아이콘들을 쉽게 첨부할 수 있도록 제공한다든가, 이미지 3-5-5처럼 웹에서 자주 쓰이는 UI(드롭박스, 모달 등)를 기본 브라우저에서 제공하는 것과 다르게 좀 더 디자인된 형태로 제공하고 있습니다. 그러므로 디자인 시안이 정해져 있지 않고 빠르게 무언가를 개발해야 되는 상황이라 했을 때 부트스트랩은 아주 유용한 툴이 될 수 있습니다. 따로 디자인을 하지 않아도 부트스트랩에서 알아서 어느 정도 디자인된 UI를 제공받을 수 있기 때문입니다.

3-5-5 부트스트랩에서 제공하는 UI

하지만 부트스트랩은 이러한 강력한 기능에도 불구하고, 앞서 얘기한 대로 실제로는 점점 더 이용자가 줄어들고 있습니다. 다양한 기능을 제공하다 보니 기본적으로 많이 무거운 것이 큰 이유입니다. 뿐만 아니라 실제 어떤 서비스를 만들 때는 디자인 시안을 먼저 만들고 개발 제작을 시안에 맞춰서 하는 것이 일반적이기 때문에, 디자인 시안이 부트스트랩에서 제공하는 UI와 일치하는 경우는 많지 않습니다. 이럴 경우 부트스트랩 UI를 시안이랑 비슷하게 맞추는 것보다는 아무것도 없는 상태에서 새롭게 작업하는 것이 더 빠르고 쉽기 때문에 부트스트랩을 사용하지 않습니다. 게다가 무언가 기능을 추가하려고 할 때 앞서 말한 것처럼 커스텀이 쉽지 않다 보니, 몇 번 사용해 본 후에 점점 더 배제하는 분들도 많습니다.

자, 여기까지 드디어 기본적인 CSS 문법에 대한 설명이 끝났습니다. 사실 CSS 속성들은 이 책에서 다루지 않는 속성들도 있고, 상대적으로 덜 중요하다고 생각해서 생략하였습니다. 새로운 속성들도 빠르게 생기기 때문에 이 책을 시작으로 꾸준히 계속 공부하는 것이 중요합니다. 그리고 모르는 것이나 헷갈리는 부분이 생겼을 경우 앞서 얘기한 w3shools.com을 이용하거나 구글링하는 습관을 들이는 것을 권장합니다.

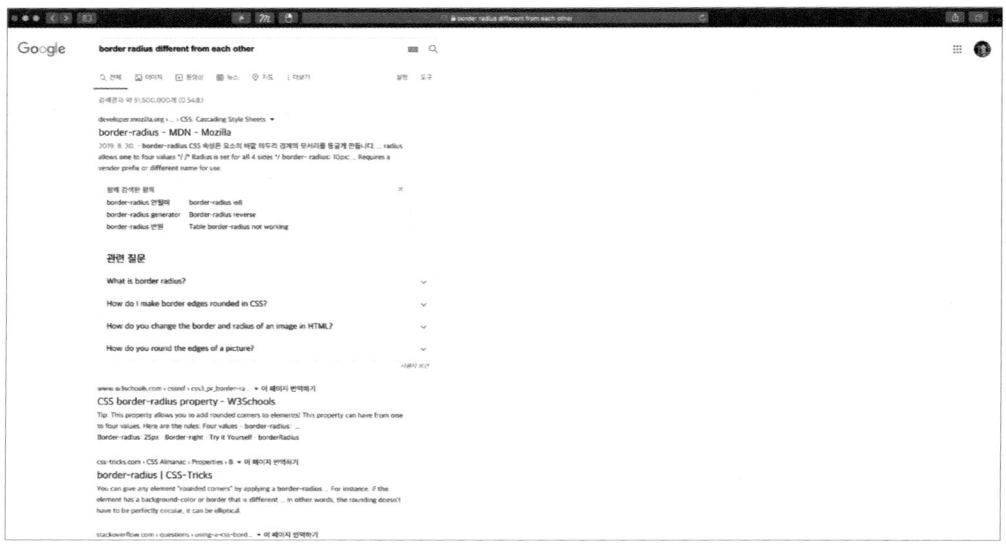

3-5-6 css 사용법 구글링 예시

영문으로 검색을 해서 영문 사이트의 설명을 보는 것이 초보자에게는 부담스러울 수는 있습니다. 하지만 대부분의 검색되는 사이트들은 전 세계 사람들을 대상으로 하기 때문에 이러한 어려움을 어느 정도 이해하고 최대한 쉽게 풀어서 쓰여 있습니다. 그래서 영어를 잘하지 못하더라도, 블로그에 한글로 설명된 글보다 영문으로 된 글들이 쉽게 이해되는 경우가 많습니다.

마지막으로 이 책에서는 다루지 않지만, css에 어느 정도 적응했고 여유가 있는 분들은 SASS나 LESS에 대해서 공부해 보는 것도 추천합니다. 이제 막 css를 공부한 사람에게 또 무언가 새로운 것을 공부하는 것이 부담스럽게 느껴질 수도 있습니다. SASS, LESS에 대해서 간략하게 설명드리자면 css를 좀 더 쓰기 편하게 만들어 주는 툴이라고 생각하면 됩니다. 그래서 css를 알고 있으면 쉽게 접근할 수 있으며, 반나절에서 하루 정도 공식 사이트 혹은 블로그에서 관련 자료를 보시면 쉽게 따라할 수 있습니다. 러닝 커브는 그렇게 높지 않으나, 유용한 기능이 많아서 최근 퍼블리셔나 프론트엔드 개발자에게는 필수 자격으로 불릴 정도로 자주 사용되는 라이브러리입니다.

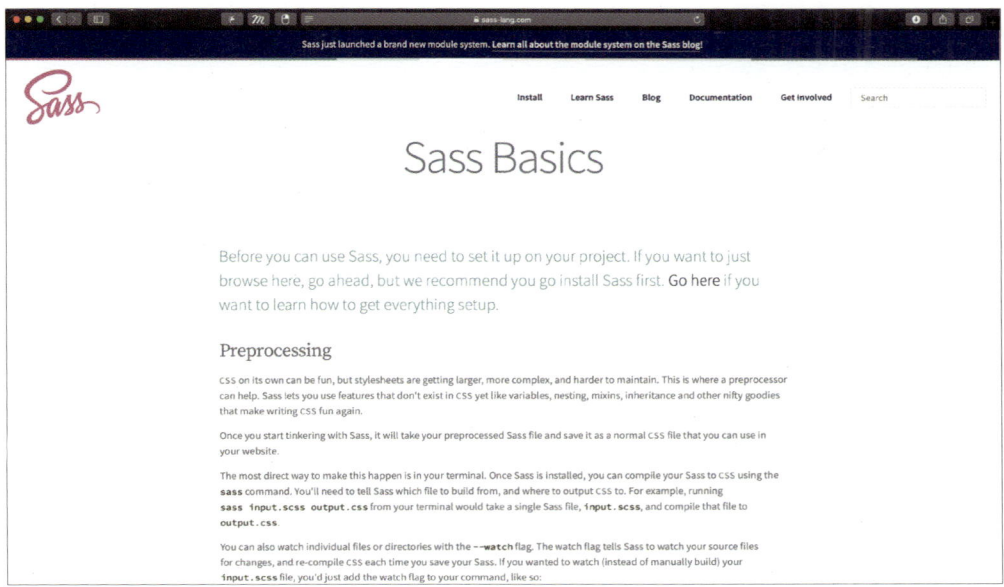

3-5-7 SASS 공식사이트

Design is not just
what it looks like and feels like.
Design is how it works.

Steve Jobs

CHAPTER

4.

실전 웹페이지 코딩하기

4-1 | 원페이지 프로모션 사이트 만들기

4-2 | 플랫폼 서비스 퍼블리싱하기 1

4-3 | 플랫폼 서비스 퍼블리싱하기 2

4-4 | 비주얼 퀄리티를 높여주는 팁

CHAPTER 4.

실전 웹페이지 코딩하기

4-1 원페이지 프로모션 사이트 만들기

프로모션 사이트 중에는 크리에이티브한 웹사이트들이 많기 때문에 난이도가 있는 사이트들이 많습니다. 얕고 넓게 알아야 하는 부분들이 많아서 초보자에게는 어려울 수 있지만, 그만큼 배우는 게 많아 공부하기에 좋습니다. 이 섹션에서는 제가 직접 개인 교육을 위해 디자인하고 개발한 웹사이트를 가지고 실제 퍼블리싱했던 과정을 담고자 합니다.

4-1-1 가로 너비 고정형과 비고정형 웹사이트

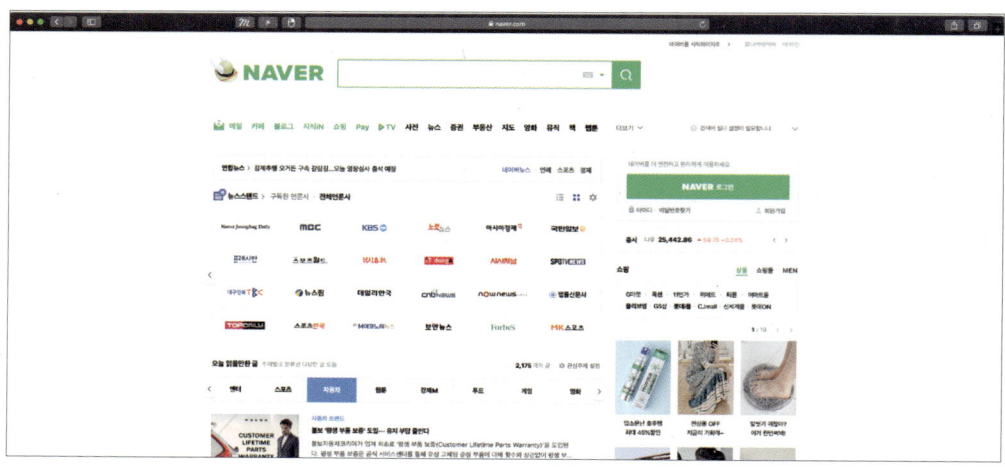

4-1-1 가로 너비 고정형

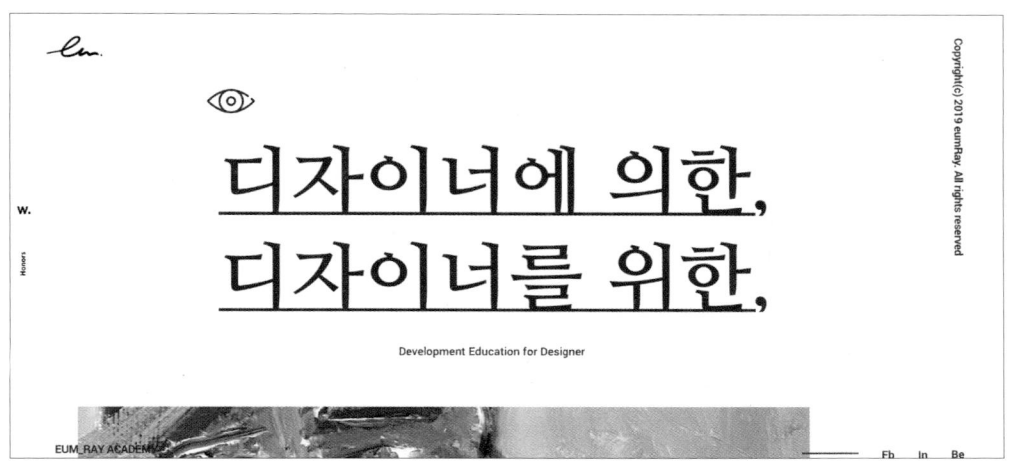

`4-1-2` 가로 너비 비고정형

많은 웹디자인 유형을 크게 두 가지로 나눈다면, 네이버같이 모니터 사이즈에 상관없이 가로 너비가 고정적인 형태와 모니터 사이즈에 따라 전체적인 웹사이트 콘텐츠들도 자동으로 조절되는 비고정적인 형태가 있습니다.

이 둘은 다음과 같은 장단점을 가집니다.

	고정형	비고정형
장점	1. 정해진 틀 안에서 디자인하면 되기 때문에 초보 디자이너가 디자인하기 쉽다. 2. 정해진 틀 안에서 시안대로 개발만 하면 되기 때문에 비교적 반응형 개발이 단순하다. 3. 화면 사이즈에 대한 가변적인 부분이 적고, 디자인하기 쉬운 만큼 사이트가 전체적으로 안정적인 느낌을 줄 수 있다.	1. 대부분 100%의 공간 활용을 할 수 있으며, 이로 인하여 좀 더 시원시원한 느낌을 줄 수 있다(좀 더 큰 폰트를 사용한다든지 이미지가 크게 들어갈 수 있음). 2. 좀 더 트렌디한 느낌을 줄 수 있다.
단점	1. 좌우 여백이 상대적으로 많아 공간 낭비가 심하다(전체적으로 비고정형에 비해 답답한 느낌을 받을 수 있음). 2. 비교적 클래식한 방식으로 사이트가 전체적으로 올드해 보일 수 있다.	1. 화면 사이즈에 따른 콘텐츠 비율 및 배치를 각각 고려해야 하기 때문에 비교적 디자인 및 개발이 어렵다. 2. 어려운 만큼 디자인이나 개발에서 비교적 시간이 많이 든다.

각각의 장단점이 있기 때문에 둘 다 많이 사용하는 방식이지만, 이 책에서는 비고정형 형태의 예제만 다룰 것입니다. 이유는 비고정형 웹사이트들이 고정형에 비해 점점 더 늘어나는 추세이고, 고정형 퍼블리싱 개발은 비고정형 개발에 비해 훨씬 쉬우므로 비고정형을 알면 고정형을 따로 공부하지 않아도 되기 때문입니다.

4-1-2 실습 예제 사이트 분석(https://academy.eumray.com)

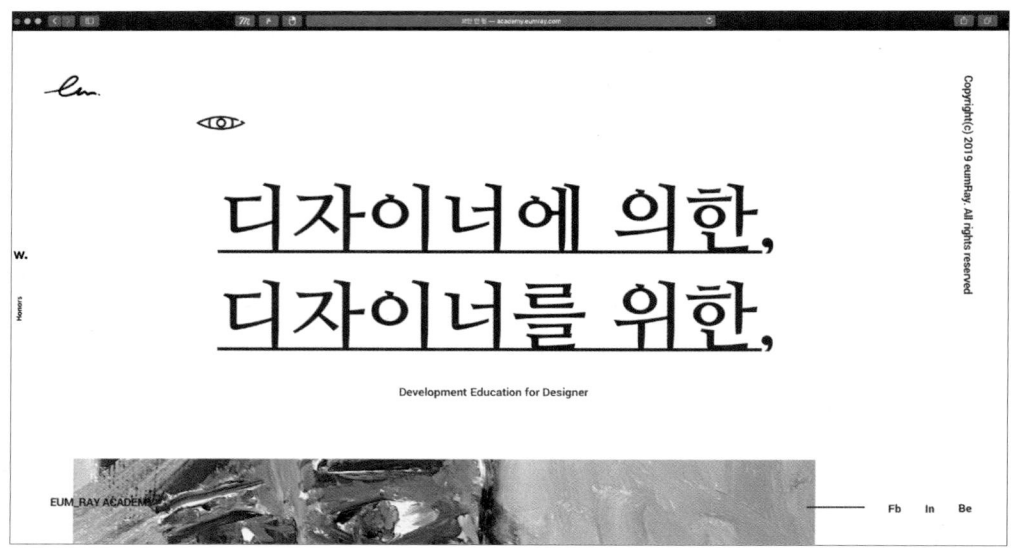

4-1-3 실습 예제 사이트

이 웹사이트는 실제 제가 개발 교육을 홍보하기 위해 만든 일종의 교육 프로모션 웹사이트입니다. 이 웹사이트는 앞서 말한 비고정형 웹디자인으로 설계된 웹사이트로, 브라우저를 늘리거나 줄여 보면 알 수 있듯이 특정 타이포 및 이미지들이 화면 사이즈에 따라 커지고 작아지는 것을 볼 수 있습니다.

이렇게 화면 사이즈에 따라 비율이 달라지도록 설계하는 경우에는 폰트 사이즈를 좀 더 과감하게 사용할 수 있습니다. 좀 더 얘기를 해 보면 고정형은 가로 너비가 정해져 있는 만큼 콘텐츠나 폰트 사이즈들이 해상도가 낮은 모니터에서도 고정적으로 보여야 하므로 특정 사이즈 이상으로 키울 수 없는 단점이 있습니다. 예를 들어, 1920 해상도 모니터 기준에 맞춰서 특정 문구의 폰트 사이즈를 100px로 설정해 놓았을 때 1920에서 괜찮았던 사이즈가 노트북 해상도인 1440인 모니터에서는 너무 크게 보이거나 깨져 보일 수 있습니다. 이러한 이유 때문에 디자인할 때 다양한 해상도를 고려해서 폰트 사이즈를 너무 크거나 작지 않도록 하는 것이 일반적입니다. 하지만 앞서 배운 vw를 사용하면 사이즈가 해상도에 따라 자동으로 조절이 되기 때문에 좀 더 과감한 시도를 할 수 있습니다.

4-1-4 타이포그래피로 채운 웹디자인

때문에 최근 타이포만으로 디자인된 웹사이트들을 보면, 대부분 비고정형으로 제작되고 폰트 사이즈를 유동적으로 변화하도록 설정한 경우가 많습니다.

폰트 사이즈 외에도 이 웹사이트의 경우는 그리드를 무시한 디자인을 곳곳에서 볼 수 있습니다. 물론 완전히 그리드가 없는 것은 아니지만 다른 사이트들과 비교해 보면 요소들이 동적으로 움직이면서 그리드를 무시하는 오브젝트가 곳곳에 들어가 있습니다. 이러한 디자인을 할 때 유의할 점은 화면 밸런스에 대해 잘 설계가 되어 있어야 한다는 것입니다. 그리드를 무시한 만큼 자칫 특정 공간이 너무 비어 보이거나 한쪽의 밀도가 너무 높으면 전체적인 퀄리티가 무너지기 때문에 그리드는 무시하되 전체적으로 밀도가 분산되게 잘 설계한다면 충분히 시각적으로 안정감을 줄 수 있습니다.

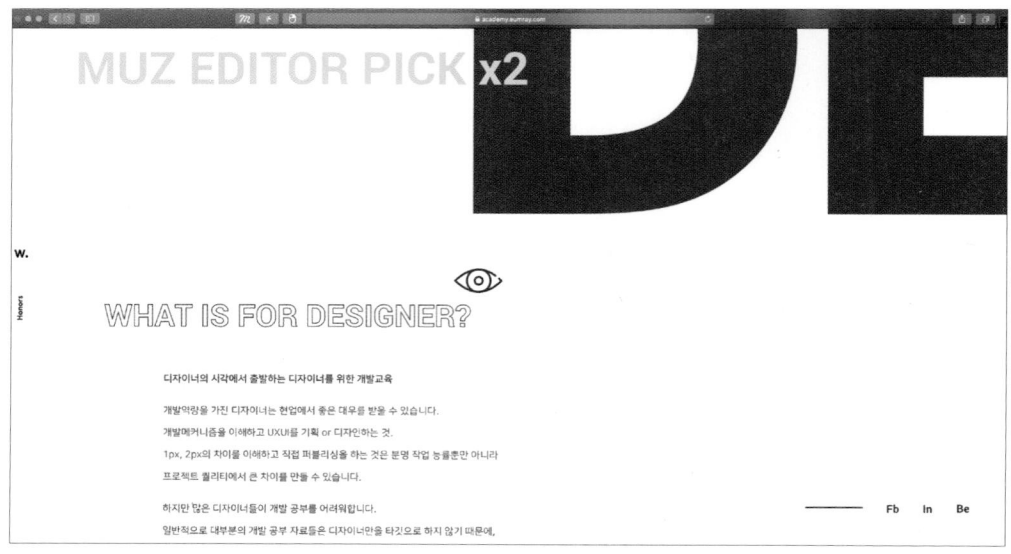

4-1-5 비규칙적인 그리드 디자인

처음부터 갑자기 너무 어려워 보일 수 있지만, 이 웹사이트의 경우 Javascript를 통한 모션그래픽이 많이 들어간 것 뿐이지 퍼블리싱 자체는 그렇게 어렵지는 않으니 너무 크게 걱정하지 않아도 됩니다.

✓ 단, Javascript를 통해야만 구현이 되거나 너무 복잡한 css구조를 가진 부분은 일부 제외하였습니다.

4-1-3 기본환경 세팅 및 폰트 설치

우선, 기본적인 환경 세팅을 위해서 사이트에 사용될 이미지와 로고가 필요합니다. 로고는 앞의 사이트에서 직접 오른쪽 버튼을 클릭하여 이미지를 저장하여도 무방하지만, 본문 중간중간에 쓰인 이미지는 Javascript 캔버스를 이용한 이미지이므로 다운로드가 안 될 수 있습니다. 그러므로 직접 다운받기보다는 본인이 사용하고 싶은 적당한 사이즈의 이미지를 준비하면 됩니다. 실제 사이트에 사용된 이미지가 많지 않고 크게 이미지에 영향을 받는 사이트는 아니므로 본인이 원하는 이미지가 있으면 그걸 사용해도 무방합니다.

이미지들을 모두 준비했으면 프로젝트 폴더를 하나 만들어서 그 안에 'img'라는 이름의 폴더를 만들고 준비된 이미지들을 넣습니다.

또, VSCode을 이용하여 새 html 파일을 하나 만들고, 프로젝트 폴더에 저장해 줍니다.

그다음은 폰트 설정을 위해 폰트를 설치하는 방법에 대해 알아보겠습니다.

이 웹사이트에 필요한 폰트들은 'Roboto', '나눔스퀘어', '나눔명조'인데, '나눔명조'와 'Roboto'는 구글폰트에 있지만 '나눔스퀘어'는 제공을 안 하기 때문에 구글폰트에서 'Roboto'와 '나눔명조'를 가져온 후 '나눔스퀘어'는 다른 곳에서 가져오겠습니다.

폰트 설치를 위해서 구글폰트에 접속합니다(https://fonts.google.com).

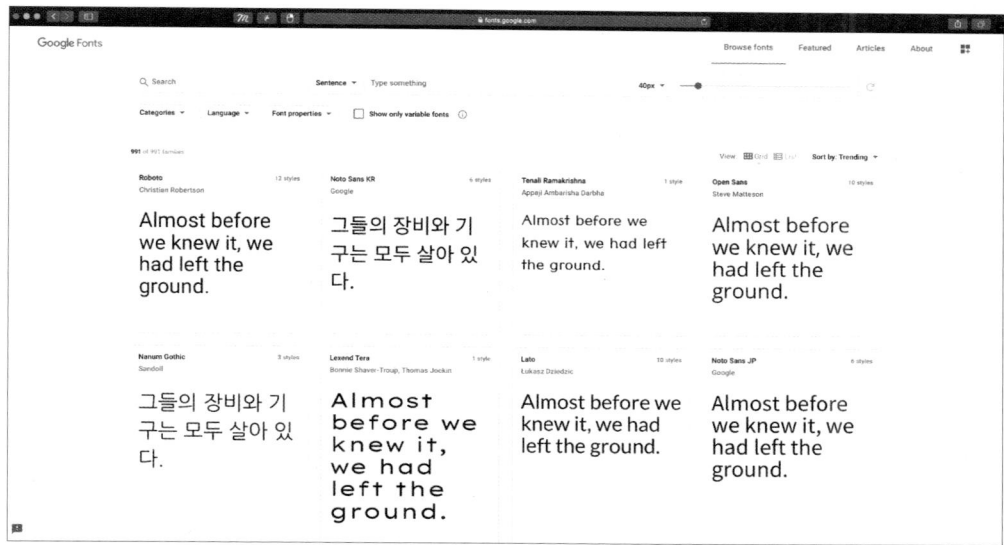

4-1-6 구글폰트

폰트 상세화면에 들어가서 Select this style을 선택하면 우측에 쇼핑 장바구니처럼 폰트들이 하나씩 담깁니다. 우리는 Roboto에서는 400, 500, 700을 선택하고 나눔명조에서는 700만 선택해서 담겠습니다. 참고로 폰트 굵기가 다양하게 있지만 너무 많은 폰트를 설치하는 것은 사이트를 느려지게 만들 수 있습니다.

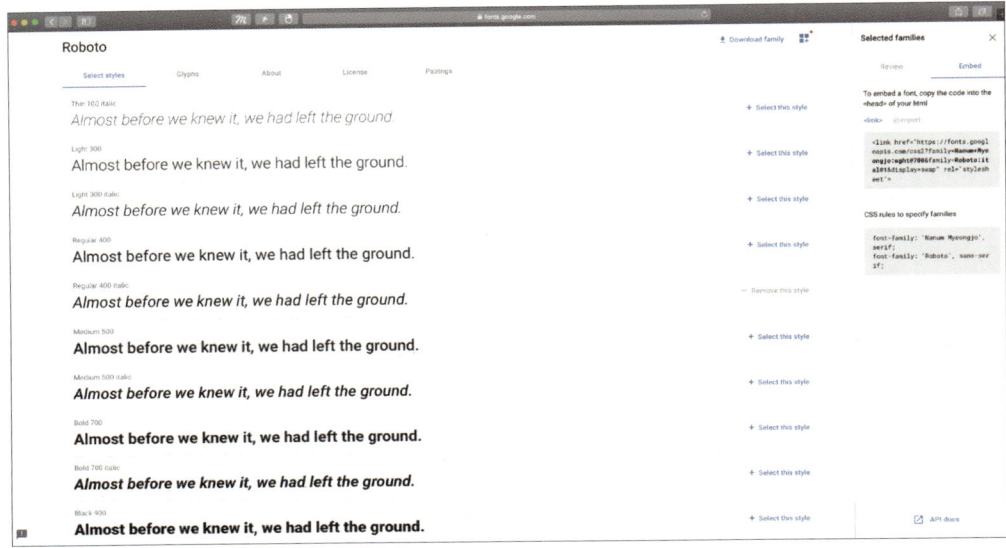

4-1-7 구글폰트

담은 폰트들을 실제 적용하기 위해서는 embed라는 탭의 〈link rel~로 시작하는 부분을 복사해서 실제 우리가 만들 홈페이지 소스에 넣으면 됩니다.

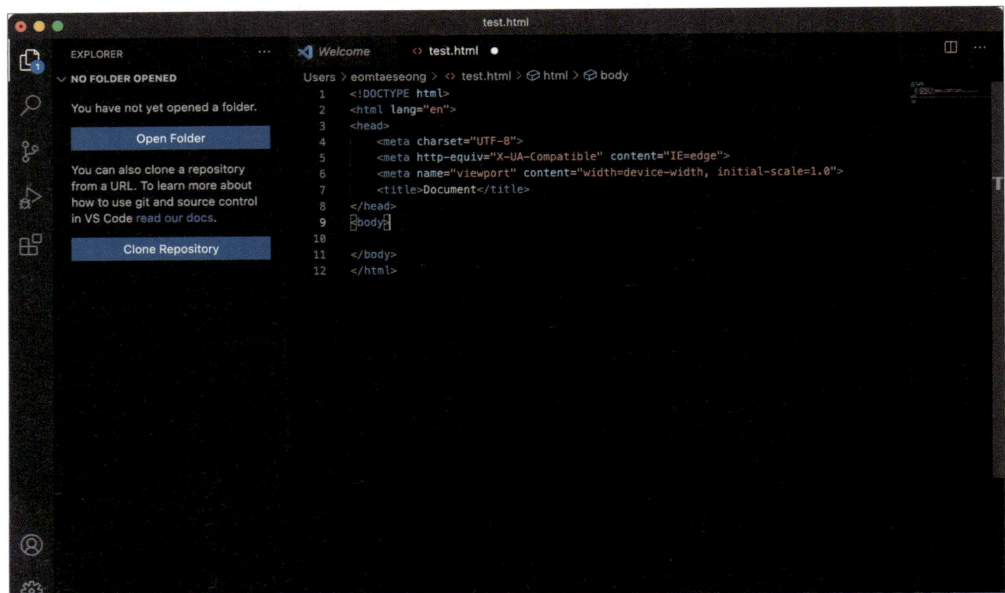

4-1-8 VSCode 초기 세팅

이제 본격적으로 홈페이지를 만들기 위해서 맨 첫 장에서 설치했던 VSCode를 이용해 보도록 하겠습니다.

처음 VSCode를 설치할 때 설명 드린 것처럼(챕터 0-3 참고), html 템플릿을 이용하면 쉽게 html기본 포맷을 작성할 수 있습니다.

먼저 file → new file을 눌러 새롭게 파일을 만들어 준 후, index.html이라는 이름으로 저장합니다(확장자는 .html이어야 하지만, 파일명은 다른 것이어도 상관없습니다). 그런 다음에 편집 → 'html'을 입력 후, 자동완성 중 'html : 5'를 선택하면 이미 4-1-8처럼 기본 html 코드가 작성된 것을 볼 수 있습니다. 이 자동완성 기능은 기본 구조를 작성하기 쉽게 도와주는 역할일 뿐이지 직접 코드를 타이핑해도 무방합니다.

그리고 다시 구글폰트 사이트로 돌아가 우측에 있던 <link href로 시작하는 소스코드를 <head>~</head>에다가 집어넣습니다. 중간에 들어간 <meta>태그는 무시하거나 지우셔도 좋습니다.

```
<head>
    <meta charset="UTF-8">
    <title>Untitled Document</title>
    <link href="https://fonts.googleapis.com/css2?family=Nanum+Myeongjo:wght@700&family=Roboto:wght@400;500;700&display=swap" rel="stylesheet">
</head>
```

이제 Roboto와 나눔명조 폰트 설치가 끝났습니다. 사용자는 실제로 우리 웹사이트에 들어올 때마다 위에 적어둔 구글폰트 홈페이지에서 폰트를 내려받게 될 것입니다.

이번에는 나눔스퀘어 폰트를 설치하겠습니다. 나눔스퀘어는 구글폰트에 없기 때문에 별도로 설치를 해 주어야 하는데, 나눔스퀘어 또한 웹에서 자주 사용하는 폰트이기 때문에 웹에서 쉽게 구할 수 있습니다. 먼저 폰트를 찾기 위해 구글에서 '나눔스퀘어 웹폰트'라고 검색을 해 보겠습니다.

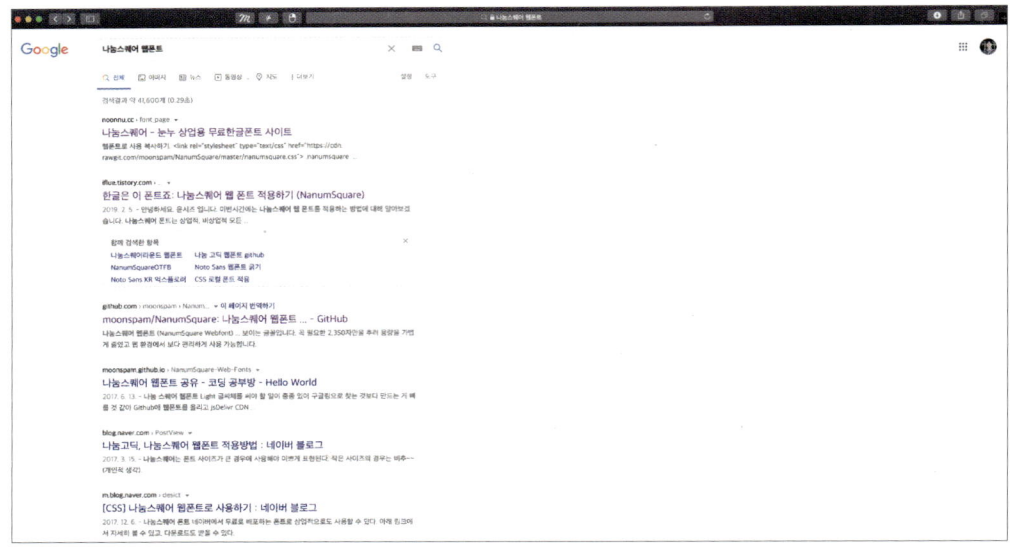

4-1-9 나눔스퀘어 웹폰트 검색결과

검색결과 다양한 사이트에서 다양한 방식으로 설치 파일과 설치 방법을 제공하고 있습니다. 어느 것을 선택해도 무방하지만 저는 3번째 'moonspam/NanumSquare: 나눔스퀘어 웹폰트 … - GitHub'라는 곳에서 폰트를 가져오겠습니다. 참고로 이 사이트를 선택한 이유는 폰트를 굵기별로 다양하게 제공하고 있고 설치 안내가 쉽기 때문입니다. 여러분이 책을 보시는 시점에 만약 이 사이트가 없다면 다른 곳을 들어가더라도 대부분 비슷한 내용으로 무난하게 적용할 수 있습니다.

4-1-10 나눔스퀘어 웹폰트 배포 웹사이트

사이트에 들어가서 스크롤을 살짝만 내리면 사용 방법에 대해 안내가 되어 있습니다.
우리는 link방식 (권장합니다)이라고 되어 있는 방법을 사용할 건데, 구글폰트 사이트에서 쓰였던 방법이랑 같기 때문에 쉽게 접근할 수 있으리라 생각합니다. <link rel~로 시작하는 태그를 복사해서 똑같이 <head> 안에 넣습니다.

```html
<head>
    <meta charset="UTF-8">
    <title>Untitled Document</title>
    <link href="https://fonts.googleapis.com/css2?family=Nanum+Myeongjo:wght@700&family=Roboto:wght@400;500;700&display=swap" rel="stylesheet">
    <link rel="stylesheet" type="text/css" href="https://cdn.jsdelivr.net/gh/moonspam/NanumSquare@1.0/nanumsquare.css">
</head>
```

이제 사이트에서 사용하기 위한 모든 폰트 설치는 끝났습니다. 우리가 방금 해봤던 설치 방법 외에도 웹사이트에 폰트를 설치하는 방법은 좀 더 다양하게 있지만, 대중적인 폰트를 사용하는 방법으로는 가장 쉽고 빠른 길이기 때문에 초보자는 위와 같은 방식으로 초기 세팅을 하는 것을 권장합니다.

4-1-4 기본 html 구성

기본적인 폰트 설치가 끝났으니, 제일 처음으로 보이는 이미지 4-1-11 화면부터 천천히 퍼블리싱을 진행해 보겠습니다.

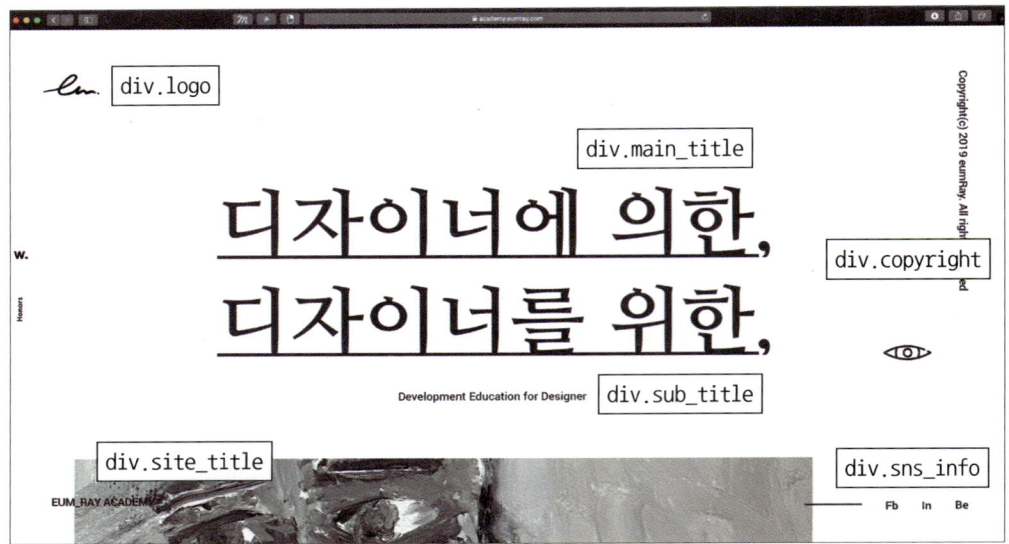

4-1-11 엄레이아카데미 기본 구성

사이트를 처음 접속하면, '디자이너에 의한, 디자이너를 위한'이라는 메인 타이틀과 아래 작은 글씨의 영문 서브 타이틀이 눈에 띕니다. 그 외 좌측 상단에는 로고, 우측 상단에는 카피라이트, 아래 사이드에는 sns 정보, 또 아래에 스크롤할 것이 있다는 것을 자연스럽게 보여주기 위해 하단에 잘린 이미지도 살짝 볼 수 있습니다. 하단의 이미지는 일단 제외하고 메인 타이틀부터 하나씩 html을 작성하겠습니다.

4-1-5 데스크톱 버전 퍼블리싱

```html
<body>
<div class="intro_section1">
    <div class="main_title">
        디자이너에 의한,<br/>
        디자이너를 위한,
    </div>
    <div class="sub_title">
        Development Education for Designer
    </div>
</div>
</body>
```

우선, 크게 요소들을 감싸기 위한 'intro_seciton1'이라는 이름의 div를 만들고 그 안에 표현하고자 하는 요소들을 하나씩 작성해서 div 이름을 붙이겠습니다. div 이름은 추후 css에서 컨트롤하기 위한 이름이므로 꼭 이대로 따라 하지 않아도 괜찮습니다.

4-1-12 태그 입력 시 결과화면

방금 작성한 html을 저장하고 브라우저로 띄웠는데, 다음과 같은 모습으로 나온다면 제대로 작성한 것이 맞습니다. 이제부터는 이 html 문서에 css를 하나씩 적용해 볼 것인데, 그러기 위해 css 문서를 하나 만든 뒤 이 html에 만든 css 문서를 불러오겠습니다.

먼저, 새 파일을 연 후 'common.css'라는 이름으로 파일을 저장합니다. 그리고 아까 <head>~</head> 태그에 css를 포함시키는 태그를 하나 추가합니다.

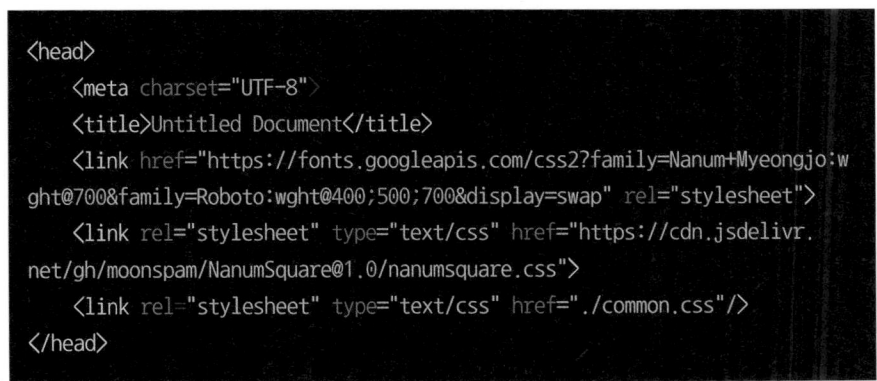

앞의 소스를 자세히 보면 맨 아래에 link 태그가 하나 더 추가된 것을 확인할 수 있습니다. 자, 이제 새롭게 작성된 css가 연결되었습니다. 그리고 가장 기본적인 스타일 세팅을 위해 body랑 ul,li 태그에 기본 폰트 및 기본 설정 등을 지정하도록 하겠습니다. 참고로, ul, li에는 브라우저에 따라 padding이나 margin이 기본적으로 들어가 있을 수 있기 때문에 0px로 초기화해 주는 것이 좋습니다.

```css
body {
    margin: 0px;
    padding: 0px;
    font-size: 20px;
    color: #353535;
    font-family: "Roboto", "NanumSquare", sans-serif;
    text-rendering: optimizeLegibility;
    -webkit-font-smoothing: antialiased;
}
ul, li{
    margin: 0px;
    padding: 0px;
}
```

font-family에 대해 짧게 다시 설명드리자면, 폰트 지정을 단순 하나만 지정하는 것이 아닌 여러 폰트를 동시에 지정할 수 있습니다. 이렇게 영문 폰트를 앞 순서로 지정하고 뒤에 한글 폰트로 지정하게 되면 자연스럽게 알파벳 및 숫자는 'Roboto'로 먼저 지정되고 Roboto는 한글을 표현할 수 없으므로 한글은 다음 순서인 'NanumSquare'로 지정되게 됩니다. 또한 font-size를 body에서 지정하면 이후 폰트 사이즈를 따로 지정하지 않아도 자동으로 기본 폰트 사이즈가 20px로 설정됩니다.

4-1-13 기본값으로 여백이 들어간 브라우저 화면

여기서 우리가 방금 작성한 html 문서를 다시 열어서 조금 확대해 보면, 왼쪽과 위쪽에 아주 미세하게 여백이 들어간 것을 확인할 수 있습니다.
약간의 여백은 추후 코딩을 할 때 오차를 만들어 낼 수 있으므로, margin과 padding을 0px로 지정하여 여백을 지웠습니다.

4-1-14 여백이 없어지고 폰트와 폰트 사이즈가 바뀐 모습

4-1-6 vw, vh와 position을 이용한 레이아웃 잡기

앞서 vw를 이용하면 폰트 사이즈를 화면 사이즈에 맞게 조절할 수 있다고 설명한 적이 있습니다. 메인 타이틀의 경우는 화면의 반을 차지할 정도로 크게 공간을 가져가고 있기 때문에 px로 사이즈를 고정시키기보다 vw를 통해 해상도에 따라 유동적으로 사이즈가 변하도록 하는 것이 좋습니다.

```css
.intro_section1 .main_title{
    font-size:8vw;
    font-family: 'Nanum Myeongjo';
    font-weight:700;
}
```

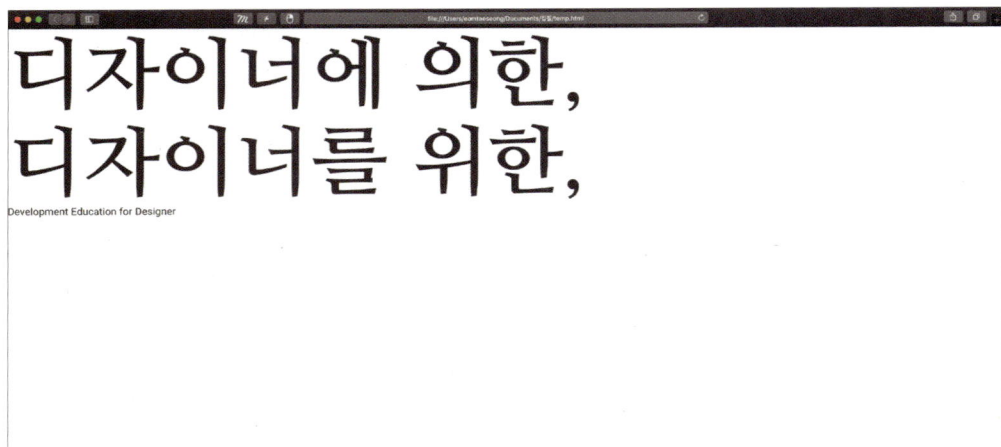

4-1-15 .main_title 스타일이 적용된 모습

다음과 같이 css를 설정해 주면 폰트 사이즈와 폰트, 그리고 굵기가 정해진 것을 볼 수 있습니다. .main_title만 적어도 적용은 되지만 혹시나 다른 class 이름들과 중복되서 원하지 않게 스타일이 겹쳐 적용되는 일을 방지하고자 구체적으로 .intro_secion1 div 안에 있는 .main_title이 설정되도록 적습니다. 그 아래에 .sub_title 또한 스타일이 적용되도록 폰트 사이즈와 굵기를 설정하겠습니다.

```css
.intro_section1 .main_title{
    font-size:8vw;
    font-family: 'Nanum Myeongjo';
    font-weight:700;
}
.intro_section1 .sub_title{
    font-size:1.2vw;
    font-weight:500;
}
```

4-1-16 .sub_title 스타일이 적용된 모습

이제부터는 위치를 잡아보도록 하겠습니다. 먼저 .main_title을 가운데로 맞추는 게 목표인데 가운데로 위치시키기 위한 방법은 다양하지만 여기에서는 position 속성의 absolute를 활용하겠습니다. 위의 코드처럼 absolute로 둔 상태에서 top과 left를 각각 화면 너비의 반인 50vw, 화면 높이의 반인 50vh 값을 주겠습니다.

```css
.intro_section1 .main_title{
    font-size:8vw;
    font-family: 'Nanum Myeongjo';
    font-weight:700;
    position: absolute;
    top:50vh;
    left:50vw;
}
```

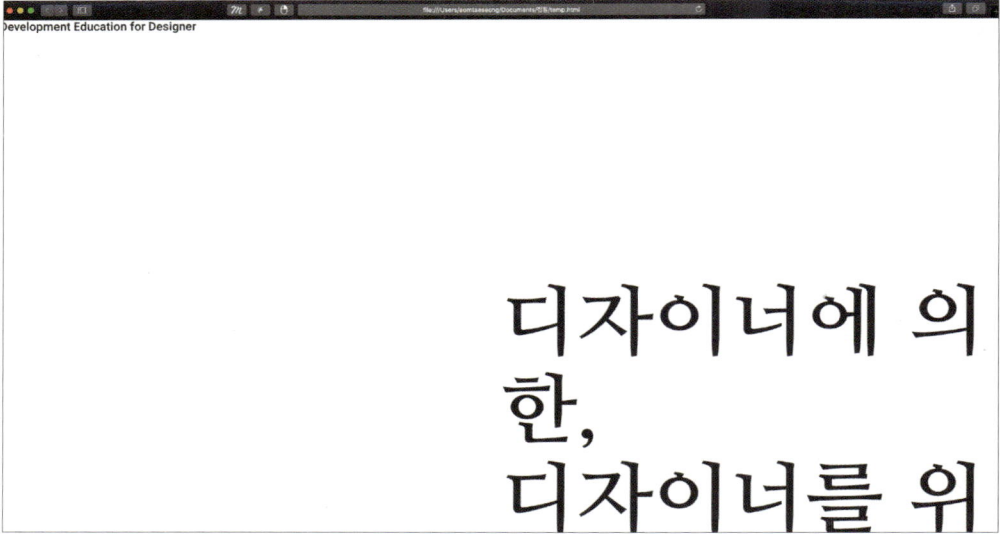

4-1-17 시작점이 가운데로 바뀐 .main_title

위치가 바뀌긴 했지만, 원했던 것처럼 가운데로 위치가 잡히지는 않았습니다. 그 이유는 .main_title의 시작점이 가운데가 된 것이지 전체 오브젝트의 중심이 가운데로 잡힌 것은 아니기 때문입니다. 이를 가운데로 맞추기 위해서 top과 left 속성을 그대로 둔 채, 이번에는 margin-top, margin-left를 이용해서 가운데로 맞춰보겠습니다. margin-top 값과 margin-left 값에서 해당 폰트 사이즈의 너비의 반, 높이의 반만큼을 빼주면 가운데로 이동됩니다. 하지만 우리는 사이즈를 vw로 잡았기 때문에 정확한 글자의 너비가 얼마인지 계산하기 쉽지 않으므로 대략적인 값을 넣고 눈대중으로 맞추는것을 권장합니다(해상도 사이즈에 vw 값만큼 계산해서 다시 상댓값으로 변환시키면 정확한 계산을 할 수는 있지만 현재는 위치를 잡는 것이 아주 정확할 필요는 없으므로 그냥 눈대중으로 하는 편이 더 낫습니다).

```css
.intro_section1 .main_title{
    font-size:8vw;
    font-family: 'Nanum Myeongjo';
    font-weight:700;
    position: absolute;
    top:50vh;
    left:50vw;
    margin-top:-10vw;
    margin-left:-28vw;
}
```

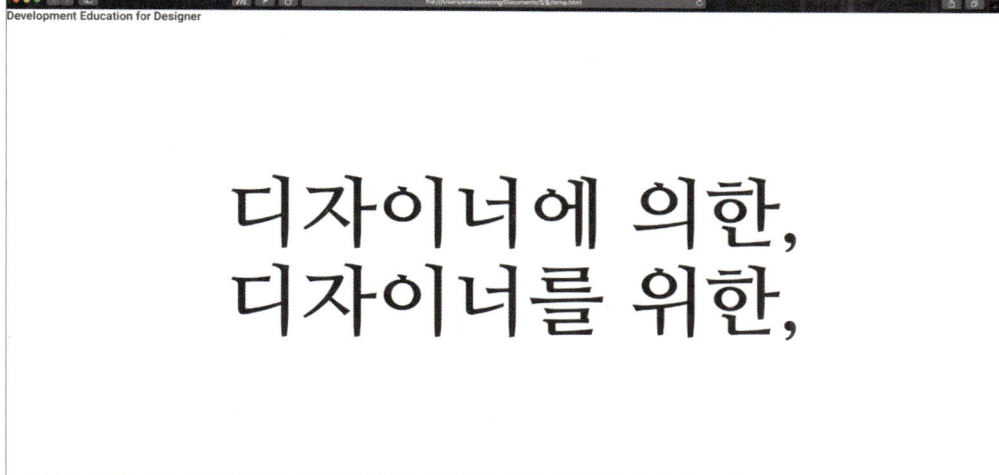

4-1-18 제대로 가운데로 맞춰진 .main_title 모습

이렇게 되면 메인 타이틀이 이제 가운데로 맞춰졌지만 우리는 서브 타이틀도 들어가야 하기 때문에 실제로는 메인 타이틀을 살짝 위로 올리고 서브 타이틀도 메인 타이틀과 마찬가지로 위치를 잡아 주겠습니다.

```css
.intro_section1 .main_title{
    font-size:8vw;
    font-family: 'Nanum Myeongjo';
    font-weight:700;
    position: absolute;
    top:50vh;
    left:50vw;
    margin-top:-12vw;
    margin-left:-28vw;
    width:100%;
}
.intro_section1 .sub_title{
    font-size:1.2vw;
    font-weight:500;
    position: absolute;
    top:50vh;
    left:50vw;
    margin-top:10vw;
    margin-left:-9vw;
}
```

.main_title 제일 아래의 width:100% 속성값은 없어도 되지만, 최근 사파리에서 나눔명조와 관련하여 이 속성값을 지정하지 않으면 글자가 밀리는 버그가 발견되어서 추가해 주었습니다.

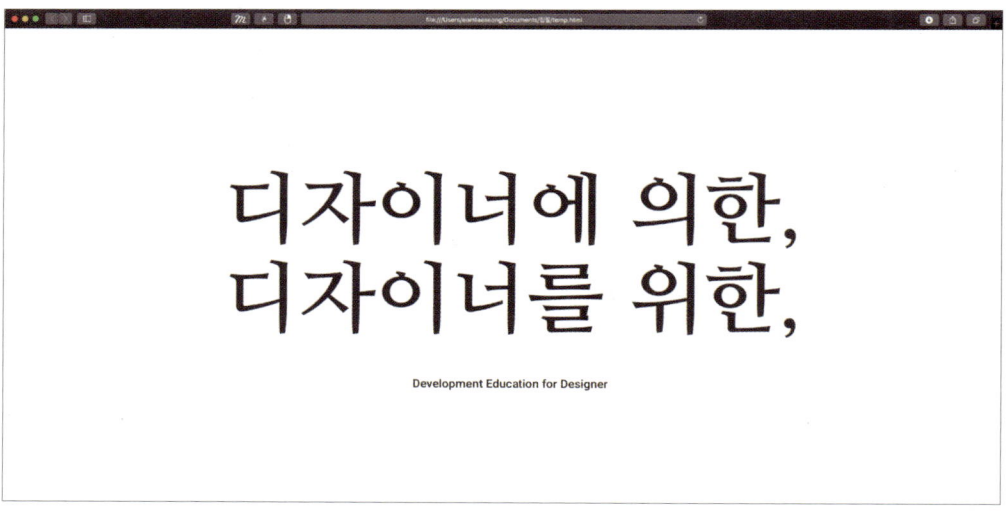

4-1-19 제대로 가운데로 맞춰진 .sub_title 모습

다음은 로고와 왼쪽 아래 EUM_RAY ACADEMY 타이틀도 똑같이 스타일과 위치를 잡아 주겠습니다.

```html
<div class="intro_section1">
    <div class="logo"><img src="./img/logo.png"/></div>
    <div class="site_title">EUM_RAY ACADEMY</div>
    <div class="main_title">
        디자이너에 의한,<br/>
        디자이너를 위한,
    </div>
    <div class="sub_title">
        Development Education for Designer
    </div>
</div>
```

먼저 로고와 site_title이라는 class 이름으로 div를 추가해 줍니다.

```css
.intro_section1 .logo{
    position: absolute;
    top: 87px;
    left: 70px;
}
.intro_section1 .logo img{
    width:100px;
}

.intro_section1 .site_title{
    position: absolute;
    bottom: 70px;
    left: 86px;
    font-weight: 800;
    font-size: 22px;
    letter-spacing: -.55px;
    z-index: 1;
}
```

그리고 스타일에 다음과 같은 코드를 추가해 줍니다. 레이아웃을 잡는 것은 앞서와 같으니 따로 설명드리지 않겠지만, 자세히 보면 site_title에 letter-spacing이라는 새로운 속성이 보이는데 이것은 자간을 조절해 주는 속성이라고 생각하면 됩니다.

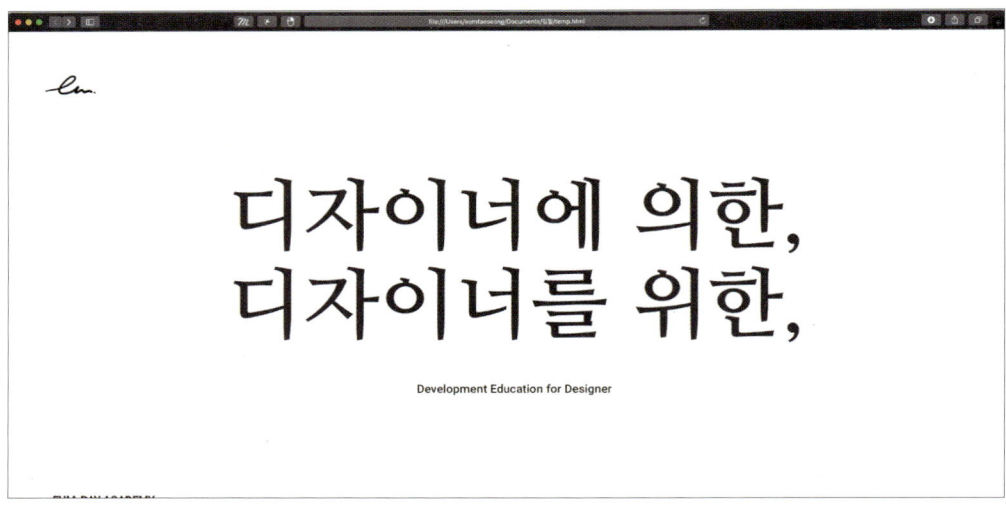

4-1-20 로고와 사이트 타이틀에 대한 레이아웃이 잡힌 모습

이번에는 우측 상단에 copyright를 넣을 건데, 앞의 작업물과 다르게 텍스트가 90도 회전되어 있기 때문에 transform이라는 속성을 사용하겠습니다.

```html
<div class="intro_section1">
    <div class="logo"><img src="./img/logo.png"/></div>
    <div class="site_title">EUM_RAY ACADEMY</div>
    <div class="main_title">
        디자이너에 의한,<br/>
        디자이너를 위한,
    </div>
    <div class="sub_title">
        Development Education for Designer
    </div>
    <div class="copyright">
        Copyright(c) 2019 eumRay. All rights reserved
    </div>
</div>
```

```
.intro_section1 .copyright{
    position: absolute;
    transform:rotate(90deg);
    top:0px;
    right:0px;
    font-size:22px;
    letter-spacing: -0.5px;
    font-weight:800;
}
```

폰트 굵기(font-weight)와, 자간(letter-spacing), 사이즈(font-size)를 조정하기 위한 속성 외에 transform의 rotate를 통해 각도를 90도 회전시켜 주었습니다. 이 외에도 transform은 오브젝트를 이동시키거나 3D 느낌을 내고 싶을 때도 사용되는데 자세한 건 W3schools에서 참고 바랍니다.

회전된 텍스트를 넣을 때 주의해야 할 것은 회전하려는 텍스트 위치가 회전되기 전의 공간을 기준으로 위치가 잡힌다는 점입니다.

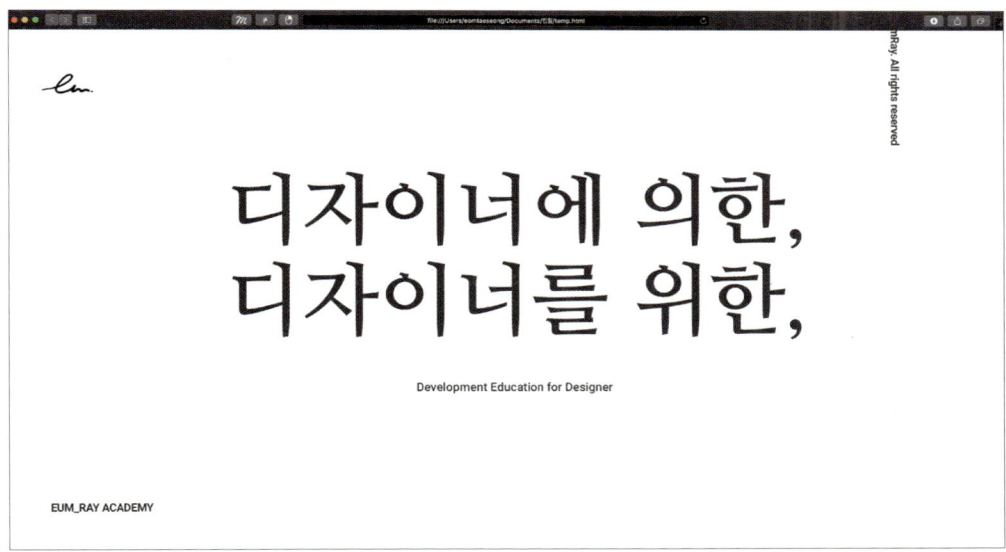

4-1-21 엉뚱한 곳에 위치한 .copyright

이해를 돕기 위해 우선 top과 right를 0px로 주고 이미지 4-1-21의 결과화면을 보면, copyright가 우측 상단 끝이 아닌 엉뚱한 곳에 있는 것을 확인할 수 있습니다. 위에서 설명한 대로 회전되기 전에는 우측 상단에 붙어 있었지만, 회전되면서 위치가 변경되었기 때문입니다. 따라서 결과화면을 보면서 회전된 텍스트를 라인에 맞춰줍니다.

```css
.intro_section1 .copyright{
    position: absolute;
    transform:rotate(90deg);
    top:290px;
    right:-130px;
    font-size:22px;
    letter-spacing: -0.5px;
    font-weight:800;
}
```

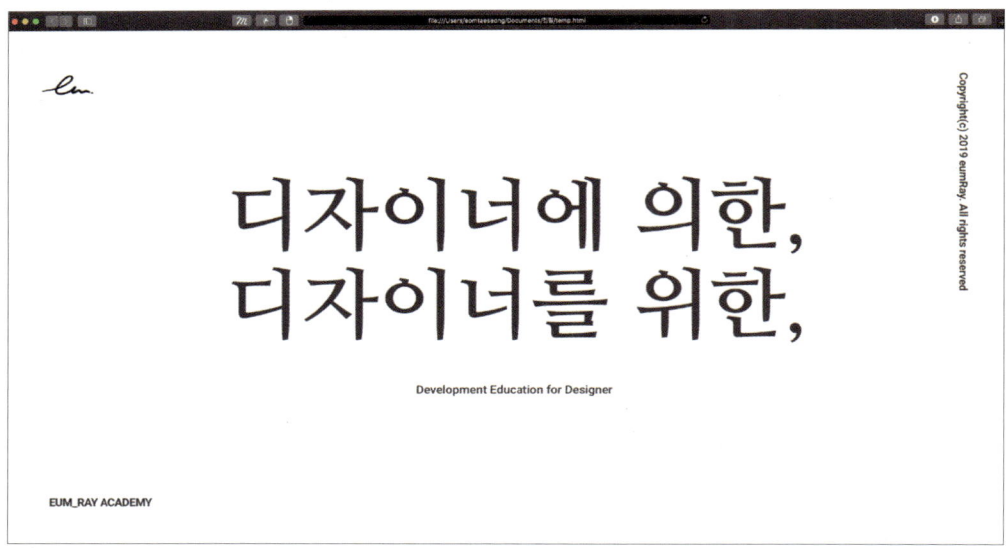

4-1-22 제대로 위치를 잡은 .copyright

마지막으로 우측 하단에 sns 링크 버튼을 달도록 하겠습니다. 앞에서 했던 방법과 거의 같지만 한 가지 크게 다른 점은 position을 'absolute'가 아닌 'fixed'로 해야 한다는 점입니다. 그 이유는 스크롤이 내려가더라도 이 눈 링크 버튼은 계속해서 고정으로 따라다니게 하기 위함입니다.

```html
<div class="intro_section1">
    <div class="logo"><img src="./img/logo.png"/></div>
    <div class="site_title">EUM_RAY ACADEMY</div>
    <div class="main_title">
        디자이너에 의한,<br/>
        디자이너를 위한,
    </div>
    <div class="sub_title">
        Development Education for Designer
    </div>
    <div class="copyright">
        Copyright(c) 2019 eumRay. All rights reserved
    </div>
</div>
<div class="sns_section">
    <span class="sns_deco"></span>
    <ul>
        <li><a href="https://www.facebook.com/um3156" target="_blank">Fb</a></li>
        <li><a href="https://www.instagram.com/eum_ray/" target="_blank">In</a></li>
        <li><a href="https://www.behance.net/ummoning" target="_blank">Be</a></li>
    </ul>
</div>
```

sns_section은 intro_section1에 포함되는 것이 아닌 화면 전체를 따라다니는 오브젝트이므로 intro_section1 안이 아닌 바깥에다가 작성을 해 준다는 것을 주의해야 합니다. sns_deco는 sns 버튼 옆에 장식용으로 줄 모양을 넣어 주기 위한 태그입니다.

```css
.sns_section {
    position: fixed;
    bottom: 60px;
    right: 77px;
    font-size: 20px;
    z-index: 2;
}
.sns_section .sns_deco {
    display: inline-block;
    width: 110px;
```

```css
    height: 3px;
    background: #353535;
    vertical-align: middle;
    margin-top: -5px;
    margin-right:40px;
}
.sns_section ul {
    display: inline-block;
}
.sns_section ul li {
    font-weight: 800;
    font-size: 22px;
}
```

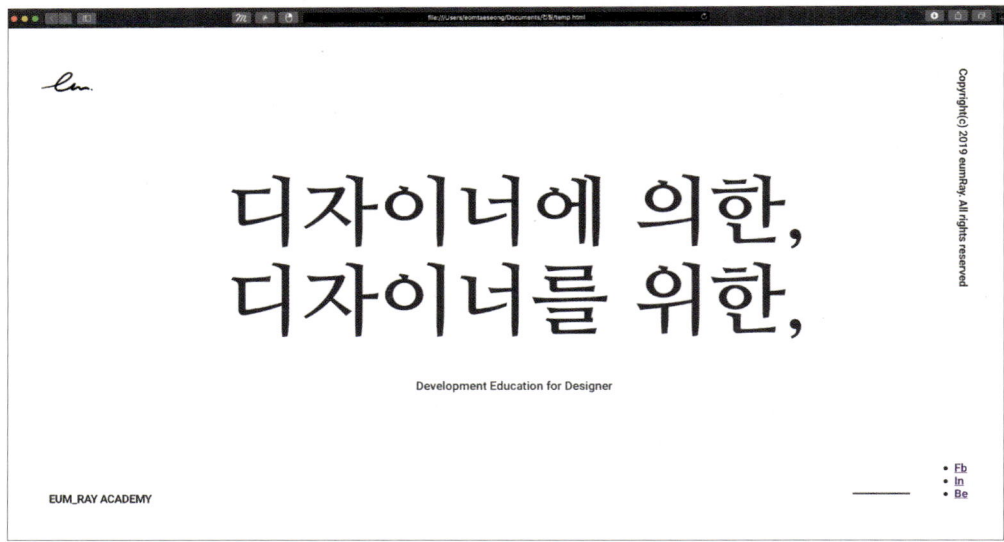

4-1-23 스타일이 덜 잡힌 sns 버튼

ul 안 li는 기본적으로 display가 'block' 속성이기 때문에 'inline-block'을 설정하지 않으면 옆으로 나열되는 것이 아니라 세로로 나열될 수밖에 없습니다. 따라서 display에 inline-block을 추가하고 'vertical-align:center'를 주면 각각의 li가 수직으로 가운데 정렬이 되도록 설정할 수 있습니다. 그리고 한 가지 더 현재 a가 들어가면서 자동으로 하이퍼링크가 생기고, 텍스트에 원하지 않던 밑줄이 생겼는데, 이를 지우기 위해 a 태그 css를 조정하겠습니다.

```
a{
    text-decoration: none;
    color:inherit;
}
```

text-decoration을 none으로 주면 밑줄이 없어지고 color에 inherit 값은 css가 겹겹이 적용되었을 때 현재 적용되어 있는 속성을 무시하고 그 다음 단계 값을 적용하겠다는 의미로 이해하면 됩니다 (현재 sns 버튼에서 a 태그의 color 값을 무시하면 그 위의 body속성에서 color 값을 검정으로 준 것이 적용됩니다).

```
.sns_section ul li {
    font-weight: 800;
    font-size: 22px;
    display: inline-block;
    margin-left: 40px;
    vertical-align: middle;
}
.sns_section ul li:first-child {
    margin-left: 0px;
}
```

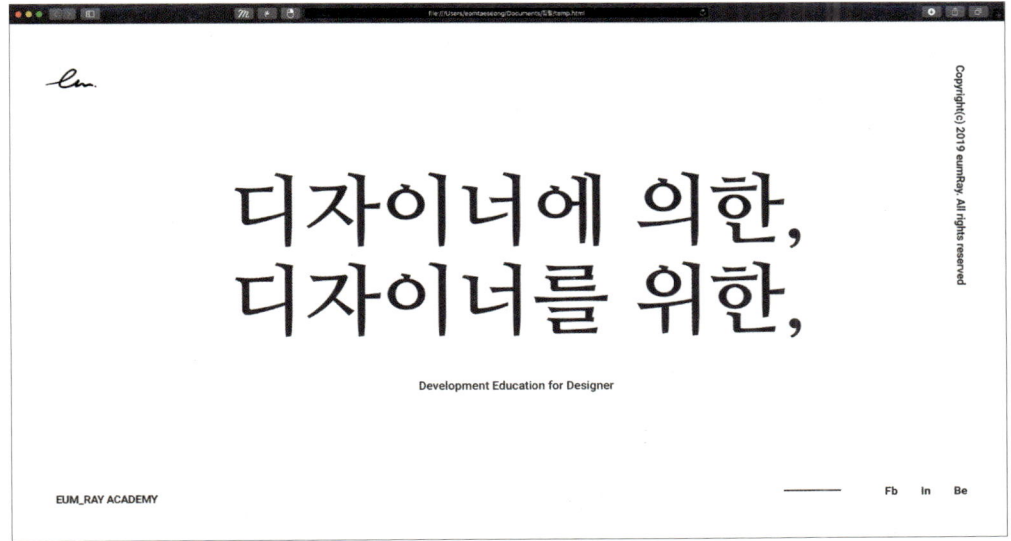

4-1-24 완성된 인트로 화면

자, 여기까지 했다면 우선 반은 끝낸 거라고 생각해도 괜찮습니다. 실제 사이트에서 콘텐츠들이 아직 많이 남아있지만, 나머지 부분들은 앞의 내용을 비슷한 방식으로 응용하는 정도라고 생각하셔도 무방합니다. 그럼 빠르게 나머지 부분들도 뚝딱 만들어 보겠습니다.

다음 작업을 위해서 원래의 홈페이지를 살펴보면 스크롤을 내리기 전 첫 화면에서 아래쪽에 살짝 걸쳐져 있는 이미지를 볼 수 있습니다.

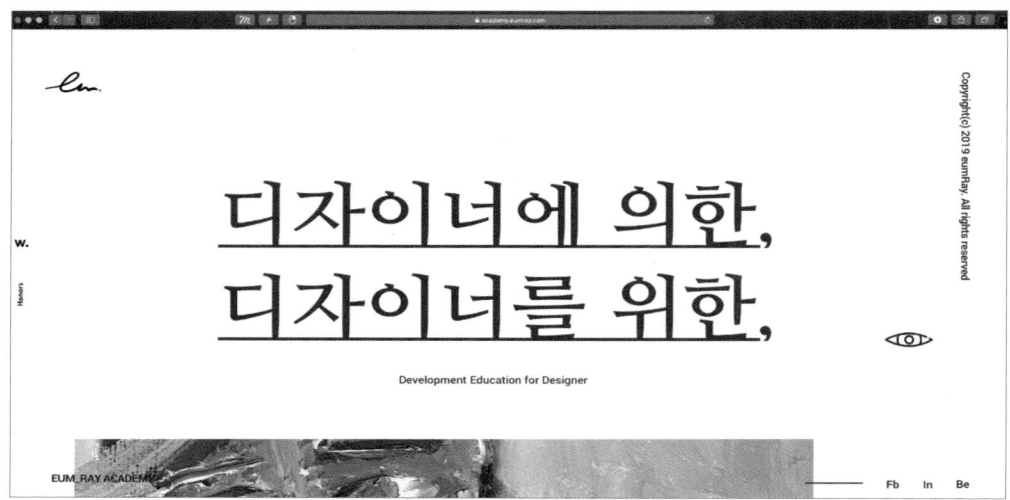

4-1-25 실제 엄레이아카데미 사이트

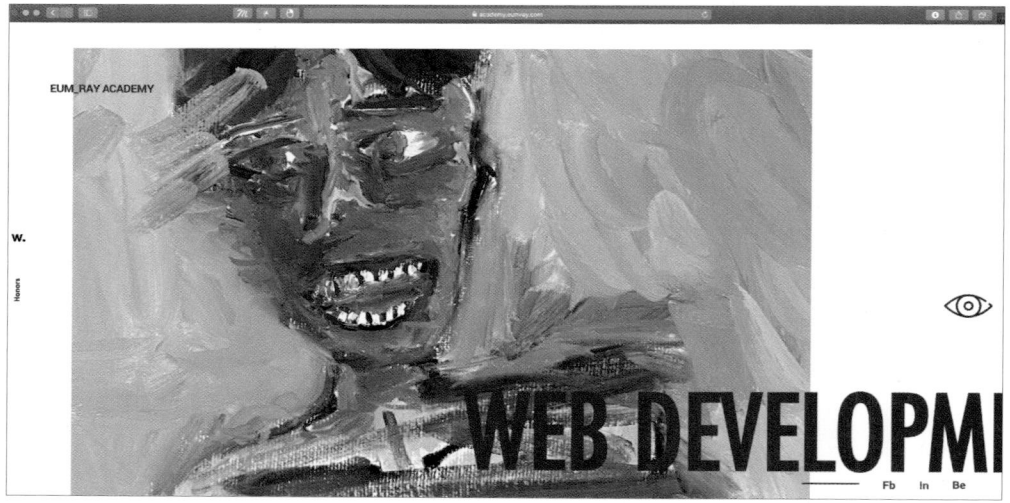

4-1-26 Three.js를 통한 이미지에 마우스 오버 시 화려한 효과

실제 홈페이지에서는 마우스를 오버했을 때 화려한 이펙트가 나오면서 이미지가 변환되지만 이렇게 하려면 Javascript부터 3D 관련 라이브러리 등 알아야 할 것이 많으므로 이 책에서는 단순히 이미지만 삽입하겠습니다.

앞서 작업했던 것들과 콘텐츠를 분리하기 위해 새롭게 'intro_seciton2'라는 div를 만들어서 이미지를 삽입하겠습니다.

```
<div class="intro_section1">
        …생략
</div>
<div class="intro_section2">
    <img src="./img/main_img1.jpg"/>
</div>
```

css를 설정하기 전 한 가지 생각해봐야 할 점이 있습니다. .intro_section1에서 처음 작업했던 로고나, 타이틀에 대한 콘텐츠들은 모두 absolute로 위치를 잡았기 때문에 실제 'intro_section1'은 어떠한 공간을 차지하고 있지 않습니다(absolute로 지정하면 기본적으로 다른 차원의 레이어를 생성해서 그 위에 그려내기 때문입니다).

때문에 .intro_section1의 세로 길이를 설정해 주지 않으면 실제로는 0px이 되고 .intro_section2가 그다음으로 차지하면서 .intro_section1과 .intro_section2가 겹쳐 보입니다.

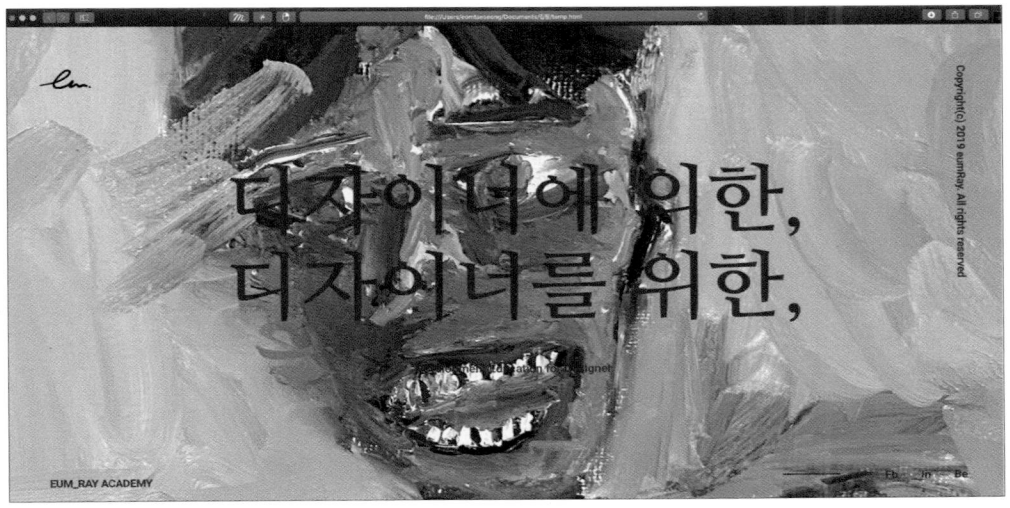

4-1-27 .intro_section1과 .intro_section2가 겹쳐진 모습

이를 방지하기 위해 .intro_section1에는 화면 세로 길이만큼 사이즈를 차지하겠다는 속성값으로 100vh를 줍니다.

```css
.intro_section1{
    height:100vh;
}
.intro_section2{
    margin-top:-150px;
    padding:0px 150px;
}
.intro_section2 img{
    width:80%;
}
```

또한 intro_secion1의 세로 길이가 100vh이지만 우리는 스크롤되기 전의 첫 화면부터 이미지가 약간 걸쳐져 있어야 하므로 .intro_section2에 margin-top 값을 -150px로 설정함으로써 intro_section2가 원래 위치에서 약간 올라와 intro_secion1과 살짝 겹쳐지도록 만들어 줍니다. 그 외 이미지는 너비를 80%만 설정해서 해상도에 맞게 사이즈가 조정되도록 하고, padding 값으로 이미지의 위치를 좀 더 중앙으로 오도록 설정하겠습니다(양옆이 아닌 padding-left로 해 줘도 무방합니다).

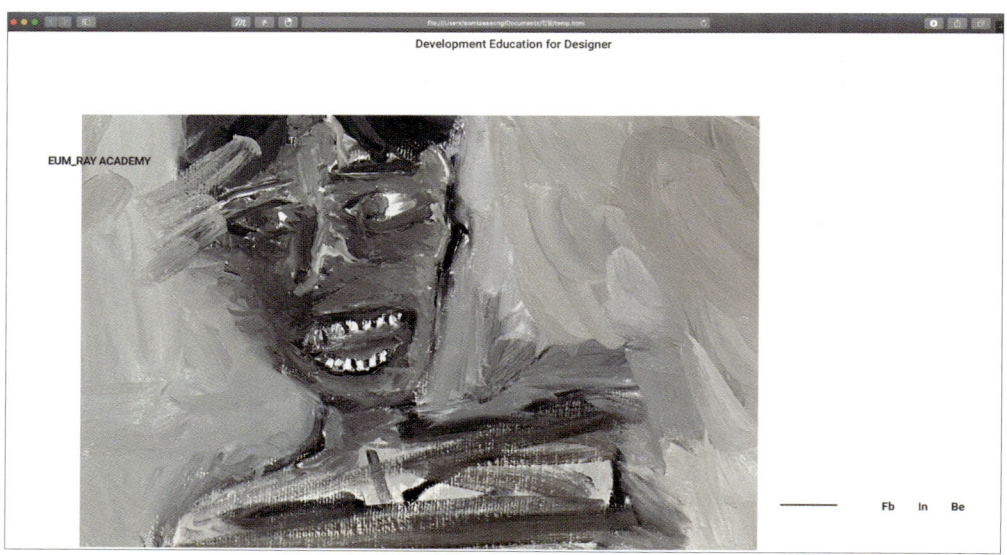

4-1-28 제자리에 위치한 이미지

다음은 이미지 위에 문구가 뜨도록 위치를 잡아보겠습니다.

```html
…생략
<div class="intro_section2">
    <img src="./img/main_img1.jpg/>
    <div class="img_deco_copy">WEB DEVELOPMENT</div>
</div>
```

```css
.intro_section1{
    height:100vh;
}
.intro_section2{
    margin-top:-150px;
    padding:0px 150px;
}
.intro_section2 img{
    width:80%;
}
.intro_section2 .img_deco_copy{
    position: absolute;
    top:65%;
    right:-10%;
    font-size:8vw;
    font-weight:800;
}
```

'absolute'를 이용한 위치 잡기는 이제 따로 설명하지 않아도 어느 정도 이해하고 있으리라 생각합니다. 그 외에 화면을 보면서 font-size를 적당히 정해 주고, 굵기를 굵게 하기 위해서 font-weight를 800으로 설정해 줍니다.
실제 웹사이트에서는 'Jost'라는 폰트를 추가적으로 설치해서 적용했습니다.

4-1-29 엉뚱한 곳에 가 있는 WEB DEVELOPMENT 문구

그리고 이미지 4-1-29을 보면 WEB DEVELOPMENT라는 문구가 그림 위가 아닌 엉뚱한 곳에 붙어 있는 것을 볼 수 있습니다. 이는 absolute로 지정하고 top의 기준 위치가 현재는 제일 상위개념인 body 태그를 기준으로 되어 있기 때문입니다. 좀 더 구체적으로 다시 설명하면 현재는 맨 위에서 부터 시작해서 화면의 세로 길이의 60%를 top 위치로 잡아 주고 있어서 저 위치에 문구가 그려져 있는 겁니다. 이를 다시 의도했던 방향으로 옮기기 위해서는 intro_section2에 relative라는 속성값을 주겠습니다.

```css
.intro_section2{
    margin-top:-150px;
    padding:0px 150px;
    position: relative;
}
```

이렇게 relative로 지정해 주면 그 아래 자식 오브젝트들이 .intro_section2를 시작으로 기준점을 잡을 수 있습니다.

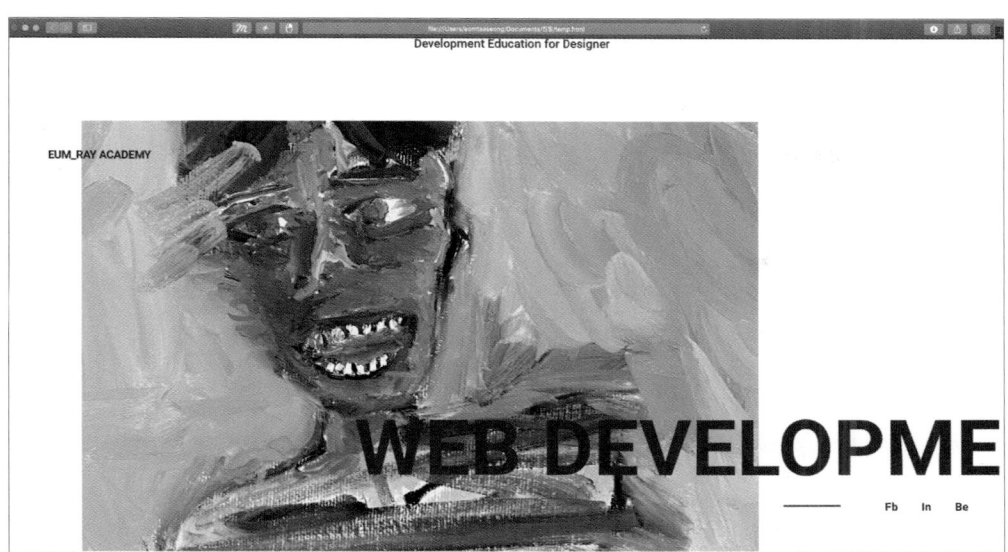

4-1-30 제자리를 잡은 WEB DEVELOPMENT 문구

다음으로는 이력사항을 출력하는 이미지 4-1-31 화면을 만들어 보겠습니다.

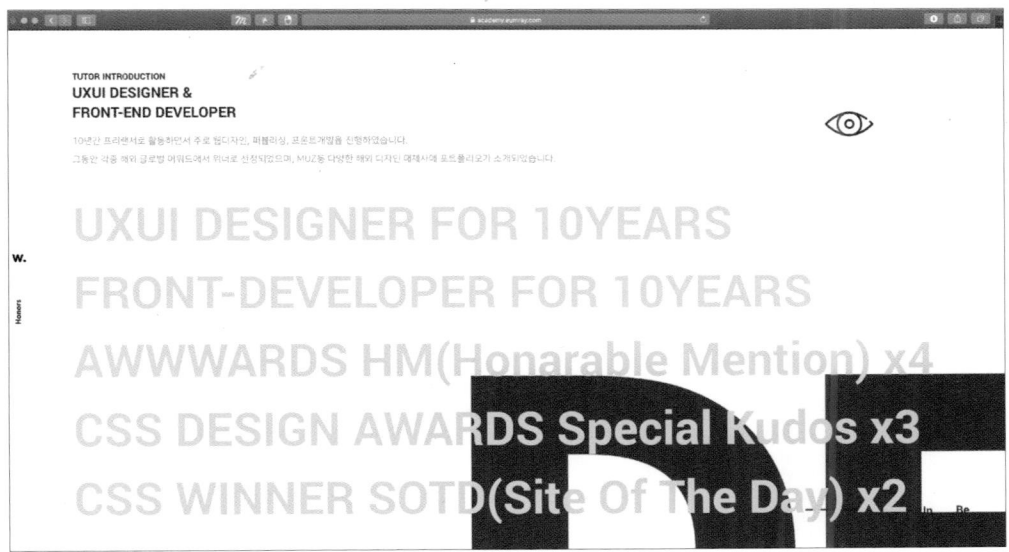

4-1-31 앞으로 구현해야 하는 화면

이미지 4-1-31에는 다양한 문구가 다양한 사이즈로 나타나 있지만, 실제로 그렇게 어렵지 않습니다.

대부분 앞서 했던 내용들을 기반으로 하고 있으니 차근차근 편안한 마음으로 구현해 보도록 하겠습니다.

```html
...생략
<div class="intro_section3">
    <div class="sub_title">Tutor introduction</div>
    <div class="main_title">UX/UI DESIGNER & FRONT-END DEVELOPER</div>
    <div class="section_desc">
        10년간 프리랜서로 활동하면서 주로 웹디자인, 퍼블리싱, 프론트개발을 진행하였습니다.<br/>
        그동안 각종 해외 글로벌 어워드에서 위너로 선정되었으며, MUZ등 다양한 해외 디자인 매체사에 포트폴리오가 소개되었습니다.
    </div>
    <div class="career_list_section">
        UX/UI DESIGNER FOR 10YEARS<br/>
        FRONT-DEVELOPER FOR 10YEARS<br/>
        AWWWARDS HM(Honarable Mention) x4<br/>
        CSS DESIGN AWARDS Special Kudos x3<br/>
        CSS WINNER SOTD(Site Of The Day) x2<br/>
        CSS WINNER STAR<br/>
        MUZ EDITOR PICK x2
    </div>
</div>
```

아예 다른 성격의 영역이므로 intro_section3를 만들어 주고, 태그를 통해 명시하고자 하는 콘텐츠들의 구조를 잡아줍니다.

```css
.intro_section3 {
    padding: 300px 130px 400px;
    overflow: hidden;
}
.intro_section3 .sub_title {
    font-size: 17px;
    font-weight: 800;
    text-transform: uppercase;
}
```

```css
.intro_section3 .main_title {
    font-size: 28px;
    font-weight: 800;
}
.intro_section3 .section_desc {
    margin-top: 20px;
    font-size: 18px;
    color: #898989;
    line-height: 34px;
    font-weight: 400;
}
```

앞에서 하던 것처럼 padding을 통해 여백을 주고, font-size와 font-weight로 타이포 스타일을 잡아줍니다. text-transform:uppercase는 소문자가 있을 때 강제적으로 대문자로 바꿔주는 기능입니다(앞의 태그 입력하는 곳에서 직접 대문자를 적어도 상관은 없습니다).

4-1-32 타이틀 스타일이 적용된 화면

위에서는 한 번에 여러 태그에 대한 스타일을 적은 것처럼 되어 있지만, 실제로는 하나씩 확인하면서 해도 괜찮으니 천천히 스타일을 적용하면 됩니다. 그럼 아래의 커리어 부분에 대한 내용에도 스타일을 주겠습니다.

```css
.intro_section3 {
    padding: 300px 130px 400px;
    overflow: hidden;
}
.intro_section3 .sub_title {
    font-size: 17px;
    font-weight: 800;
    text-transform: uppercase;
}
.intro_section3 .main_title {
    font-size: 28px;
    font-weight: 800;
}
.intro_section3 .section_desc {
    margin-top: 20px;
    font-size: 18px;
    color: #898989;
    line-height: 34px;
    font-weight: 400;
}
.intro_section3 .career_list_section {
    margin-top: 40px;
    font-weight: 800;
    font-size: 4.7vw;
    color: #D5D5D5;
    letter-spacing: 0;
    line-height: 7vw;
}
```

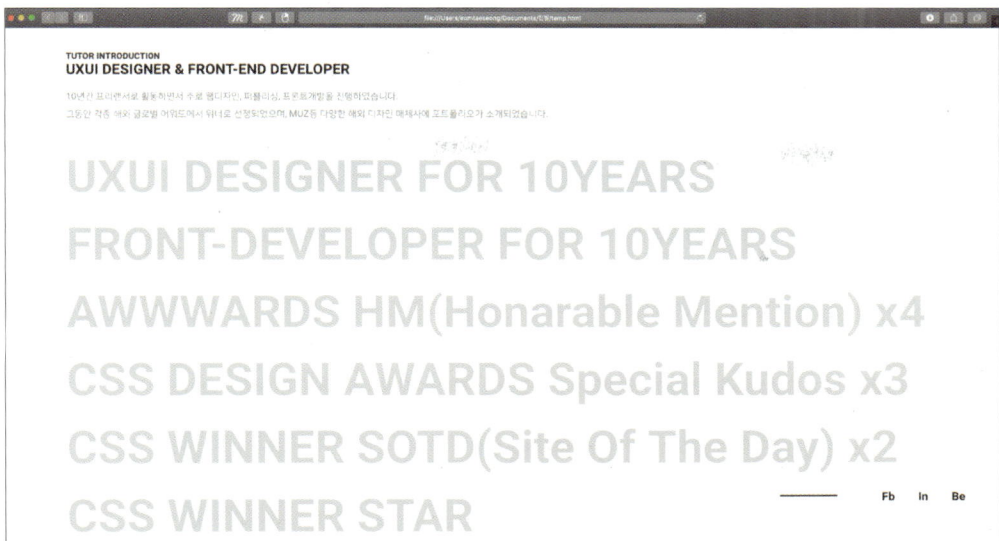

4-1-33 본문 이력사항에 대한 타이포 스타일이 적용된 화면

그다음으로는 경력 뒤에 배경으로 깔리는 텍스트를 구현하겠습니다. .intro_section2에서 텍스트를 띄운 방법과 크게 다르지 않습니다.

```html
…생략
<div class="intro_section3">
    <div class="sub_title">Tutor introduction</div>
    <div class="main_title">UX/UI DESIGNER & FRONT-END DEVELOPER</div>
    <div class="section_desc">
        10년간 프리랜서로 활동하면서 주로 웹디자인, 퍼블리싱, 프론트개발을 진행하였습니다.<br/>
        그동안 각종 해외 글로벌 어워드에서 위너로 선정되었으며, MUZ등 다양한 해외 디자인 매체사에 포트폴리오가 소개되었습니다.
    </div>
    <div class="career_list_section">
        UX/UI DESIGNER FOR 10YEARS<br/>
        FRONT-DEVELOPER FOR 10YEARS<br/>
        AWWWARDS HM(Honarable Mention) x4<br/>
        CSS DESIGN AWARDS Special Kudos x3<br/>
        CSS WINNER SOTD(Site Of The Day) x2<br/>
```

```
            CSS WINNER STAR<br/>
            MUZ EDITOR PICK x2
            <div class="career_deco">DE</div>
        </div>
    </div>
```

먼저 'career_list_section' 안에 career_deco class 이름을 가진 div를 만들어 줍니다.

```css
.intro_section3 .career_list_section {
    margin-top: 40px;
    font-weight: 800;
    font-size: 4.7vw;
    color: #D5D5D5;
    letter-spacing: 0;
    line-height: 7vw;
    position: relative;
}
.intro_section3 .career_list_section .career_deco {
    font-size: 50vw;
    font-weight: 600;
    position: absolute;
    right: -10vw;
    bottom: 0vw;
    color: #3f3f3f;
    letter-spacing: -3vw;
}
```

기존에 텍스트 스타일과 위치를 잡아준 방법으로 하나씩 속성을 추가해 줍니다. .career_deco의 위치를 제대로 잡기 위해서 .career_list_section에 postion:relative를 추가해 줌으로써 기준점을 잡아줍니다.

4-1-34 화면을 덮고 있는 'DE'

얼추 비슷한 모양새를 갖추긴 했지만, 배경으로 들어가야 할 글자가 실제 커리어 내용을 가리는 문제가 발생했습니다.

이를 해결하기 위해서는 z-index를 두어 레이어의 우선순위를 변경해 주면 되는데, 그러기 위해서는 현재 html 태그 구조를 살짝 변경해야 합니다.

```html
…생략
<div class="career_list_section">
    <div class="career_list_t">
        UX/UI DESIGNER FOR 10YEARS<br/>
        FRONT-DEVELOPER FOR 10YEARS<br/>
        AWWWARDS HM(Honarable Mention) x4<br/>
        CSS DESIGN AWARDS Special Kudos x3<br/>
        CSS WINNER SOTD(Site Of The Day) x2<br/>
        CSS WINNER STAR<br/>
        MUZ EDITOR PICK x2
    </div>
    <div class="career_deco">DE</div>
</div>
```

위에 보이는 것처럼, 경력 텍스트와 career_deco의 z-index를 각각 설정하기 위해 경력 텍스트에

career_list_t라는 class로 한 번 더 div를 씌워줬습니다.

```css
.intro_section3 .career_list_section .career_list_t{
    position: relative;
    z-index: 1;
}
.intro_section3 .career_list_section .career_deco {
    z-index:0;
    font-size: 50vw;
    font-weight: 600;
    position: absolute;
    right: -10vw;
    bottom: 0vw;
    color: #3f3f3f;
    letter-spacing: -3vw;
}
```

그리고 위와 같이 .career_list_t에 postion:relative 속성을 한 번 더 주고(position을 설정해 주어야 z-index가 적용됩니다). z-index 값을 1로 지정하고, .career_deco에는 z-index 값을 0으로 줍니다.

4-1-35 배경으로 밀린 'DE'

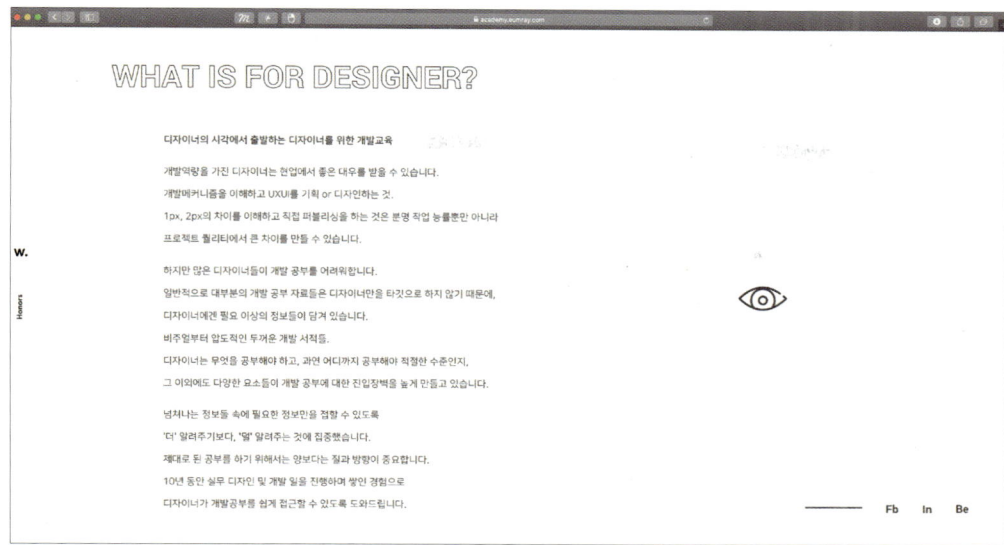

4-1-36 구현해야 할 실제 사이트 모습

이어서 다음 페이지도 구현해 보겠습니다.

다음 섹션은 이 홈페이지에서 가장 쉬운 부분이고, 기존과 비슷한 부분이 많으니 부담 가지지 않아도 괜찮습니다.

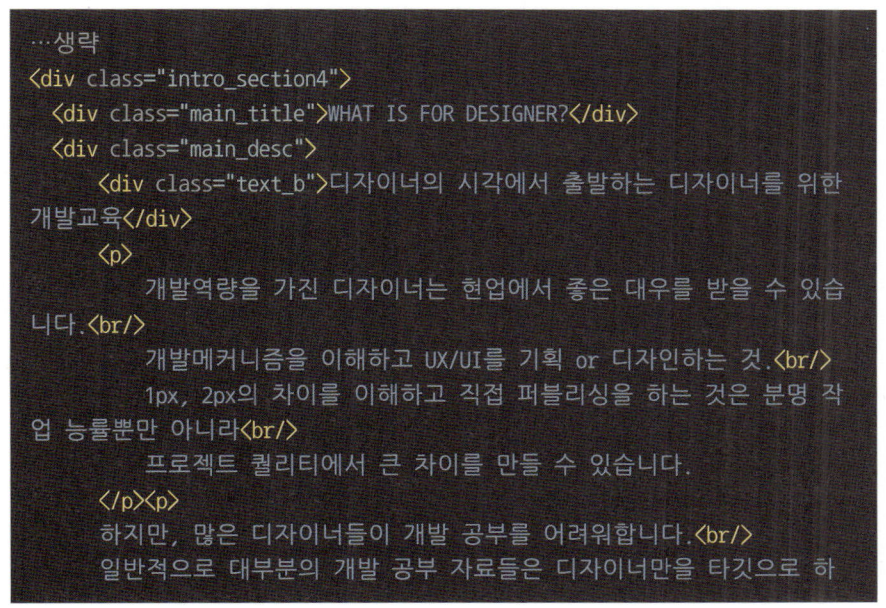

```html
지 않기 때문에<br/>
        디자이너에겐 필요 이상의 정보들이 담겨 있습니다.<br/>
        비주얼부터 압도적인 두꺼운 개발 서적들.<br/>
        디자이너는 무엇을 공부해야 하고, 과연 어디까지 공부해야 적절한
수준인지,<br/>
        그 이외에도 다양한 요소들이 개발 공부에 대한 진입장벽을 높게 만
들고 있습니다.
    </p><p>
        넘쳐나는 정보들 속에 필요한 정보만을 접할 수 있도록<br/>
        '더' 알려주기보다, '덜' 알려주는 것에 집중했습니다.<br/>
        제대로 된 공부를 하기 위해서는 양보다는 질과 방향이 중요합니다.<br/>
        10년 동안 실무 디자인 및 개발 일을 진행하며 쌓인 경험으로<br/>
        디자이너가 개발 공부를 쉽게 접근할 수 있도록 도와드립니다.
    </p>
    </div>
</div>
```

```css
.intro_section4 {
    padding: 0px 100px 100px 200px;
}
.intro_section4 .main_title {
    font-weight: 800;
    font-size: 60px;
    letter-spacing: 0;
    line-height: 40px;
    color: transparent;
    -webkit-text-stroke: 1.5px #353535;
}
.intro_section4 .main_desc {
    font-weight: 400;
    position: relative;
    margin-top: 85px;
    margin-left: 100px;
    font-size: 19px;
    color: #353535;
    line-height: 44px;
}
.intro_section4 .main_desc .text_b {
    font-weight: 600;
}
```

✓ 글이 길어지면서 타이핑이 부담스러운 분들은 웹사이트에서 드래그하여 복사 붙여넣기를 권장합니다. 다만 내용 부분은 복사하더라도 css나 태그 관련해서는 직접 타이핑해 보시는 것을 권장합니다. 기본적으로 코딩이 손에 익어야 속도가 나기 때문에 직접 손으로 쳐보면서 몸이 기억하도록 연습하는 것도 중요합니다.

아마 기본적인 레이아웃을 잡는 것은 따로 설명을 안 해도 이해하고 있으리라 생각합니다. 조금 특이한 부분이 있다면 텍스트를 표현할 때 텍스트 안을 채우는 것이 아닌 주변 외곽을 따서 선으로 표현할 수가 있는데 그 부분에 대해서 잠깐 설명하겠습니다. 우선 텍스트를 투명 혹은 배경과 같은 색으로 설정해 줍니다(위에서는 'transparent'로 색이 투명해지도록 설정해두었습니다). 그리고 -webkit-text-stroke라는 속성을 사용할 건데, 이를 사용하면 텍스트 외곽선에 대해서 스트록 설정을 할 수가 있습니다. 다만, IE에서는 구현되지 않을 수 있으니, IE를 고려한다면 이 부분을 설정하지 않는 게 좋습니다.

4-1-37 비교적 쉽게 완성된 레이아웃

4-1-38 구현해야 할 실제 사이트 모습

그다음 구현할 섹션의 모습입니다. 조금 특이한 부분이 있다면 이미지가 단순한 사각형이 아닌 'ㄱ'을 뒤집어 놓은 듯한 모양인데, 실제 이미지가 이렇지는 않고 사각형의 이미지에 흰색 바탕을 가진 레이어를 위에 씌우면 저런 형태를 만들 수 있습니다.

4-1-39 레이어 구성

이미지 위에 흰색 배경 레이어를 올려서 이미지의 일부를 가려줍니다.

```html
...생략
<div class="intro_section5">
    <div class="main_section_tl">
        <div class="img_section">
            <img src="./img/main_img2.jpg">
        </div>
        <div class="img_block">
            <div class="main_title">
                디자이너의 시각에서, 디자이너에게 필요한 개발 공부를 고민했습니다.<br/>
                직접 실무에서 경험한 필요한 스킬들, 노하우들을 알려드립니다.
            </div>
        </div>
    </div>
</div>
```

앞에서 설명한 대로 이미지 위에 흰색 레이어를 올려놓으려면 상호 간의 위치를 정확히 잡는 것이 중요한데, 먼저 기준점을 맞추기 위해 이미지와 레이어를 감싸는 'main_section_tl'이라는 div를 만들어 줍니다. 그리고 그 안에 이미지, 이미지 위에 흰색 처리를 할 div(img_block)을 자식 엘리먼트로 두면 기본 html 태그 구성이 완성됩니다.

```css
.intro_section5 {
    margin: 100px 0px;
}
.intro_section5 .main_section_tl {
    text-align: right;
    position: relative;
}
.intro_section5 .main_section_tl .img_section {
    display: inline-block;
    width: 83vw;
    height:900px;
    overflow: hidden;
}
```

```css
.intro_section5 .main_section_tl .img_block {
    position: absolute;
    bottom: 0px;
    left: 0%;
    width: 50%;
    height: 40%;
    background-color: #fff;
}
.intro_section5 .main_section_tl .img_block .main_title {
    margin-top: 9vw;
    margin-right: 5vw;
    font-weight: 600;
    font-size: 20px;
    color: #353535;
    text-align: right;
    line-height: 40px;
}
```

코드가 길어 부담스럽게 보일 수 있긴 하지만, 실제 내용들을 보면 그렇게 어렵지 않은 것들입니다. 앞서 이미지와 레이어를 감싸는 '.main_section_tl'에 position을 relative로 줘서 img_block이라는 레이어의 위치 기준점을 만들 수 있게 설정합니다. 그리고 그 안에 텍스트가 가운데로 올 수 있게끔 여백을 정해 줍니다. 위치가 브라우저 사이즈에 따라 약간씩 반응하도록 vw을 적어 주긴 했지만, 고정값으로 px을 주셔도 상관은 없습니다.

4-1-40 스타일이 잡힌 섹션 설명

```
...생략
<div class="intro_section5">
    <div class="main_section_tl">
        <div class="img_section">
            <img src="./img/main_img2.jpg">
        </div>
        <div class="img_block">
            <div class="main_title">
                디자이너의 시각에서, 디자이너에게 필요한 개발 공부를 고민했습니다.<br/>
                직접 실무에서 경험한 필요한 스킬들, 노하우들을 알려드립니다.
            </div>
        </div>
        <div class="deco_title">Curriculum</div>
    </div>
</div>
```

중간을 장식할 타이포그래피도 넣어 주기 위해, 타이틀(deco_title)을 추가해 줍니다.

```
...생략
.main_intro5 .main_section_tl .deco_title {
    font-weight: 800;
    position: absolute;
    top: 27vw;
    left: -5vw;
    font-size: 22vw;
    color: #494949;
    line-height: 0px;
    letter-spacing: -1vw;
    z-index: 3;
}
```

4-1-41 완성된 레이아웃

대부분 정보가 실시간으로 변하는 웹에서 일일이 타이포 커닝 작업을 해줄 수는 없지만, Curriculum 같이 화면을 크게 차지하는 타이포의 경우에는 letter-spacing을 통해 약간의 자간을 맞춰서 커닝을 해 주는 편이 좋습니다.

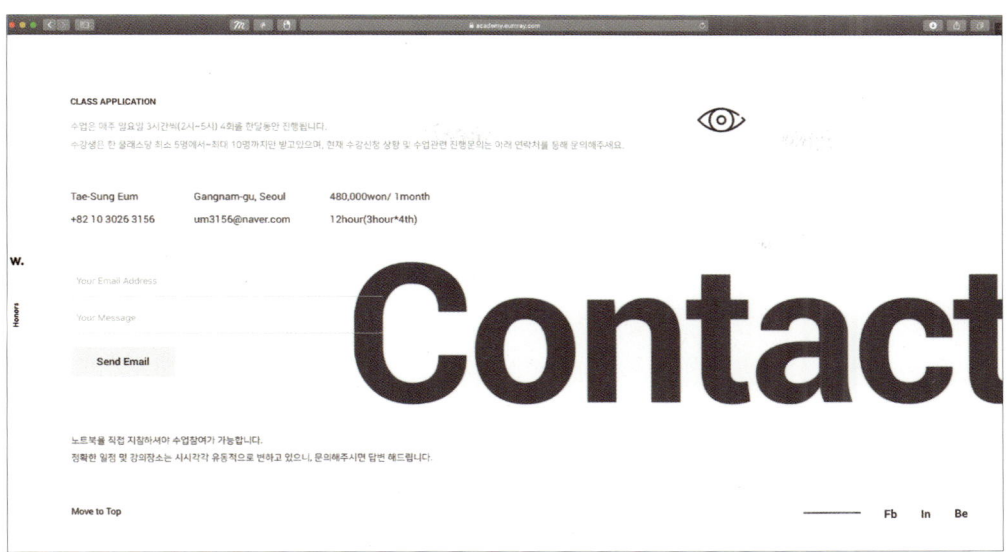

4-1-42 구현해야 할 실제 사이트 모습

자, 이제 마지막 단계가 왔습니다. 마지막 단계 역시 앞에 있던 내용들을 기반으로 똑같이 레이아웃만 잡아 주면 되는 부분이므로, 간략히 코드 리뷰 정도만 하고 넘어가겠습니다.

```html
…생략
<div class="intro_section6">
    <div class="sub_title">Class application</div>
    <div class="section_desc">
        수업은 매주 일요일 3시간씩(2시~5시) 4회를 한달동안 진행됩니다.<br/>
        수강생은 한 클래스당 최소 5명에서~최대 10명까지만 받고있으며, 현재 수강신청 상황 및 수업관련 진행문의는 아래 연락처를 통해 문의해주세요.
    </div>
    <div class="contact_summary">
        <div class="cs_item">
            Tae-Sung Eum<br/>
            +82 10 3026 3156
        </div>
        <div class="cs_item">
            Gangnam-gu, Seoul<br/>
            um3156@naver.com
```

```html
        </div>
        <div class="cs_item">
            480,000won/ 1month<br>
            12hour(3hour*4th)
        </div>
    </div>
    <div class="contact_form">
        <input type="text" placeholder="Your Email Address"/>
        <textarea id="message_text" placeholder="Your Message"></textarea>
        <span class="submit_bt">Send Email</span>
    </div>
    <div class="contact_deco">
        Contact
    </div>
    <div class="contact_desc">
        노트북을 직접 지참하셔야 수업참여가 가능합니다.<br>
        정확한 일정 및 강의장소는 시시각각 유동적으로 변하고 있으니, 문의해 주시면 답변 해드립니다.
    </div>
    <div class="top_bt">Move to Top</div>
</div>
```

```css
.intro_section6 {
    width: 100%;
    padding-left: 130px;
    margin-top: 200px;
    position: relative;
    box-sizing: border-box;
    overflow: hidden;
    height: 900px;
}
.intro_section6 .sub_title {
    font-size: 17px;
    font-weight: 800;
    text-transform: uppercase;
}
.intro_section6 .section_desc {
    margin-top: 20px;
```

```css
    font-size: 18px;
    color: #898989;
    line-height: 36px;
    font-weight: 400;
}
.intro_section6 .contact_summary {
    margin: 60px 0px;
}
.intro_section6 .contact_summary .cs_item {
    display: inline-block;
    margin-right: 70px;
    line-height: 45px;
}
.intro_section6 .contact_form {
    display: inline-block;
    width: 30%;
    z-index: 2;
    position: absolute;
}
.intro_section6 .contact_form input, .intro_section6 .contact_form textarea {
    border: none;
    background: none;
    border-bottom: 1px solid #ccc;
    width: 100%;
    line-height: 40px;
    font-size: 18px;
    margin-top: 10px;
    padding: 10px;
    color: #353535;
}
```

```css
.intro_section6 .contact_form .submit_bt {
    margin-top: 20px;
    width: 200px;
    display: inline-block;
    height: 60px;
    line-height: 60px;
```

```css
    font-size: 20px;
    font-weight: 600;
    text-align: center;
    color: #282828;
    cursor: pointer;
    background-color: #eee;
    transition-duration: 0.2s;
}
.intro_section6 .contact_form .submit_bt:hover {
    background-color: #353535;
    color: #fff;
}
.intro_section6 .contact_deco {
    font-weight: 800;
    font-size: 20vw;
    position: absolute;
    z-index: 0;
    right: -1vw;
    bottom: 250px;
    line-height: 20vw;
    letter-spacing: -0.5vw;
    color: #494949;
}
.intro_section6 .contact_desc {
    position: absolute;
    bottom: 170px;
    font-size: 18px;
    line-height: 34px;
    z-index: 1;
}
.intro_section6 .top_bt {
    position: absolute;
    bottom: 70px;
    font-weight: 600;
    font-size: 18px;
    color: #353535;
    letter-spacing: -0.45px;
}
```

코드가 조금 길어 보이지만, 실제로는 그렇게 어렵지 않습니다. 다만, 이 섹션에서는 버튼에 대한 반응 애니메이션 한 가지만 복습하고 넘어가겠습니다. 무언가에 마우스를 올려놨을 때 어떤 반응을 주기 위해서는 해당 class 이름 뒤에 :hover를 붙이면 됩니다. 우리는 이메일을 보내는 submit 버튼의 배경색(background-color)을 검정색으로 바뀌게 해줄 것이기 때문에 글씨 색깔은 하얀색을 color로 지정합니다. 이제 이 다음이 중요합니다. 마우스 롤오버됐을 때 배경색과 글씨색이 바뀌도록 설정해 줬지만, 이렇게만 해 놓으면 마우스를 오버했을 때 자연스럽게 색이 변하는 것이 아닌 회색이던 버튼이 순간적으로 검정색으로 변하면서 부자연스럽게 느껴질 수 있습니다. 따라서 우리는 .submit 버튼 속성에 transition-duration 속성을 추가해 줍니다. 초 단위로 하기 위해서는 s를 붙여 주면 되는데, 여기서 0.2s는 0.2초라는 뜻입니다. 회색에서 검정색으로 0.2초 동안 서서히 변하라는 의미로, 짧아 보이지만 없는 것보다는 훨씬 자연스러운 느낌을 줄 수 있습니다. 이렇게 transition-duration 속성을 한번 주면 그다음에 hover에서 전체 버튼 사이즈를 조정한다든지, 여백을 줘서 위치를 변경한다든지 할 때도 자연스럽게 오브젝트가 변하도록 애니메이션 설정이 됩니다. 특히 버튼에 무언가 인터랙션을 간단히 주고 싶을 때 유용하므로 꼭 기억해두길 바랍니다.

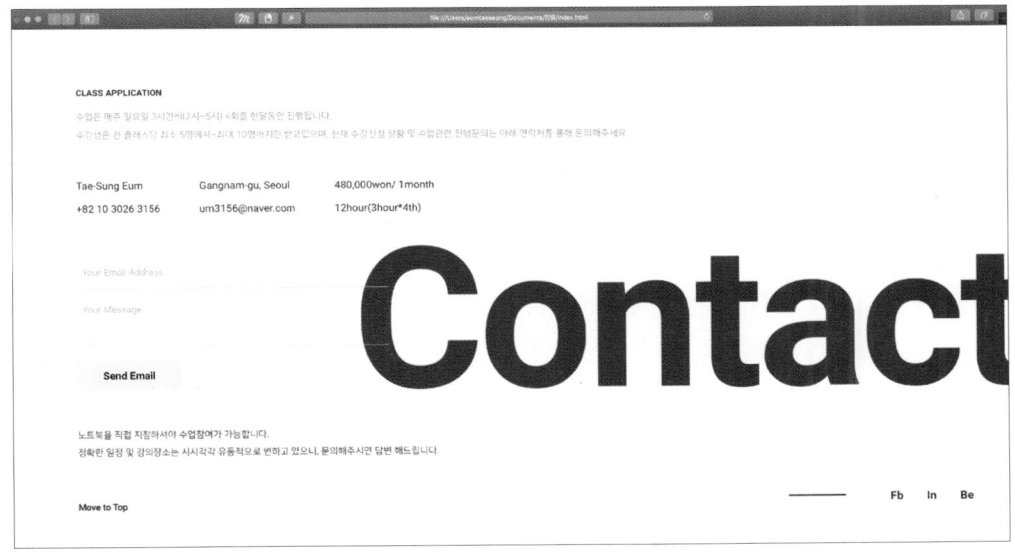

4-1-43 완성된 레이아웃

4-1-7 모바일 반응형 적용하기

앞서 설명드렸지만, 반응형 개발이란 단순히 모바일에서 제대로 보이도록 개발을 하는 것뿐만 아니라, 모니터가 가장 큰 데스크톱에서부터 13인치부터 16인치까지 다양한 사이즈를 가지고 있는 노트북까지 다양한 모니터 및 해상도에서 홈페이지가 제대로 보이도록 개발을 하는 것을 말합니다. 이를 위해서 우리는 폰트 사이즈를 고정 픽스값이 아닌, vw를 통해서 브라우저 사이즈에 따라 조정되게 하거나 위치를 % 단위로 써서 자동으로 밸런스가 조정되도록 맞췄습니다.

하지만 이렇게 조정하는 것은 모든 디바이스를 커버하지는 못합니다. 예를 들어, 아이폰의 경우는 13인치 노트북이나 태블릿보다 훨씬 화면이 작으므로 단순한 글씨 사이즈 조정이 아닌 레이아웃의 변형이 필요합니다. 이를 위해 아예 새롭게 모바일 페이지를 개발하는 웹사이트도 있지만, 대부분은 이후의 초기구축 및 유지보수 비용이 많이 들기 때문에 반응형으로 css 조정만을 통한 레이아웃 및 사이즈 조정을 하는 편입니다.

그래서 이번 섹션에서는 앞서 만든 페이지를 모바일에서 제대로 보이도록 반응형을 적용해 보겠습니다.

```html
<link rel="stylesheet" type="text/css" href="./common.css"/>
<link rel="stylesheet" type="text/css" href="./mobile.css"/>
<meta name="viewport" content="width=device-width, initial-scale=1.0">
```

먼저 mobile.css파일을 하나 더 만들어 준 후 앞서 common.css를 불러줬던 <head> 태그 안에 mobile.css도 불러오는 태그를 추가해 줍니다. 그리고 viewport라는 메타태그를 추가해야 하는데 (참고로 viewport설정은 VSCode html템플릿코드에 기본적으로 포함되어 있기 때문에 이미 입력이 되어있으면 따로 입력할 필요가 없습니다), 이는 모바일에서 적절한 사이즈대로 홈페이지를 확대해 주는 역할을 합니다. 이해하기 어렵다면 일단 암기식으로 반응형 모바일 페이지를 위해서 꼭 추가해야 된다는 것만 알고 삽입해도 괜찮습니다.

```css
@media only screen and (max-width: 800px) {

}
```

그리고 mobile.css로 돌아와 @media 쿼리를 통해 특정 너비를 기준으로 속성을 변경할 수 있게 설정합니다. 앞의 코드에서는 800px로 잡았는데 보통 핸드폰이라 하면 너비를 500~600px로 설정하면 충분합니다. 800px로 쓴 것은 이 사이트는 태블릿 버전의 반응형 개발을 따로 하지 않을 계획이기 때문에 아이패드도 모바일로 포함한다 가정해서입니다. 참고로 12.9인치 아이패드까지 고려하면 1024로 설정하는 것이 좋습니다.

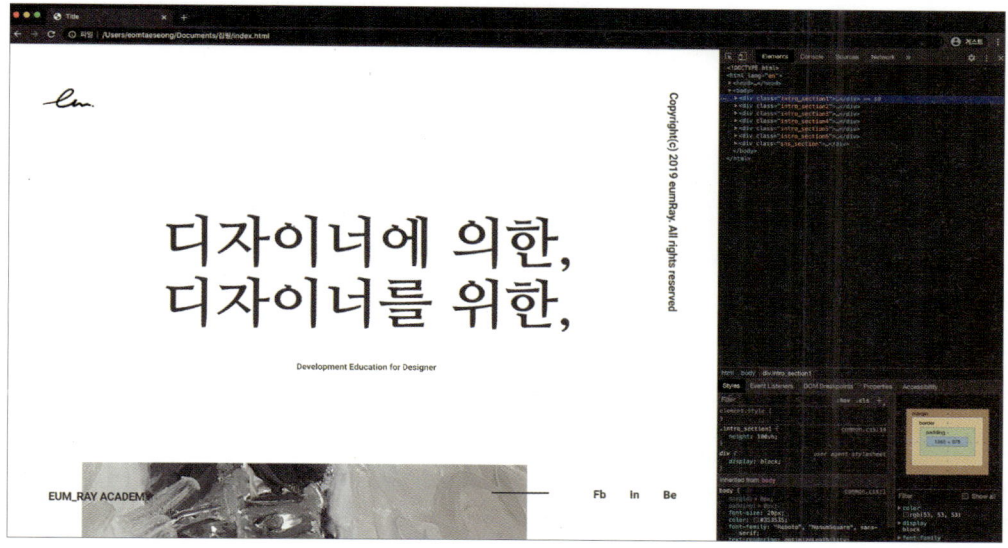

4-1-44 크롬 개발자모드

그리고 모바일에서 잘 보이는지 확인하기 위해서는 직접 서버에 파일을 올려서 핸드폰으로 확인해도 되지만, pc의 브라우저 개발자 툴을 이용해서 확인할 수도 있습니다. 크롬에서 마우스 오른쪽 버튼 클릭 → 검사를 클릭하면 우측에 개발자 환경이 활성화되는데 위에서 두 번째 아이콘을 클릭하면 이미지 4-1-45처럼 다양한 디바이스에서 테스트해 볼 수 있는 화면이 활성화됩니다.

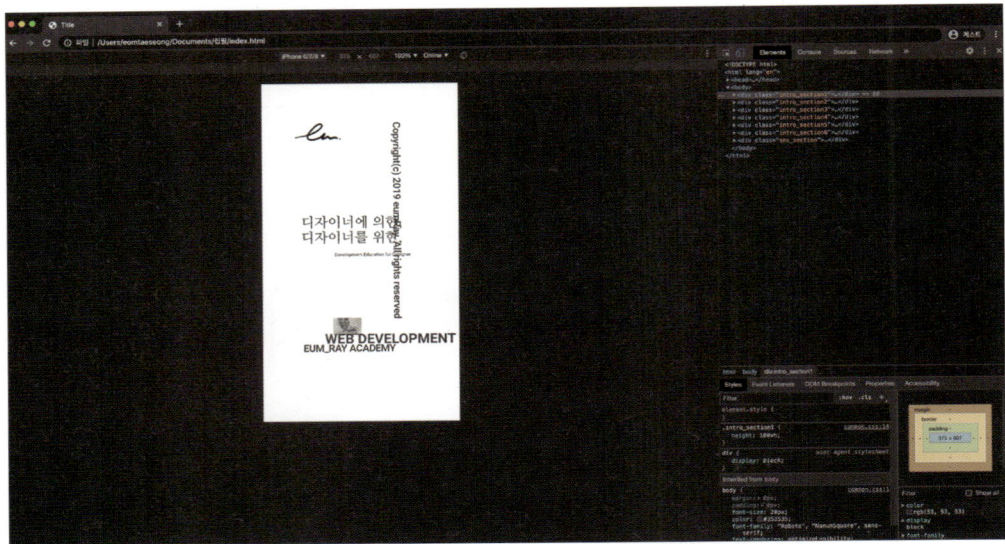

4-1-45 크롬 개발자모드

꼭 크롬이 아닌 사파리 환경설정에서 개발자 메뉴를 활성화시키고 '응답형 모두 시작'을 클릭하게 되면 역시나 애플에서 제공하는 다양한 디바이스별로 테스트해 볼 수 있습니다.

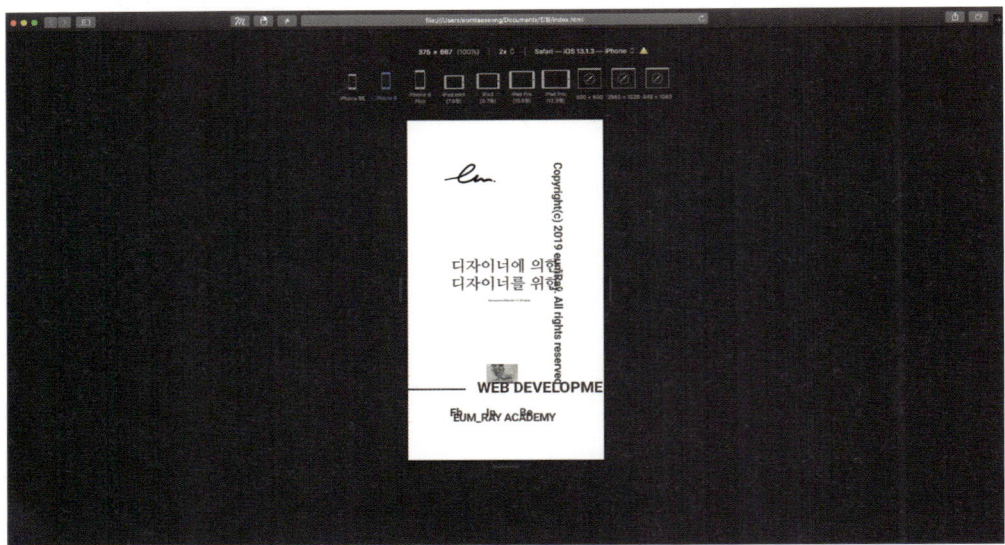

4-1-46 사파리 개발자모드

앞의 화면을 보면 알 수 있듯이 아직 반응형이 적용되기 전이기 때문에 레이아웃과 사이즈가 엉망입니다. 반응형 개발을 고려하여 모바일 디자인 시안을 구성해 놓고 거기에 맞춰 개발을 하는 것이 일반적인 절차이지만 이 책에서는 따로 디자인하는 것까지 담지는 않기 때문에 바로 개발을 해보도록 하겠습니다.

제일 먼저 신경이 쓰이는 부분을 하나씩 가려주는 것부터 시작하겠습니다.

```css
@media only screen and (max-width: 800px) {
    .intro_section1 .copyright{
        display:none;
    }
    .sns_section{
        display:none;
    }
}
```

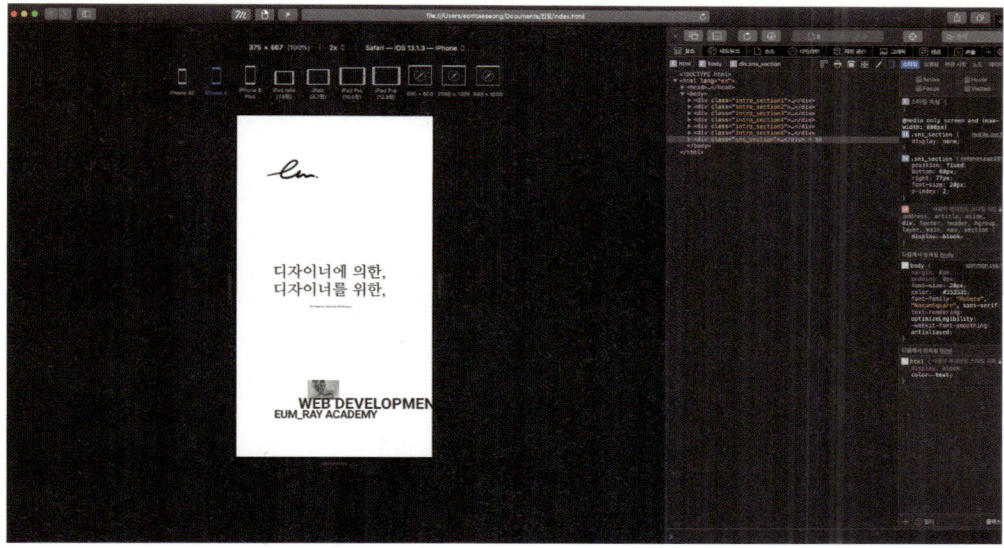

4-1-47 일부 요소를 모바일에서 가려준 모습

두 개만 가려주었음에도 훨씬 깔끔해진 느낌입니다. 다음으로는 로고 위치와 가운데 글자 사이즈를 제대로 맞춰보도록 하겠습니다.

```css
@media only screen and (max-width: 800px) {
    ...
    .intro_section1 .logo {
        top: 28px;
        left: 22px;
    }
    .intro_section1 .logo img {
        width: 60px;
    }
    .intro_section1 .main_title {
        top: 50%;
        left:0%;
        margin-top: -24vw;
        font-size: 9.5vw;
        height: 200px;
        margin-left: 0px;
        text-align: center;
        line-height: 14vw;
    }
    .intro_section1 .sub_title {
        width:100%;
        top: 50%;
        left:0%;
        font-size: 12px;
        margin-left: 0px;
        margin-top: 8vw;
        text-align: center;
    }
}
```

pc에서 이미 메인 타이틀을 가운데로 맞췄었지만, 수치가 정확하진 않았는지 모바일에선 조금 좌측으로 쏠려있는 것을 느낄 수 있습니다. 이를 정확하게 하기 위해 left와 margin-left를 0으로 설정하고, text-align:center를 통해 가운데로 오게끔 위치를 잡았습니다. 픽셀이나 vw 값을 약간 조정해 줘도 되지만 이런 방법도 있다는 것을 알려드리기 위해 .sub_titile도 text-align을 통해 가운데 위치를 잡겠습니다. 참고로 absolute 상태에서는 width 기본값이 100%가 아니므로 따로 값을 100%로 주셔야 가운데로 설정됩니다.

그리고 한 가지 팁을 드리자면 모바일에서 가운데 위치를 잡기 위해서는 직접 화면을 보면서 수치를 조정하는 게 제일 좋습니다.

4-1-48 메인 타이틀과 서브 타이틀에 반응형이 적용된 모습

이론상 정확한 가운데값을 수학적으로 구해서 위치시키는 방법도 있지만, 실제 그렇게 하다 보면 오히려 어딘가 가운데로 안 맞춰진 느낌을 받는 경우가 많습니다. 실제 구현된 화면은 디자인 요소 간에 긴밀하게 서로 영향을 주고 있기 때문에 그렇습니다. 따라서 화면을 보면서 적당한 위치가 어디쯤일까 직접 조금씩 바꿔가면서 위치를 잡기를 권장합니다. 또한 브라우저에서 개발자모드 그대로 작업하면, 실제 모바일에서 보는 화면이랑 조금 다른 느낌을 받을 수 있습니다. 그 이유는 개발자모드에서 세로 길이는 모바일 전체 세로 길이를 기준으로 되어 있는데, 우리가 실제 모바일에서 보는 브라우저 앱은 위에 주소창이 있고, 아래에 브라우저 메뉴가 존재하기 때문에 실제로 개발자모드에서 보는 화면보다 길이가 짧기 때문입니다. 그래서 개발자모드에서 높이를 60~100px정도 줄이면 실제 모바일과 일치하는 화면을 얻을 수 있습니다. 이와 관련되서 한 가지 덧붙이자면 모바일 반응형을 구현할 때는 화면 사이즈 단위인 vh 값을 쓰는 것에 주의하셔야 합니다. 방금 실제 모바일 화면에서는 주소창과 아래 메뉴 버튼이 포함되어 있다고 했는데, 대부분의 모바일 브라우저는 스크롤을 내렸을 때 주소창이 일시적으로 줄어들었다가 올리면 다시 늘어나게 됩니다. 이렇게 가변적인 세로 길이에서 vh를 사용해버리면 주소창이 줄어들고 늘어날 때마다 관련 오브젝트가 제멋대로 늘어났다 줄어들었다 하면서 끊겨 보이는 기이한 모습을 볼 수 있습니다. 그렇기 때문에 모바일에서는 vh를 쓰는 것을 웬만하면 지양해야 합니다.

그럼 계속해서 다른 요소들도 하나씩 정리하겠습니다.

```css
@media only screen and (max-width: 800px) {
    ...
    .intro_section1 .site_title{
        left:20px;
        bottom:20px;
        font-size:14px;
    }
    .intro_section2 {
        padding-left:70px;
        padding-right:0px;
        margin-top: -60px;
    }
    .intro_section2 img{
        width:100%;
    }
}
```

코드를 설명하기 전, 앞에 했던 vh에 관련된 얘기를 조금만 더 하겠습니다. 앞에서 모바일에서는 vh를 쓰면 안 된다고 했지만, intro_section1에는 pc에서 적용했던 height:100vh가 이미 적용되어 있는 상태입니다. 그리고 우리는 홈페이지에 들어올 때 세로 화면을 꽉 채우는 섹션을 구현하고 싶습니다. 이런 경우에는 보통 Javascript를 통해서 강제로 height를 고정시켜 주도록 설정해야 합니다. 다만, 이 책에서는 Javascript를 다루지 않으므로 생략하겠습니다. 완벽하지 않다는 것이 답답할 수 있지만, Javascript를 알면 아주 간단한 코드이니 이후 Javascript를 배운 뒤 다시 살펴봐도 괜찮습니다.

.site_title에 대해 사이즈와 위치를 다시 잡아 주고, 앞서 intro_section2와 .intro_section1이 겹치도록 margin-top에 -150px 값을 주었던 것을 좀 더 내리기 위해서 -60px로 고쳐줍니다. 이후 padding 값으로 위치를 잡아 주고 이미지에 width:100%를 주어 좀 더 이미지가 잘 보이도록 수정합니다.

4-1-49 이미지 사이즈와 위치가 잡힌 모습

일단 처음 화면인 이미지 4-1-49를 보면은 어느 정도 레이아웃이 잡힌 것을 확인할 수 있지만 우측 상단에 약간의 허전함이 느껴집니다. 이곳에는 아까 가려놨던 sns 메뉴를 표시하겠습니다.

```css
@media only screen and (max-width: 800px) {
    ...
    ul{
        margin:0px;
    }
    .sns_section{
        position: absolute;
        bottom:inherit;
        left:inherit;
        top:26px;
        right:20px;
    }
    .sns_section .sns_deco{
        display:none;
    }
    .sns_section ul li{
```

```
            font-weight: 800;
            font-size: 17px;
            display: inline-block;
            margin-left: 20px;
            vertical-align: middle;
        }
    }
```

display:none으로 되어 있던 것을 지우고, 이 sns 버튼은 스크롤이 된다 해도 따라다니게 할 것이 아니기 때문에 position을 absolute로 바꿔줍니다(pc에서는 fixed). 그리고 상단의 ul태그에 margin:0px을 줬는데, 이것은 브라우저에 따라 가끔 ul이나 li 값에 약간의 margin이 디폴트로 들어가 있는 브라우저가 있기 때문에 원하지 않는 여백이 생기는 것을 방지하기 위해서 넣은 것입니다. 가끔 원하지 않은 여백이 생겼을 경우 개발자모드에서 우측 css 분석 창을 통해 원인을 추적하면 금방 문제를 알아낼 수 있습니다.

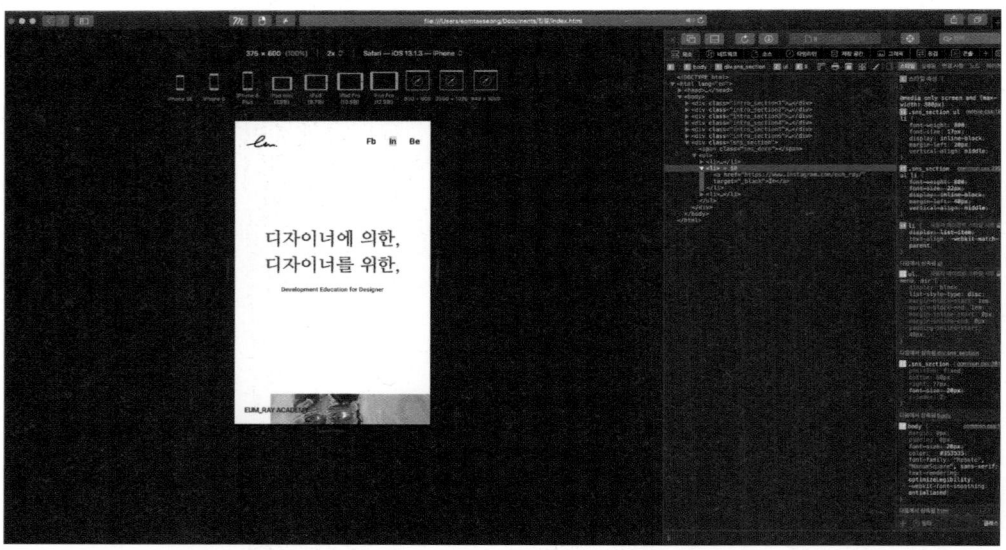

4-1-50 sns 정보가 삽입된 모습

자, 이제 우측 상단에 sns 버튼이 자리 잡았습니다. 이미지 4-1-50처럼 개발자모드 스타일 속성 분석기를 이용하면서 작업하면 잘 적용되고 있는지, 안 되고 있는 것은 무엇인지 파악하기가 좋습니다.

그럼 계속해서 아래 섹션에 대해서도 반응형을 진행해 보도록 하겠습니다.

```css
@media only screen and (max-width: 800px) {
    ...
    .intro_section3 {
        padding: 80px 20px;
    }
    .intro_section3 .sub_title {
        font-size: 11px;
    }
    .intro_section3 .main_title {
        font-size: 17px;
        margin-top: 5px;
    }
    .intro_section3 .section_desc {
        font-size: 13px;
        line-height: 23px;
        margin-top: 10px;
    }
}
```

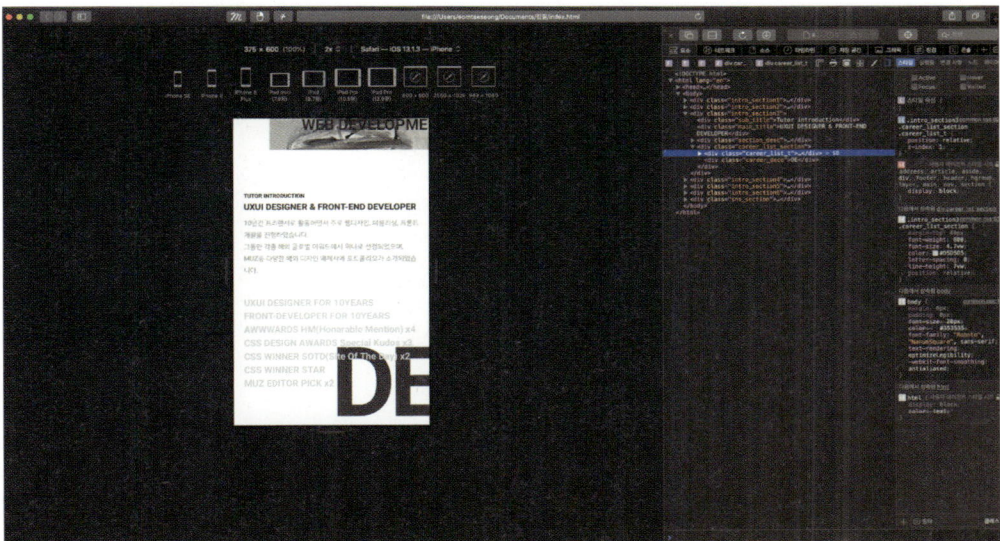

4-1-51 모바일에 맞게 사이즈가 달라진 모습

처음에는 많이 엉켜 있던 레이아웃들이 여백과 사이즈 조정으로 금방 정리되는 모습을 볼 수 있습니다. 이미 작업해 둔 html 태그 및 css에 사이즈 조정을 위한 속성을 덮어씌우는 작업이라, 조금만 익숙해지면 금방 수정 처리할 수 있습니다.

```css
@media only screen and (max-width: 800px) {
    ...
    .intro_section4 {
        padding: 40px 20px 50px;
    }
    .intro_section4 .main_title {
        font-size: 20px;
        -webkit-text-stroke: 0.7px #353535;
    }
    .intro_section4 .main_desc {
        margin-top: 20px;
        margin-left: 0px;
        font-size: 13px;
        line-height: 23px;
    }
}
```

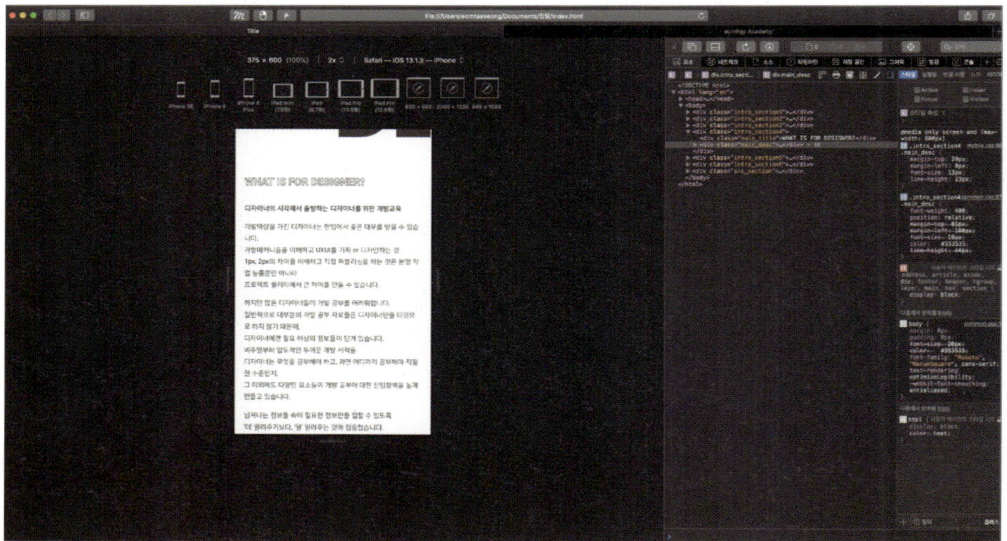

4-1-52 모바일에 맞게 사이즈가 달라진 모습

계속해서 단순히 여백에 대한 간격, 사이즈 조정이니 설명은 생략하겠습니다.

```css
@media only screen and (max-width: 800px) {
    ...
    .intro_section5 {
        margin: 30px 0px;
    }
    .intro_section5 .main_section_tl .img_section {
        height: 100%;
    }
    .intro_section5 .main_section_tl .img_section img {
        width: 100%;
    }
    .intro_section5 .main_section_tl .img_block {
        width: 80%;
    }
    .intro_section5 .main_section_tl .img_block .main_title {
        display: none;
    }
    .intro_section5 .main_section_tl .deco_title {
        top: 28vw;
    }
}
```

4-1-53 사이즈 조정 및 일부를 감춰 준 모습

모바일 페이지에서는 텍스트가 너무 많아지는 것이 피곤함을 줄 수 있으므로, 부가적인 설명이 들어가는 .main_title 부분은 가려주었습니다. 실제 사이트에서는 아래에 커리큘럼에 대한 부분이 가로 스크롤로 들어가지만 이 부분은 Javascript 연동이 필수적이므로 제외시켰습니다.

```css
@media only screen and (max-width: 800px) {
    ...
    .intro_section6 {
        margin-top: 60px;
        padding: 0px 20px 100px;
        height: 100%;
    }
    .intro_section6 .sub_title {
        font-size: 12px;
    }
    .intro_section6 .section_desc {
        font-size: 13px;
        line-height: 23px;
        margin-top: 10px;
    }
    .intro_section6 .section_desc br {
        display: none;
    }
    .intro_section6 .contact_summary {
        margin: 30px 0px;
    }
    .intro_section6 .contact_summary .cs_item {
        font-size: 13px;
        line-height: 30px;
        margin-bottom: 10px;
        width: 49%;
        margin-right: 0px;
    }
    .intro_section6 .contact_summary .cs_item:first-child {
        display: block;
    }
    ...
```

이 섹션에서는 조금 나눠서 설명을 드리겠습니다. 웹에서 줄바꿈을 위해
 태그를 사용할 때 주의해야 할 것이 있습니다.
 태그 중 심미적인 부분을 위해 줄바꿈 처리를 한다고 가정했을 때 pc 화면을 기준으로는 괜찮지만, 모바일에서는 문제가 생기는 것을 종종 볼 수 있습니다.

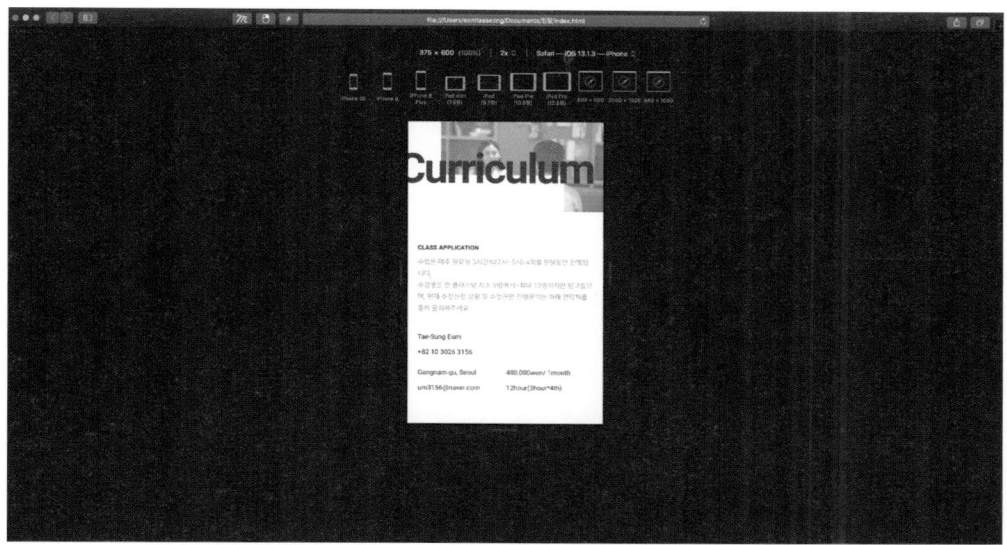

4-1-54
 태그로 모바일에서 의도치 않게 줄바꿈이 생긴 모습

예를 들어, pc에서 괜찮았던 문장이 이미지 4-1-54처럼 모바일에서는, "진행됩니다" 이후 의도치 않게 줄바꿈 처리되면서 가독성과 심미적인 부분을 망치게 됩니다. 물론 의미상 반드시 줄바꿈을 해야 하는 경우도 있지만, 그렇지 않은 경우에는 css에서
 태그 부분을 'display:none' 처리하여 삭제되도록 할 수 있습니다. 모바일은 가로 너비의 변화가 다양하기 때문에 때로는 이런식으로 줄바꿈 처리를 무시하여 하나의 문단으로 끝나게 처리해 주는 편이 좋습니다.

그 아래로 코드를 내려가면 .cs_item에 width 값을 50%가 아닌 49%를 주었습니다. 앞에서 설명했지만 중요한 부분이기 때문에 다시 설명하자면, 기본적으로 inline-block의 사이에는 margin을 따로 주지 않아도 4px정도의 아주 약간의 간격이 생깁니다. 이를 없애기 위해서는 .cs_item을 감싸고 있는 .contact_summary에 font-size를 0px로 주면 그 안의 자식 엘리먼트들의 간격이 없어집니다. 또 다른 방법으로는 아예 처음부터 서로 간의 간격이 있다는 것을 고려해서 width 값을 적어줍니다. 위에서 50%가 아닌 49%라고 쓴 것은 위에 간격이 있다는 것을 고려한 수치입니다. 후자의 경우에는 정확하진 않겠지만, 정확하지 않아도 되는 레이아웃에 빠르게 css를 적용해야 하는 경우 유용합니다.

또한 그 바로 아래에 first-child를 썼는데, 이것은 ch_item들이 여러 개 있을 때 그중 제일 첫 번째 엘리먼트를 선택하겠다는 의미입니다. pc 버전에서 inline-block으로 설정했으니 기본 사이즈만큼 나열되다가 사이즈가 찼을 때 다음 줄로 넘어가도록 구성이 되어야 맞지만, 저는 이 부분에서 'ㄴ' 형태의 레이아웃을 만들고 싶어서 첫 번째 요소에 block 처리해 줬습니다. 참고로 block은 한 줄을 다 차지하려는 속성 때문에 width를 100%로 설정하지 않아도 그다음 요소가 다음 줄로 넘어가게 됩니다.

```css
@media only screen and (max-width: 800px) {
    ...
    .intro_section6 .contact_summary .cs_item:first-child {
        display: block;
    }
    .intro_section6 .contact_form {
        width: 100%;
        position: relative;
        display: block;
    }
    .intro_section6 .contact_form input, .intro_section6 .contact_form textarea {
        box-sizing: border-box;
        line-height: 30px;
        font-size: 14px;
    }
    .intro_section6 .contact_form textarea {
        height: 50px;
    }
    .intro_section6 .contact_form .submit_bt {
        width: 100%;
        font-size: 15px;
        margin-top: 10px;
    }
    .intro_section6 .contact_desc {
        font-size: 13px;
        position: relative;
        bottom: inherit;
```

```
            margin-top: 20px;
            line-height: 24px;
        }
        .intro_section6 .contact_deco {
            display: none;
        }
        .intro_section6 .top_bt {
            bottom: 25px;
            font-size: 15px;
```

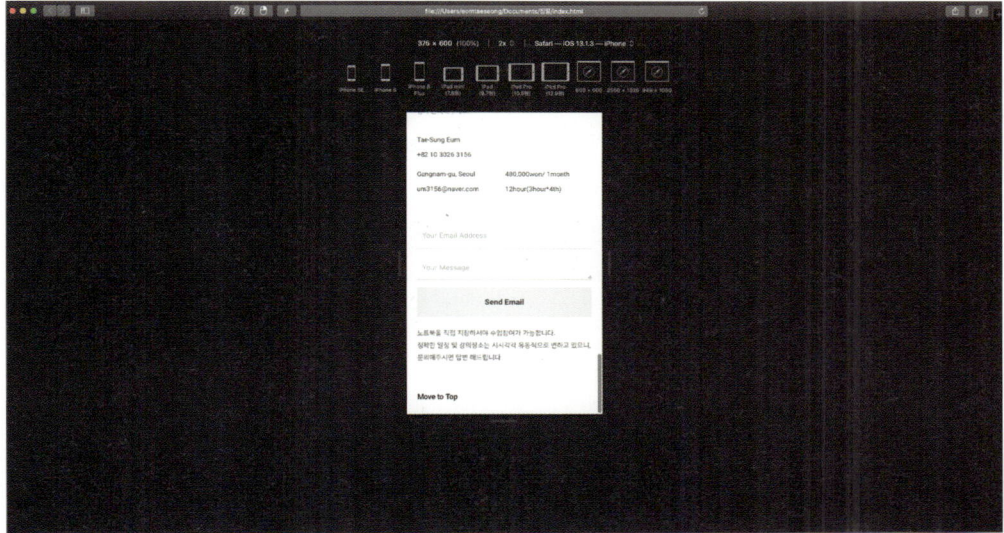

4-1-55 반응형 적용이 완성된 모습

이로써 모바일 반응형에 대한 구현이 끝났습니다. 여기서는 핸드폰을 기준으로 작성했지만, 실제로 태블릿까지 구현하고 싶다거나 노트북과 데스크톱 사이에서도 어떤 디테일을 변경하고 싶을 때는 max-width와 min-width로
(예. @media only screen and (min-width: 800px) and (max-width: 1200px) {)
설정한 이후에 위에서처럼 간격과 폰트 사이즈 등을 조절해 주면 됩니다.

실제로 모바일 반응형 개발을 완전히 이해하고 디자인하는 것과 이론상으로 주의할 사항만 배우고 디자인하는 것은 퀄리티에서 차이가 날 수밖에 없습니다. 앞에서 다뤘듯이 반응형 css를 구성하는 것은 초기에 pc 스타일을 잡아 주는 것에 비해 코드가 훨씬 짧고 생각보다 금방 처리되는 것들이 많습니다. 디자이너가 개발을 꼭 하지는 않더라도, 이러한 패턴과 코딩 방식에 적응이 되면 이후 반응형 페이지를 디자인할 때 큰 도움이 될 수 있습니다.

4-2 플랫폼 서비스 퍼블리싱하기 1

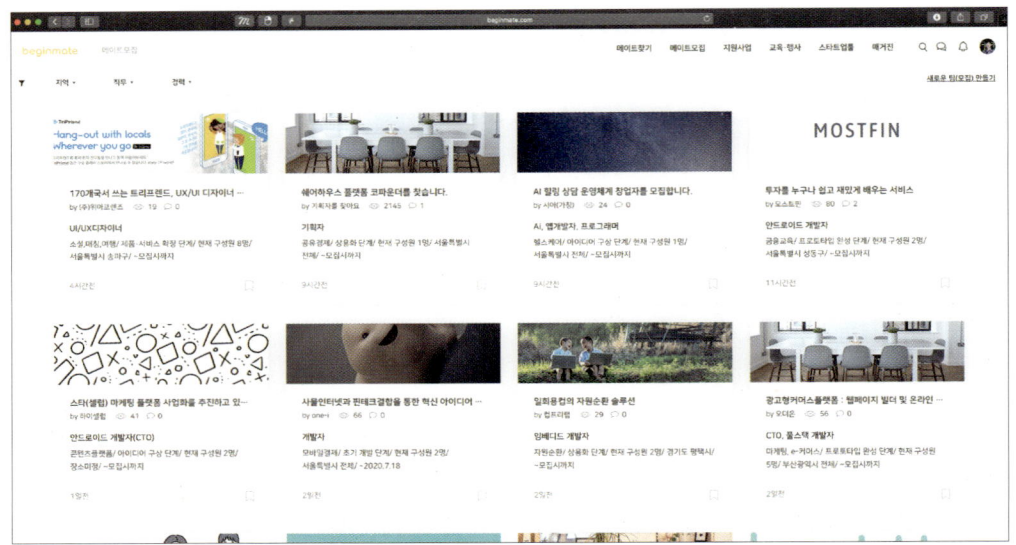

4-2-1 퍼블리싱할 사이트 모습(beginmate.com)

이 장에서는 실무에서 가장 많이 접하게 되고, 가장 일자리 일거리가 많은 플랫폼 서비스에 대해 퍼블리싱을 합니다. 실제 프리랜서 일을 하면서 많은 스타트업 플랫폼 서비스의 디자인이나 개발 일을 맡아서 했는데, 그 중 기획, 디자인부터 개발까지 가장 오래 맡았고 가장 많은 부분을 손봐야 했던 플랫폼 '비긴메이트'를 통해 주요 페이지를 퍼블리싱하는 방법에 대해 알아보고자 합니다.

플랫폼 서비스는 사용자들의 콘텐츠가 돋보이고, 편의성을 극대화하고자 직관적이어야 하기 때문에 대부분의 플랫폼 서비스는 다양한 장식이 들어가기보다는 심플한 디자인을 추구합니다. 그래서 UX를 위한 기획, 디자인 그리고 그것을 구현하기 위한 프론트개발 등에 손이 많이 갈 수는 있어도, 단순한 페이지들이 대부분이기 때문에 퍼블리싱을 하는 데에 있어서는 오히려 부담감이 적은 편입니다.

4-2-1 사이트 분석하기

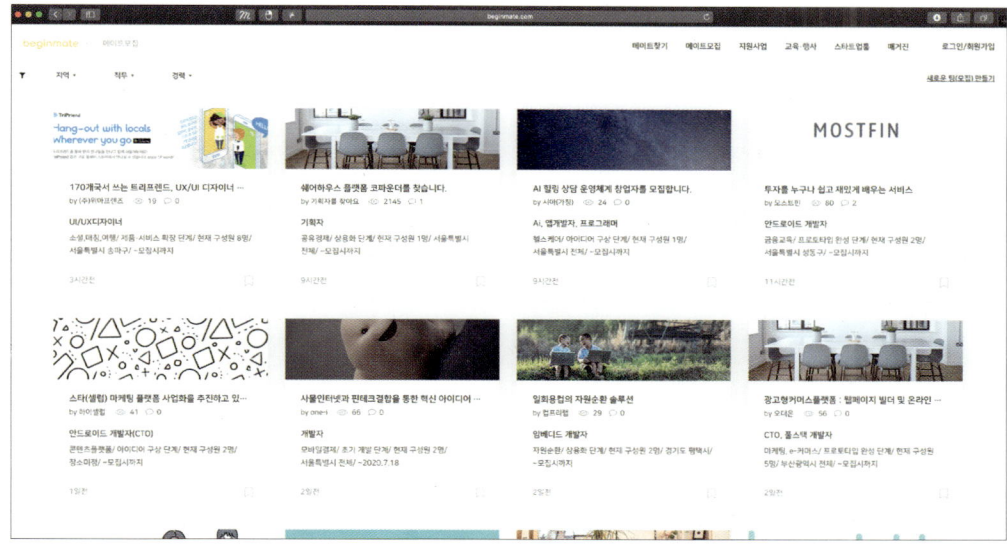

4-2-2 beginmate.com

내부적인 구조는 복잡할 수도 있지만 우선 구조는 간단합니다. 사이트는 크게 글로벌 메뉴와 바디로 나누어지고 바디는 상단 필터 메뉴와 모집글이 나열되어 있는 모집글 섹션으로 나누어집니다. 좀 더 세부적으로 나누자면, 가장 위의 글로벌 메뉴 부분의 왼쪽에는 로고와 현재 페이지 제목, 오른쪽에는 글로벌 메뉴들과 로그인 버튼이 포함되어 있습니다. 그 아래에 필터를 포함한 콘텐츠들은 무한 스크롤로, 같은 콘텐츠 아이템들이 계속해서 스크롤될 때마다 불러오는 구조로 되어 있습니다.

앞 장에서 몇 번의 퍼블리싱을 진행해봐서 이제는 어떻게 구성하면 될지 어느 정도는 감이 좀 잡히시나요? 아직 감이 안 잡힌다고 해도 괜찮습니다. 구조적인 문제가 추후에 생기더라도 모든 개발까지 다 끝내 놓은 것이 아닌, 퍼블리싱 단계에서 문제가 생기는 건 대부분 금방 수정할 수 있는 문제이기 때문에 큰 부담을 가질 필요는 없습니다. 대신, 퍼블리싱을 하기 전 전체적인 시안을 보고 태그를 어떻게 구성할 것인지 전체적인 구역을 위에서처럼 한번 나눠 보는 것은 아주 중요합니다. 또한 하나의 아이템을 완성하고 그다음, 그다음 이런 식으로 넘어가는 것보다는 전체적인 구조를 짠 후, 하나씩 디테일을 만들어가는 것이 개발을 할 때 좀 더 실수를 줄일 수 있으니 참고하시기 바랍니다.

4-2-2 퍼블리싱 초기 세팅

먼저 새롭게 html 페이지를 만들어 준 뒤, 비긴메이트는 나눔스퀘어 폰트를 사용하므로 바로 앞 장에서 했던 대로 CDN 방식으로 폰트를 설치하겠습니다.

```html
<head>
    <meta charset="UTF-8">
    <title>Untitled Document</title>
    <link rel="stylesheet" type="text/css" href="https://cdn.jsdelivr.net/gh/moonspam/NanumSquare@1.0/nanumsquare.css">
</head>
```

그리고 아이콘들과 로고들을 사이트에서 다운받은 뒤 /img 폴더에 저장하겠습니다(꼭 같은 로고, 같은 아이콘을 사용하지 않아도 됩니다). 일부 아이콘의 경우에는 백그라운드 이미지로 설정되어 있어서 다운받기가 힘들 수 있는데, 'https://www.flaticon.com'에 들어가면 비슷한 아이콘들을 무료로 다운받을 수 있으니 이곳에서 아이콘들을 다운받은 뒤 코딩 작업을 하는 것을 권장합니다.

```css
body {
    font-weight: 400;
    font-size: 15px;
    font-family: 'Nanum Square',sans-serif;
    line-height: 1.8em;
    text-rendering: optimizeLegibility;
    -webkit-font-smoothing: antialiased;
    color: #3c3c3c;
    margin: 0px;
    padding: 0px;
}
ul, li {
    list-style: none;
    margin: 0px;
    padding: 0px;
}
```

```
}
a {
    color: #3c3c3c;
    text-decoration: none;
}
```

앞 장에서 했던 것처럼 모든 태그마다 폰트를 지정하는 것은 너무 번거로운 일이기 때문에 body 태그에 폰트를 설정해 줍니다. 추가적으로 ul li에는 앞에 데코레이션이 붙기 때문에 그것을 지우기 위해 list-style:none으로 지정해 주는 것이 좋습니다. 또한, 쓸데없는 기본 여백이 들어갈 수 있으므로 margin과 padding을 0으로 두겠습니다. 마지막으로 a 태그에 컬러와 텍스트 데코레이션을 none으로 지정해 놓으면 하이퍼링크가 걸린 글이 자동으로 파랗게 글씨가 변하면서 밑줄이 생기는 것을 막을 수 있습니다.

4-2-3 데스크톱 버전 퍼블리싱

```
<body>
<div class="header">

</div>
<div class="contents_wrap">

</div>
</body>
```

앞에서 얘기했던 대로 글로벌 메뉴를 만들기 위한 .header, 그리고 페이지의 콘텐츠들을 표시할 .content_wrap 이름을 가진 div를 만들어 줍니다.

```html
<div class="header">
    <div class="logo_section"><img src="./img/logo.svg"/></div>
    <div class="page_title">메이트모집</div>
    <div class="main_menu">
        <ul>
            <li>메이트찾기</li>
            <li>메이트모집</li>
            <li>메이트지원사업</li>
            <li>교육·행사</li>
            <li>스타트업툴</li>
            <li>매거진</li>
            <li class="login_menu">로그인/회원가입</li>
        </ul>
    </div>
</div>
```

그리고 앞서 나눴던 구조들을 하나씩 태그로 만들어 줍니다. 자세히 보시면 로그인/회원가입 버튼은 간격도 다르고 왼쪽에 약간의 라인이 들어가 있으므로 따로 스타일을 주기 위해 class 이름을 더해 줍니다.

```css
...
.header{
    position: relative;
    width: 100%;
    height: 48px;
    padding-top: 25px;
    font-weight: 700;
    color: #3c3c3c;
    border-bottom: 1px solid #EFEFEF;
}
.header .logo_section {
    position: absolute;
    left: 30px;
    top: 29px;
    z-index: 5;
    width: 105px;
}
```

```css
.header .logo img {
    width: 100%;
}
.header .page_title {
    position: absolute;
    left: 170px;
    padding-left: 20px;
    border-left: 1px solid #ddd;
    line-height: 20px;
    margin-top: 3px;
    color: #b1b1b1;
}
```

로고와 페이지 타이틀을 감싸는 .header class position에 relative를 주고, absolute로 위치를 잡았습니다. 이 사이트에서는 애니메이션 적용을 위해 absolute로 위치를 잡아줬지만 보통은 absolute를 남발하는 것은 좋지 않습니다. 왜냐하면 레이아웃이 복잡해졌을 시 전체적인 구조를 망치기 쉽기 때문입니다.

```css
...
.header .main_menu {
    position: absolute;
    right: 30px;
}
.header .main_menu ul li {
    margin: 0px 15px;
    cursor: pointer;
    display:inline-block;
}
.header .main_menu ul li.login_menu {
    border-left:1px solid #ddd;
    padding-left:30px;
}
```

계속해서 오른쪽 글로벌 메뉴 부분도 구조를 잡아 주겠습니다. 메인 메뉴 또한 absolute를 통해 우측에 배치한 후, li에 inline-block을 주어서 메뉴들이 일자로 나열되도록 설정해 줍니다. 또한 로그인 버튼에 간격을 넓혀주기 위해서 특별히 class를 추가해 준 것도 잊지 말고 관련된 스타일을 추가해 줍니다.

4-2-3 헤더가 스타일된 모습

```
...
<div class="contents_wrap">
    <div class="filter_section">
        <div class="filter_deco"><img src="./img/ic_filter.svg"/></div>
        <div class="filter_item">지역<img src="./img/ic_arrow_down.svg"/></div>
        <div class="filter_item">직무<img src="./img/ic_arrow_down.svg"/></div>
        <div class="filter_item">경력<img src="./img/ic_arrow_down.svg"/></div>
    </div>
</div>
```

이어서 필터 부분을 퍼블리싱하겠습니다. 필터 섹션은 하나의 필터를 표시할 .filter_item과 이 섹션이 필터라는 것을 표시해줄 .filter_deco로 구성되어 있습니다.

```css
...
.filter_section{
    position: relative;
    height: 53px;
    display:flex;
    border-bottom: 1px solid #EFEFEF;
    background-color: #ffffff;
}
.filter_section .filter_deco{
    width:53px;
    height: 53px;
    display:flex;
    align-content: center;
    justify-content: center;
    border-right: 1px solid #EFEFEF;
}
.filter_section .filter_item{
    width: 110px;
    line-height: 53px;
    font-size: 14px;
    border-right: 1px solid #efefef;
    font-weight: 700;
    text-align: center;
    cursor: pointer;
}
.filter_section .filter_item img{
    margin-left:7px;
    margin-top:-2px;
    vertical-align: middle;
}
```

전체적인 필터를 감싸는 .filter_section에는 display를 flex로 주어 각각의 하위 요소가 가로로 나열되도록 만들었습니다. .filter_deco에서는 안에 포함된 이미지를 수직수평으로 가운데에 지정하기 위해 align-contents, justify-content를 각각 center로 지정해 주었습니다. 이 외에 filter_item에서는 가운데를 맞추기 위해 text-align과 line-height를 사용했는데, flex를 사용하는 방법과 둘 중 어느 것을 쓰는 게 좋은지는 정답이 없습니다. 본인이 편하게 쓰기 쉬운 방법을 택하면 됩니다.

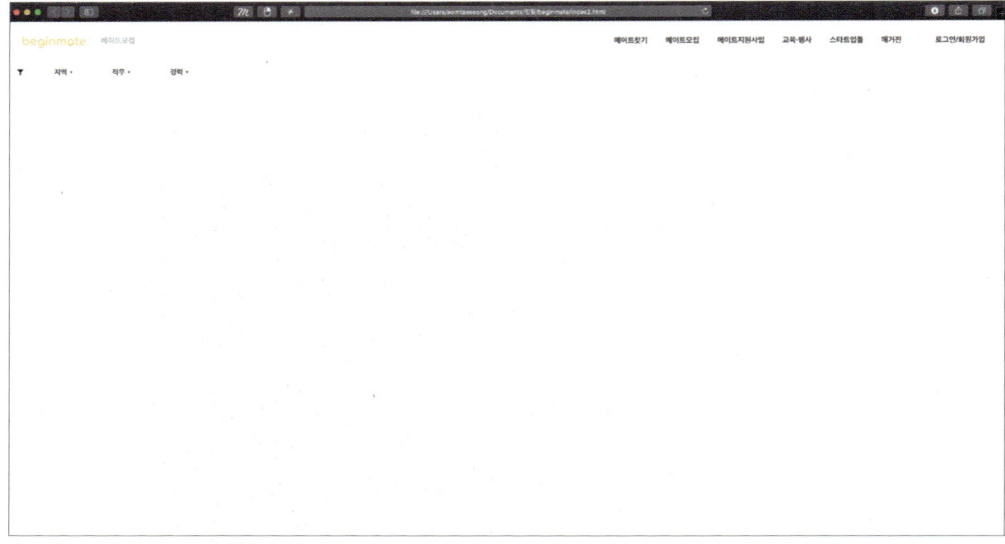

4-2-4 필터가 완성된 모습

필터를 좀 더 확실히 완성하기 위해 실제 마우스를 오버했을 때 관련 옵션들이 나오도록 설정해 보겠습니다. 이는 css의 hover선택자를 이용하면 쉽게 구현할 수 있습니다.

```html
<div class="filter_section">
    <div class="filter_deco"><img src="./img/ic_filter.svg"/></div>
    <div class="filter_item">지역<img src="./img/ic_arrow_down.svg"/>
        <ul class="select_box">
            <li>서울특별시</li>
            <li>부산광역시</li>
            <li>인천광역시</li>
            <li>대구광역시</li>
            <li>광주광역시</li>
            <li>대전광역시</li>
            <li>울산광역시</li>
            <li>세종시</li>
            <li>경기도</li>
            <li>강원도</li>
            <li>충청남도</li>
            <li>충청북도</li>
            <li>경상북도</li>
```

```html
            <li>경상남도</li>
            <li>전라북도</li>
            <li>전라남도</li>
            <li>제주도</li>
        </ul>
    </div>
    <div class="filter_item">직무<img src="./img/ic_arrow_down.svg"/>
        <ul class="select_box">
            <li>Planner</li>
            <li>Designer</li>
            <li>Developer</li>
            <li>ETC</li>
        </ul>
    </div>
    <div class="filter_item">경력<img src="./img/ic_arrow_down.svg"/>
        <ul class="select_box">
            <li>신입</li>
            <li>1~2년차</li>
            <li>3~4년차</li>
            <li>5년차 이상</li>
            <li>10년차 이상</li>
            <li>경력무관</li>
        </ul>
    </div>
</div>
```

각각의 filter_item에 롤오버했을 시 옵션으로 뜨게 할 값들을 태그로 입력해 줍니다.

```css
...
.filter_section .filter_item{
    width: 110px;
    line-height: 53px;
    font-size: 14px;
    border-right: 1px solid #efefef;
    font-weight: 700;
    text-align: center;
```

```
    cursor: pointer;
    position: relative;
}
.filter_section .filter_item .select_box{
    position: absolute;
    top:54px;
    left:0px;
    background-color: #fff;
    width:110px;
    border-left:1px solid #efefef;
    border-right:1px solid #efefef;
    border-bottom:1px solid #efefef;
    font-weight:400;
}
```

옵션들에 대한 .select_box는 콘텐츠 위에 띄워져 있어야 하므로 postion을 absolute로 설정해 줍니다. 또한 각각의 위치에 대한 기준점을 주기 위해 부모인 .filter_item에 position:relative도 지정해 주어야 합니다. 일단 결과를 먼저 확인해 보겠습니다.

4-2-5 정리가 덜 된 필터 옵션

언뜻 보기에도 문제가 많습니다. 우선은 지역 부분에 대한 옵션이 너무 많아서 선택하기 힘든 불편함이 있습니다. 또한 이미지에서는 잘 보이진 않지만, .select_box부분이랑 롤오버할 부분과 1px 정도가 밀려나 선이 중간에 끊긴 것을 볼 수 있습니다.

`4-2-6` 각각 선택 박스가 1px이 우측으로 밀려난 모습

이것은 위의 필터 메뉴들의 border가 안쪽이 아닌 바깥쪽에서 생겨서 발생하는 문제인데 쉽게 고치기 위해서 left 속성을 -1px로 변경해 주겠습니다. 또한 top도 54px이 아닌 52px로 변경해 주면서 필터와 select-box 간에 여백이 생기지 않도록 가려주겠습니다.

```css
...
.filter_section .filter_item .select_box{
    position: absolute;
    top:52px;
    left:-1px;
    background-color: #fff;
    width:110px;
    border-left:1px solid #efefef;
    border-right:1px solid #efefef;
    border-bottom:1px solid #efefef;
    font-weight:400;
}
```

▼	지역 ▼	직무 ▼	경력 ▼
	서울특별시	Planner	신입
	부산광역시	Designer	1~2년차
	인천광역시	Developer	3~4년차
	대구광역시	ETC	5년차 이상

4-2-7 밀려난 픽셀과 필터와 select_box 간의 라인이 사라진 모습

그래도 지역에 대한 부분이 여전히 길게 남아있는데, 이것을 3열로 나열되도록 변경해 보겠습니다. 이제 이것을 hover 속성을 이용해서 평소에는 가려져 있다가, 저 필터에 롤오버 시 나타나도록 설정해 주겠습니다.

```html
...
<ul class="select_box region_select_box">
    <li>서울특별시</li>
    <li>부산광역시</li>
    <li>인천광역시</li>
    <li>대구광역시</li>
    <li>광주광역시</li>
    <li>대전광역시</li>
    <li>울산광역시</li>
    <li>세종시</li>
    <li>경기도</li>
    <li>강원도</li>
    <li>충청남도</li>
    <li>충청북도</li>
    <li>경상북도</li>
    <li>경상남도</li>
```

```
        <li>전라북도</li>
        <li>전라남도</li>
        <li>제주도</li>
</ul>
```

```
...
.filter_section .filter_item .select_box{
    position: absolute;
    top:52px;
    left:-1px;
    background-color: #fff;
    width:110px;
    border-left:1px solid #efefef;
    border-right:1px solid #efefef;
    border-bottom:1px solid #efefef;
    font-weight:400;
    display:flex;
    flex-wrap: wrap;
}
.filter_section .filter_item .select_box.region_select_box{
    width:330px;

}
.filter_section .filter_item .select_box li{
    width:110px;
}
```

차근차근 설명하자면, 우선 지역 카테고리는 다른 스타일을 주기 위하여 태그에 .region_select_box라는 이름을 추가해 줍니다. 3열로 나열하기 위해 원래 가로 너비가 110px이던 것을 3배인 330px로 잡아줍니다. 그리고 기존의 select_box의 속성을 flex로 지정합니다. 그리고 모든 요소를 한 줄에 나열하는 것이 아닌, 가로 사이즈가 차면 알아서 다음 줄로 넘어가게 하기 위해서 flex-wrap:wrap을 사용하겠습니다. 이 부분이 헷갈린다면 앞 장을 다시 참고하거나 W3schools를 다시 보는 것을 추천합니다.

.select_box에 3열씩 들어가기 위해 각각의 li 요소들의 가로 너비를 110px로 다시 지정해 줍니다 (기존은 100%가 기본값).

4-2-8 사이즈가 제대로 잡힌 필터 옵션

여기까지 잘 따라오셨다면 이미지 4-2-8과 같은 화면을 볼 수 있습니다. 좀 어려우시다고요? 네, 이 부분은 사실 좀 어렵게 느껴질 수 있습니다. flex 속성은 잘 사용하면 코드를 전체적으로 간편하게 줄여줄 수 있지만 초보자가 처음 적응하는 데에는 조금 어렵게 느껴질 수 있습니다.

이미지 4-2-8과 같은 보면 알 수 있듯이 각각의 요소가 겹쳐져 있어서 제대로 볼 수가 없습니다. 이를 제대로 보기 위해 평소에는 display:none으로 감춰놨다가 마우스 오버 시에만 나타나도록 설정하겠습니다.

```css
...
.filter_section .filter_item .select_box{
    position: absolute;
    top:52px;
    left:-1px;
    background-color: #fff;
    width:110px;
    border-left:1px solid #efefef;
    border-right:1px solid #efefef;
    border-bottom:1px solid #efefef;
    font-weight:400;
    display:none;
    flex-wrap: wrap;
}
.filter_section .filter_item:hover .select_box{
    display:flex;
}
```

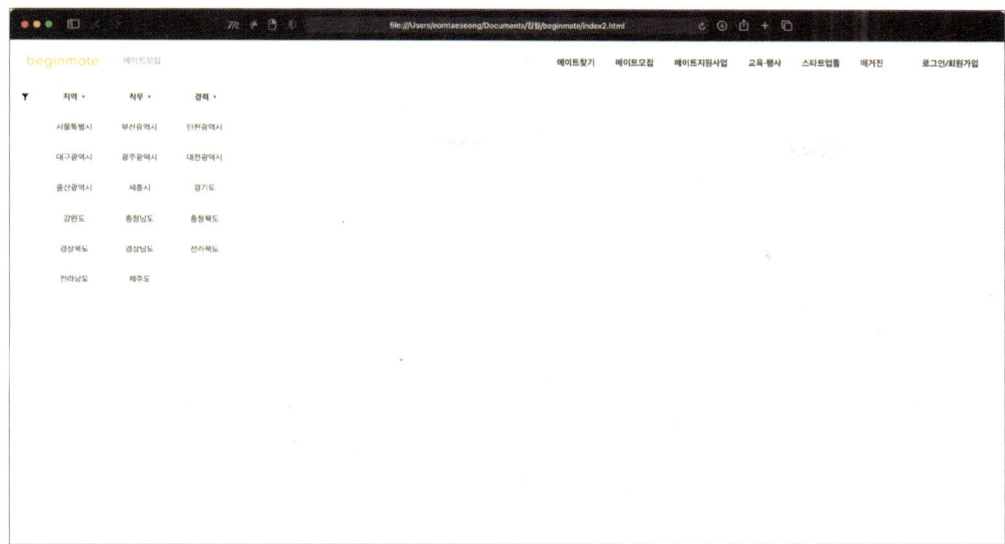

4-2-9 마우스 오버 효과가 적용된 필터

자, 이제 마우스 오버 시에만 필터 옵션 메뉴가 뜨도록 완성이 되었습니다. 코드가 엄청 길진 않지만, 초보자에겐 약간 어려울 수 있는 작성법이기 때문에 한 줄씩 차근차근 따라 해 보면서 천천히 흡수하려고 노력하길 바랍니다.

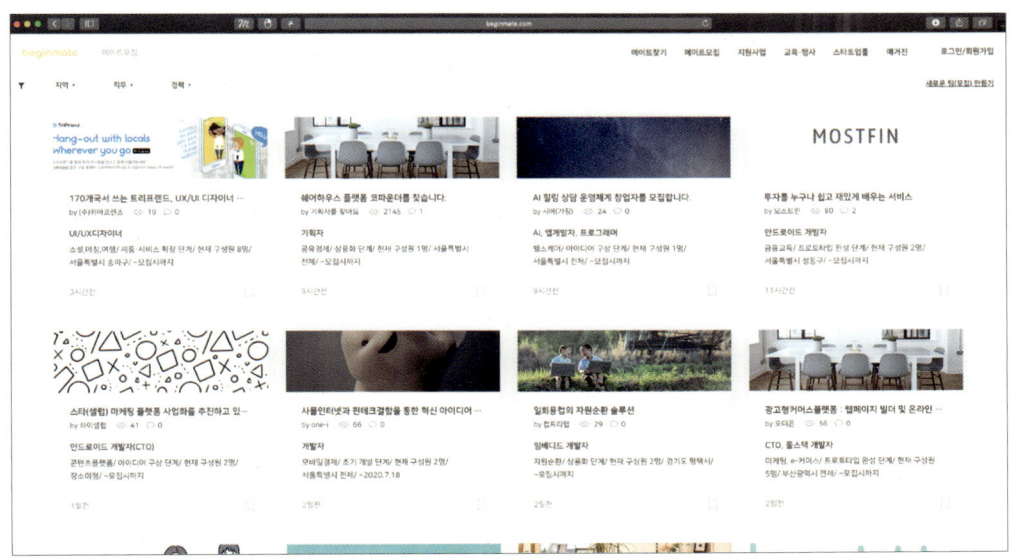

4-2-10 구현해야 할 모집아이템

Chapter 4. 실전 웹페이지 코딩하기 | 199

다음으로는 안의 콘텐츠를 구현하고자 하는데, 양이 많아 보이지만 하나의 카드 아이템만 제대로 구현하면 나머지는 반복이니 부담 갖지 않아도 됩니다.

그럼 앞에서 말한 것처럼 하나의 카드를 먼저 구현해 볼 건데, 먼저 어떻게 태그를 구성하면 좋을지 생각해 보겠습니다. 하나의 카드는 크게 상단의 이미지와 안에 내용이 들어가는 콘텐츠박스로 나누어집니다. 또한 콘텐츠박스에는 제목이 제일 상단에 들어가고, 작성자와 조회수, 그리고 코멘트 수가 다음 라인에 들어갑니다. 그 다음은 구인하는 직종에 대한 타이틀, 그리고 세부적인 옵션 내용들, 마지막으로 언제 작성됐는지 시간과 즐겨찾기 버튼이 있습니다.

4-2-11　모집아이템 태그 구성

즉, 하나의 카드에는 이미지 4-2-11처럼 div태그로 나누면 되겠구나 하는 것을 머릿속에 그려 놓으시면 됩니다. 당장 머릿속에 안 그려져도 하다 보면 자연스럽게 늘게 되는 부분이니 큰 걱정은 안 하셔도 됩니다.

그럼 이제 위에서 생각해 놓은 것을 html 태그로 옮겨 보도록 하겠습니다.

이미지 부분은 약간의 설명이 필요하여 일부러 비워뒀는데, 제일 마지막 단계에서 작업하겠습니다.

```html
...
<div class="contents_wrap">
    ...
    <div class="recruit_items_section">
        <div class="recruit_item">
            <div class="rc_img"></div>
            <div class="rc_contents">
                <div class="rc_title">프론트엔드/백엔드 개발 공부 하시는분 함께해요!</div>
                <div class="rc_subinfo">
                    <span class="rc_writer">by 이지잇</span>
                    <span class="rc_view"><img src="./img/ic_hit.svg"/> 21</span>
                    <span class="rc_comment"><img src="./img/ic_comment.svg"/> 3</span>
                </div>
                <div class="rc_job">웹 개발자</div>
                <div class="rc_desc">푸드테크/ 아이디어 구상 단계/ 현재 구성원 2명/ 장소미정/ ~모집시까지</div>
                <div class="rc_bottom">
                    <div class="rc_time">7시간전</div>
                    <div class="rc_favorite"><img src="./img/ic_bookmark.svg"/></div>
                </div>
            </div>
        </div>
    </div>
</div>
```

```css
...
.recruit_items_section{
    background-color: #fafafa;
    text-align: center;
    padding: 15px 0px 50px;
}
.recruit_items_section .recruit_item{
    position: relative;
    width: 410px;
    height:378px;
    vertical-align: top;
    margin: 20px 15px;
    background-color: #ffffff;
```

```
    display: inline-block;
    text-align: left;
    box-shadow: 0px 0px 30px #eee;
}
.recruit_items_section .recruit_item .rc_img{
    height: 120px;
}
.recruit_items_section .recruit_item .rc_contents{
    padding: 25px 30px;
}
```

코드가 많이 길어질 것으로 보이니 약간 끊어서 진행하겠습니다. 사이즈나 간격 등은 시안이 있다고 가정했을 때 시안을 따라 하면 되기 때문에 어렵지 않습니다. .recruit_item 맨 아래에 box-shadow 라는 속성이 있는데, 그림자를 주는 속성입니다. 포토샵에서 그림자를 주는 것과 아주 비슷한데, 첫 번째 인자값은 그림자 x위치 값, 두 번째는 y 값, 세 번째는 그림자 사이즈, 네 번째는 그림자 색상이 라고 이해하면 됩니다(이 부분이 헷갈릴 때는 W3schools에서 검색해서 보는 것을 권장합니다). 앞 에서 중요하게 다루진 않았지만 요즘 뉴모피즘 디자인이 유행하면서 특히 자주 쓰이게 되는 속성이 니 기억해두면 좋습니다. 또한 각각의 아이템에 margin으로 간격을 줄 때 주의할 점은, 각 아이템의 간격을 30px로 가정했을 때 margin에서도 30px을 쓰는 것이 아닌, 30px의 반값인 15px로 설정해야 원하는 대로 간격이 맞는다는 것입니다. 각각의 아이템에 대해 여백이 생기는 것이기 때문에 30px 을 주면 실제로는 60px로 잡히기 때문에 초보자가 종종 실수하는 부분이니 유념하길 바랍니다.

4-2-12 기본 윤곽이 잡힌 레이아웃

아직 할 일이 많아 보이지만, 대략적인 윤곽이 잡힌 모습을 볼 수 있습니다.

```css
...
.recruit_items_section .recruit_item .rc_contents .rc_title {
    font-size: 17px;
    font-weight: 700;
    cursor: pointer;
    white-space: nowrap;
    overflow: hidden;
    text-overflow: ellipsis;
}
.recruit_items_section .recruit_item .rc_contents .rc_subinfo {
    color: #979797;
    font-size: 14px;
}
.recruit_items_section .recruit_item .rc_contents .rc_subinfo .rc_writer {
    margin-right: 15px;
    max-width: 55%;
    display: inline-block;
    overflow: hidden;
    white-space: nowrap;
    text-overflow: ellipsis;
}
.recruit_items_section .recruit_item .rc_contents .rc_subinfo img {
    vertical-align: middle;
}
.recruit_items_section .recruit_item .rc_contents .rc_subinfo .rc_comment{
    margin-left:10px;
}
.recruit_items_section .recruit_item .rc_contents .rc_subinfo .rc_comment img{
    margin-top:-2px;
}
```

이곳에서는 처음 보는 속성이 많이 등장합니다.

```css
white-space: nowrap;
overflow: hidden;
text-overflow: ellipsis;
```

바로 이 부분인데, 특정 영역에서 글자가 길어졌을 경우, … 생략 표시를 하기 위해서 사용되며, 이 세 가지 속성을 같이 써야하기 때문에 세트로 묶여서 같이 사용됩니다.

그리고 rc_comment img에 특별히 margin-top:-2px을 준 것은 가끔 작업하다 보면 이미지가 딱 정확하게 가운데로 정렬되지 않고 1px, 2px씩 라인이 안 맞는 경우가 있는데, 이럴 때 각각 따로 손보는 작업이라고 생각하면 됩니다.

✓ sass를 배워야 하는 이유

앞의 코드를 쓰며 이미 느끼셨겠지만, css를 작성하다 보면 중복해서 써야 하는 class가 너무 많습니다. 사실 예제에서는 어마어마하게 복잡한 스타일을 다루지는 않기 때문에 비교적 구조가 깊지는 않지만 실무에서는 저 위의 코드들보다 훨씬 더 복잡한 코드들이 많습니다. 하지만 아무리 생각해도 너무 비효율적이라고 생각이 들지 않나요? sass의 존재 이유가 바로 여기에 있습니다. 다음 코드를 보겠습니다.

```css
...
.recruit_items_section{
    .recruit_item{
        .rc_contents{
            .rc_subinfo{
                color: #979797;
                font-size: 14px;
            }
            .rc_subinfo{
                img{
                    vertical-align: middle;
                }
                .rc_writer {
                    margin-right: 15px;
                    max-width: 55%;
                    display: inline-block;
                    overflow: hidden;
                    white-space: nowrap;
```

```
            text-overflow: ellipsis;
        }
        .rc_comment{
            margin-left:10px;
            img{
                margin-top:-2px;
            }
        }
    }
  }
 }
}
```

직전의 코드를 sass로는 다음과 같이 작성할 수 있습니다. 특정 class 안의 class를 선택할 때 중괄호 표시만으로 class를 찾아가기 때문에 기존보다 훨씬 직관적이고 효율적으로 코드를 작성할 수 있습니다. 그래서 요즘은 어느 정도의 규모가 있는 프로젝트라면 sass나 이 외에 비슷한 도구들을 필수로 사용하는 추세입니다. 이 책은 입문자를 대상으로 하기 때문에 sass 설치 및 세팅 방법까지 다루지는 않지만 인터넷에서 검색해 보면 그리 어려운 정도는 아니니 css가 불편한 분들은 한 번쯤 검색해서 사용하는 것을 적극 권장합니다.

다시 나머지 부분에 대해서 스타일을 잡아 주겠습니다.

```
...
.recruit_items_section .recruit_item .rc_contents .rc_job{
    margin-top: 15px;
    font-weight: 700;
    font-size: 16px;
    cursor: pointer;
}
.recruit_items_section .recruit_item .rc_contents .rc_desc{
    font-size: 15px;
    line-height: 25px;
    margin-top: 5px;
    color: #707070;
}
```

모집하려는 직무와 모집글 설명에 대한 스타일을 잡아준 후, 바로 이어서 제일 하단 섹션을 작업하겠습니다. 제일 하단의 시간과 즐겨찾기 버튼은, 모집글 설명(rc_desc)의 글이 늘어나거나 줄어들어도 위치가 바뀌지 않게 하기 위해 고정시킬 것입니다.

```css
...
.recruit_items_section .recruit_item .rc_contents .rc_bottom {
    position: absolute;
    width: 100%;
    height: 30px;
    left: 0px;
    bottom: 23px;
}
.recruit_items_section .recruit_item .rc_contents .rc_bottom .rc_time {
    position: absolute;
    top: 3px;
    left: 30px;
}
.recruit_items_section .recruit_item .rc_contents .rc_bottom .rc_favorite {
    position: absolute;
    right: 28px;
    top: 6px;
    cursor: pointer;
}
```

4-2-13 타이틀과 세부 텍스트에 대한 스타일이 적용된 모습

이제 대부분의 레이아웃이 잡혔습니다. 그리고 마지막 남은 섬네일 이미지를 삽입하고, 그 이미지를 마우스 오버했을 시 이미지가 약간 확대되도록 효과를 구현하겠습니다.

그동안 이미지를 삽입할 때는 <img> 태그를 주로 사용했지만, 이곳에서는 background-image라는 css 속성을 사용해서 넣어 보겠습니다. 그 이유는 롤오버 시 이미지 확대가 되도록 하는 효과와 이미지 위에 more view라는 버튼을 띄우기 위해서는 배경이미지로 이미지를 넣는것이 편리하기 때문입니다. 사실 구현 방식에 있어서 정답은 없기 때문에 결과물만 같다면 이와 다른 방식으로 구현하셔도 상관은 없습니다.

```html
...
<div class="recruit_item">
    <div class="rc_img" style="background-image: url('./img/photo73.png')"></div>
    <div class="rc_contents">
        <div class="rc_title">프론트엔드/백엔드 개발 공부 하시는분 함께해요!</div>
        <div class="rc_subinfo">
...
```

또 한 가지 다른 점은 기존에는 css와 관련된 속성은 common.css에 작성했다면 이번에는 html 태그 안에 스타일을 적용한다는 것입니다. 이러한 방식을 '인라인 방식'이라고 하는데, 이렇게 하는 이유는 .recruit_item이 여러 개라고 가정했을 때 섬네일 이미지가 모두 공통으로 같은 이미지로 지정되는 게 아닌, .recruit_item마다 다른 섬네일 이미지를 따로 지정할 것이기 때문입니다.

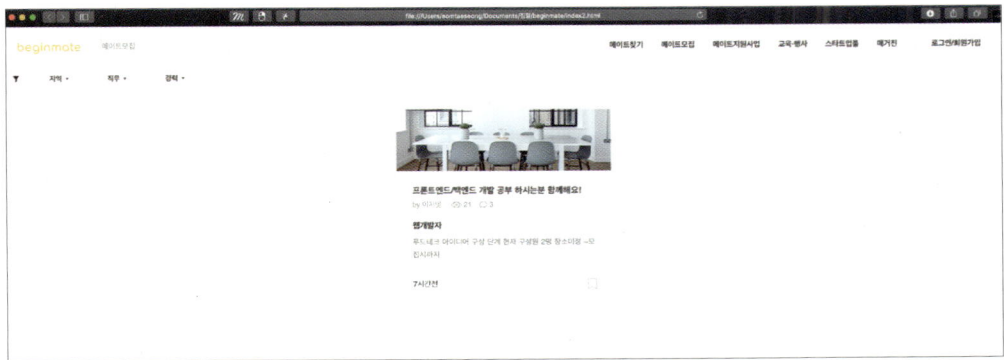

4-2-13 이미지가 삽입된 모습

자, 이제 기본적인 골자는 완성되었습니다. 좀 더 힘내서 마우스 오버 시의 효과도 구현해 보겠습니다.

```css
...
.recruit_items_section .recruit_item .rc_img{
    height: 120px;
    position: relative;
    transition-duration: 0.2s;
    background-position: center center;
    background-size: 100%;
    cursor: pointer;
}
.recruit_items_section .recruit_item:hover .rc_img{
    background-size: 110%;
}
.recruit_items_section .recruit_item:hover .rc_img:after{
    content: '';
    position: absolute;
    top:0px;
    left:0px;
    bottom:0px;
    right:0px;
    background-color: rgba(0,0,0,0.4);
}
```

사실 여기서부터는 난이도가 조금 있을 수 있습니다. 잘 이해가 안 될 수 있으니 많이 어렵게 느껴진다면 통째로 암기해도 되고, 초보자에게는 패스해도 괜찮은 부분입니다. 따라서 선택사항이라고 생각하고 편안한 마음으로 봐주시기 바랍니다. 코드에서 :after라는 선택자가 보일 겁니다. 보통은 특정 div나 span 뒤에 어떤 문자를 덧붙이거나 스타일을 적용하고 싶을 때 쓰이도록 만든 선택자인데 저렇게 content를 ''(공백)으로 써주면 .rc_img에 임시 태그가 생기면서 실제로는 태그가 없어도 스타일을 줄 수가 있습니다. 약간의 트릭을 쓰는 느낌인데, 팝업이나 롤오버 시 화면을 약간 어둡게 만드는 데에 유용합니다. 또한 어둡게 만들어진 레이어를 제대로 위치시키기 위해 부모 태그인 .rc_img의 position을 relative로 변경해 주어야 합니다.

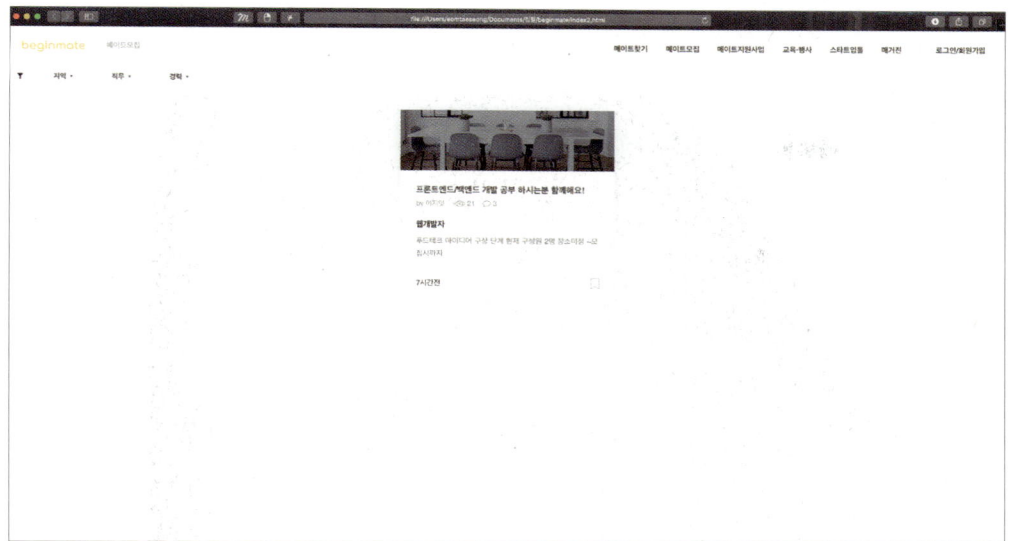

4-2-14 마우스 오버 시 어둡게 하기 위한 레이어가 추가된 모습

롤오버 시 이미지를 어둡게 해 주기 위한 :after 선택자,

```html
...
<div class="recruit_items_section">
    <div class="recruit_item">
        <div class="rc_img" style="background-image: url('./img/photo73.png')">
            <span class="more_bt">MORE VIEW</span>
        </div>
        <div class="rc_contents">
...
```

롤오버 시 more 버튼이 나오도록 하기 위해 .rc_img 안에 span 태그를 하나 추가해 주겠습니다.

```css
...
.recruit_items_section .recruit_item .rc_img .more_bt{
    position: absolute;
    z-index: 1;
    left:50%;
```

Chapter 4. 실전 웹페이지 코딩하기 | 209

```css
    top:50%;
    margin-top:-17px;
    margin-left:-68px;
    width: 136px;
    height: 35px;
    font-weight: 700;
    text-align: center;
    line-height: 35px;
    display: inline-block;
    background: #FFFFFF;
    border-radius: 20px;
    font-size: 13px;
    color: #565656;
    box-shadow: 0 2px 2px 0 rgba(0, 0, 0, 0.5);
    opacity: 0;
    transition-duration: 0.2s;
}
.recruit_items_section .recruit_item:hover .rc_img .more_bt{
    opacity: 1;
}
```

버튼에 대한 사이즈 위치를 잡아준 뒤, opacity를 0으로 해서 평소에는 안 보이다가 .recruit_item 에 hover 이벤트 발생 시 opacity가 1로 바뀌도록 해 주면 됩니다. transition-duration을 통해 불투명도가 자연스럽게 바뀌도록 해 주면 보다 자연스러운 효과를 쉽게 만들 수 있습니다.

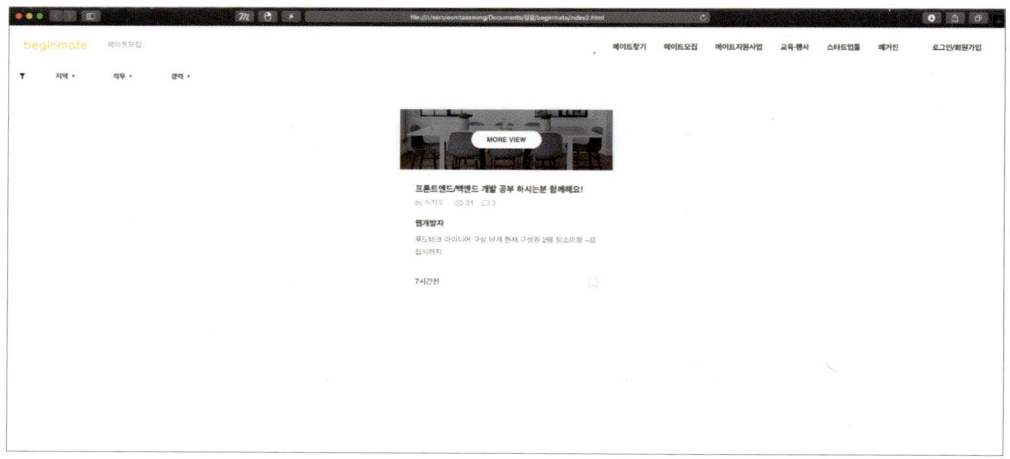

4-2-15 마우스 오버 시 버튼이 추가된 모습

```html
...
<div class="contents_wrap">
    ...
    <div class="recruit_items_section">
    <div class="recruit_item">
        <div class="rc_img" style="background-image: url('./img/photo73.png')">
            <span class="more_bt">MORE VIEW</span>
        </div>
        <div class="rc_contents">
            <div class="rc_title">프론트엔드/백엔드 개발 공부 하시는분 함께해요!</div>
            <div class="rc_subinfo">
                <span class="rc_writer">by 이지잇</span>
                <span class="rc_view"><img src="./img/ic_hit.svg"/> 21</span>
                <span class="rc_comment"><img src="./img/ic_comment.svg"/> 3</span>
            </div>
            <div class="rc_job">웹 개발자</div>
            <div class="rc_desc">푸드테크 아이디어 구상 단계 현재 구성원 2명 장소미정 ~모집시까지</div>
            <div class="rc_bottom">
                <div class="rc_time">7시간전</div>
                <div class="rc_favorite"><img src="./img/ic_bookmark.svg"/></div>
            </div>
        </div>
    </div>
    <div class="recruit_item">
        <div class="rc_img" style="background-image: url('./img/photo73.png')">
            <span class="more_bt">MORE VIEW</span>
        </div>
        <div class="rc_contents">
            <div class="rc_title">프론트엔드/백엔드 개발 공부 하시는분 함께해요!</div>
            <div class="rc_subinfo">
                <span class="rc_writer">by 이지잇</span>
                <span class="rc_view"><img src="./img/ic_hit.svg"/> 21</
```

```
        <span>
                           <span class="rc_comment"><img src="./img/ic_comment.
svg"/> 3</span>
              </div>
              <div class="rc_job">웹 개발자</div>
              <div class="rc_desc">푸드테크 아이디어 구상 단계 현재 구성
원 2명 장소미정 ~모집시까지</div>
              <div class="rc_bottom">
                    <div class="rc_time">7시간전</div>
                    <div class="rc_favorite"><img src="./img/ic_bookmark.
svg"/></div>
              </div>
         </div>
...
```

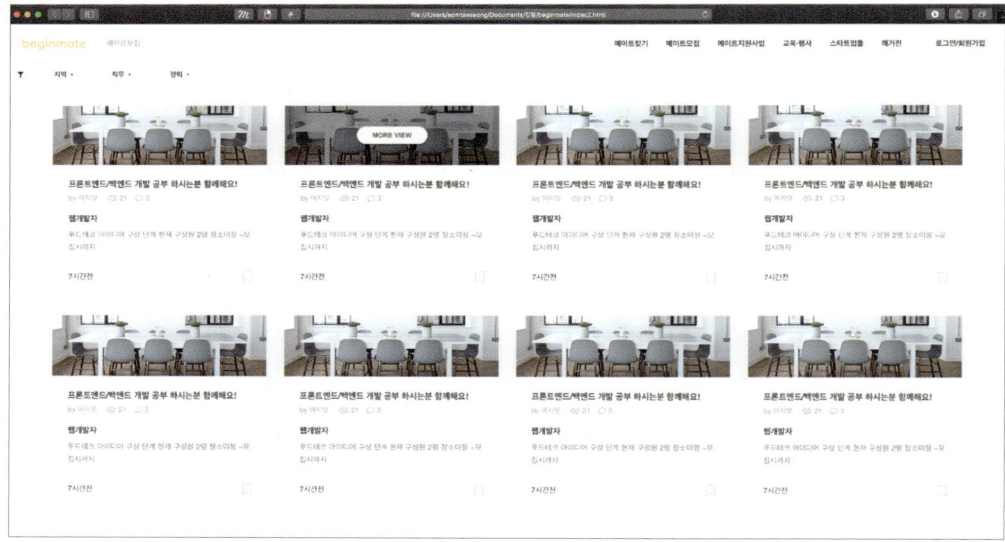

4-2-16 실제 아이템이 반복하여 들어갔을 때 모습

이제 완성되었습니다. 실제 웹페이지는 방금 만든 .recruit_item을 반복만 하면 되기 때문에 복사 붙여넣기를 통해 반복적으로 넣어 주면 위와 같이 우리가 처음 보았던 화면을 볼 수 있습니다. 실제 데이터를 넣는 작업은 프론트개발에서 하기 때문에 예시용으로 임시 글만 넣고, 실제 데이터 값을 퍼블리싱 단계에서 넣을 필요는 없습니다.

자, 여기까지 데스크톱 버전 퍼블리싱을 제작했는데 많이 어려우셨나요? 하지만 이번 섹션을 마스터하고 나면 국내 웬만한 플랫폼 디자인의 80%는 직접 퍼블리싱할 수 있습니다. 그만큼 비슷한 포맷들이 자주 쓰이기 때문에 처음엔 속도가 나지 않아 답답할 수 있지만, 조금만 익숙해지면 금방 속도가 붙으면서 페이지들을 만들어 내는 것이 가능해집니다. 그러니 조금만 인내를 가지고 반복적으로 직접 코딩을 해 보길 권장합니다.

4-2-4 모바일 반응형 퍼블리싱

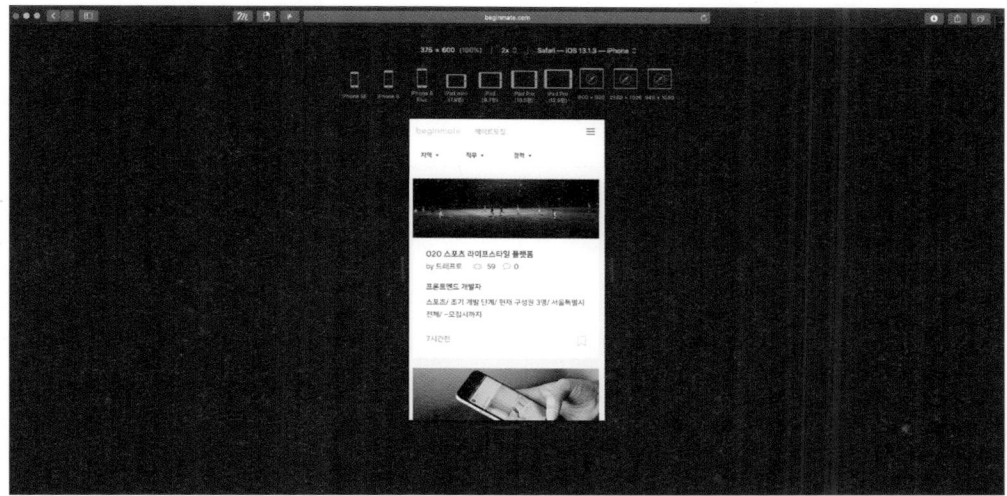

`4-2-17` 구현해야 할 실제 반응형 사이트 모습

이어서 앞 장처럼 지금까지 제작했던 페이지를 가지고 모바일 반응형을 적용해 보겠습니다. 이런 카드 형식 레이아웃은 반응형으로 적용하기 비교적 쉬운 타입이기 때문에 작업이 생각보다 많지 않고 금방 할 수 있습니다. 그러니 너무 부담 가지지 말고 하나씩 작업을 해 보도록 하겠습니다.

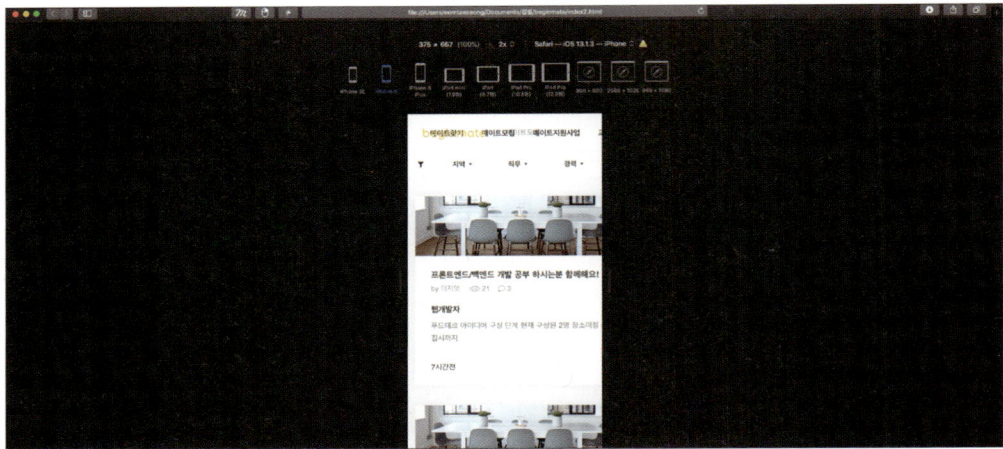

4-2-18 반응형이 적용되어 있지 않은 현재 프로젝트

현재 우리가 개발한 사이트는 모바일에서 다음과 같이 보입니다. 모바일 페이지는 대부분 메뉴 버튼을 따로 두기 때문에 우리도 현재 있는 메뉴를 감추고, 메뉴들을 활성화할 수 있는 모바일 전용 메뉴를 만들겠습니다.

```html
<head>
    <meta charset="UTF-8">
    <title>Title</title>
    <link rel="stylesheet" type="text/css" href="https://cdn.jsdelivr.net/gh/moonspam/NanumSquare@1.0/nanumsquare.css">
    <link rel="stylesheet" type="text/css" href="./common.css"/>
    <link rel="stylesheet" type="text/css" href="./mobile.css"/>
</head>
```

먼저, 모바일에 관련된 스타일을 적용하기 위해 새롭게 mobile.css 파일을 만들고 css를 헤더에 포함시켜 주겠습니다.

```css
@media only screen and (max-width: 800px) {
    .header .main_menu{
        display:none;
    }
}
```

헤더에 있는 .main_menu를 display:none 처리하면 겹쳐 보였던 메뉴를 일단 감춰줄 수 있습니다. 그리고 이 메뉴를 대체할 모바일 전용 햄버거 메뉴를 만들겠습니다.

```html
...
<div class="main_menu">
    <ul>
        <li>메이트찾기</li>
        <li>메이트모집</li>
        <li>메이트지원사업</li>
        <li>교육 · 행사</li>
        <li>스타트업툴</li>
        <li>매거진</li>
        <li class="login_menu">로그인/회원가입</li>
    </ul>
</div>
<div class="mobile_menu mobile_view">
    <img src="./img/mobile_more_bt.svg"/>
</div>
...
```

먼저 html 문서에서 mobile_menu 부분을 추가해 준 뒤, 햄버거 메뉴 이미지를 추가해 주었습니다. 그리고 이것을 pc 버전에서는 감추고 모바일에서만 보이도록 설정을 할 텐데, 보통 이렇게 모바일에서만 무언가를 보여주고 싶을 때는 다음과 같은 스타일을 만들어 두면 두고두고 쓰기 좋습니다.

```css
.mobile_view{
    display:none !important;
}
```

```css
@media only screen and (max-width: 800px) {
    ...
    .mobile_view{
        display:inherit !important;
    }
    .mobile_hidden{
        display:none !important;
    }
}
```

이렇게 모바일에서만 보여주고 싶은 요소를 해당 태그에서 class이름에 mobile_view를 붙이면 모바일에서만 보이는 태그가 됩니다. 참고로 inherit은 현재 적용되어 있는 css 속성을 지우고 그다음 순서의 css 값을 적용하겠다는 명령입니다.

또한 mobile_hidden을 사용하면 반대로 모바일에서만 숨기고 싶은 무언가가 있을 때 손쉽게 지울 수가 있습니다. 각각의 class에 display:none을 줘서 지워줘도 되지만, 이렇게 한번 설정해 놓으면 두고두고 쉽게 반응형에 대응할 수 있으니 설정해 놓고 간편하게 사용하길 바랍니다.

```css
@media only screen and (max-width: 800px) {
    ...
    .header{
        width: 100%;
        padding-top: 11px;
        border-bottom: none;
        height: 40px;
    }
    .header .logo_section{
        left: 15px;
        top: 17px;
    }
    .header .logo_section img{
        width: 84px;
    }
    .header .page_title{
        left: 110px;
        padding-left: 15px;
        font-size: 13px;
        margin-top: 6px;
    }
    .header .mobile_menu{
        position: absolute;
        right:15px;
        top:14px;
    }
}
```

헤더 부분부터 빠르게 스타일을 잡아 주겠습니다. 아주 기본적인 간격 조정과 사이즈 조정이니 별로 어려운 것은 없습니다.

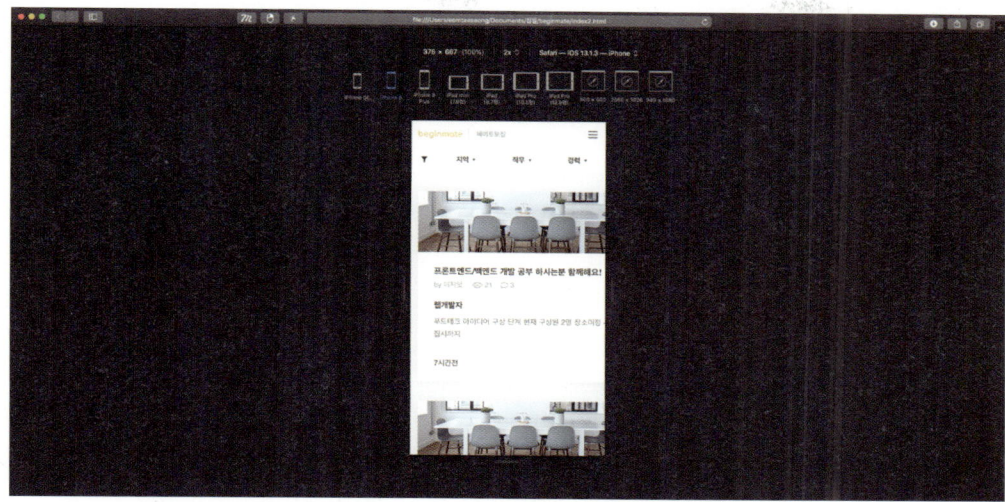

`4-2-19` 헤더 부분에 대한 반응형이 적용된 모습

```css
@media only screen and (max-width: 800px) {
    ...
    .filter_section{
        border-top: 1px solid #EFEFEF;
        height: 40px;
        z-index: 10;
    }
    .filter_section .filter_deco{
        display:none;
    }
    .filter_section .filter_item{
        font-size: 11px;
        line-height: 40px;
        width: 80px;
    }
    .filter_section .filter_item .select_box{
        top:40px;
    }
}
```

```css
.filter_section .filter_item .select_box.region_select_box{
    width:100vw;
}
.filter_section .filter_item .select_box li{
    width:80px;
}
```

계속해서 대부분 사이즈 조정을 위한 스타일들이 이어집니다. .filter_deco는 deco라는 단어처럼 장식용으로 넣은 것이지 필터를 나타내는 데에 핵심적인 정보는 아니기 때문에 모바일에서는 공간의 활용상 가려주었습니다. 또한 지역 필터 옵션을 나타내는 .region_select_box의 width에 100%가 아닌 100vw를 사용했는데, 이는 .region_select_box가 실제로 filter_item에 포함되어 있어서 100%를 입력하면 가로가 80px로 형성되기 때문입니다.

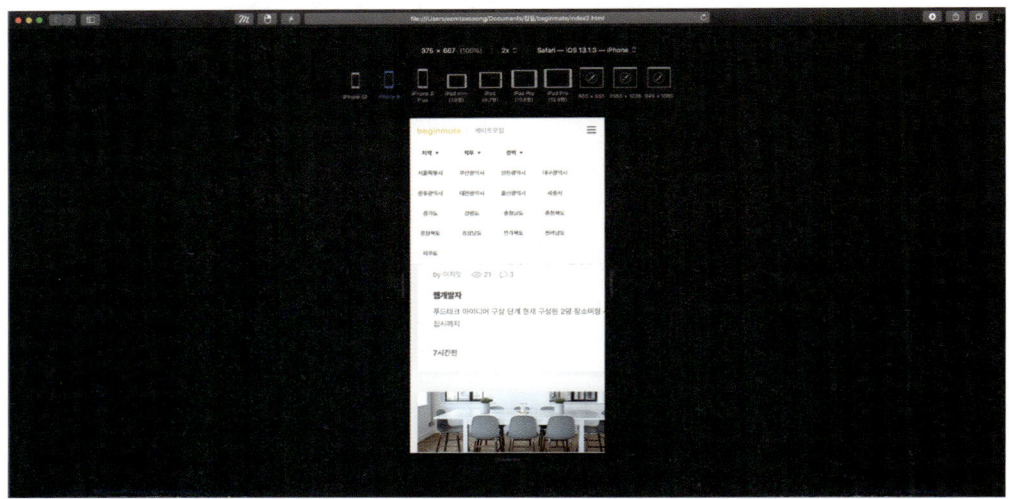

4-2-20 region_select_box가 100vw로 인해 너비가 화면 기준 100%채워진 모습

자, 이제 벌써 반 이상 구현되었습니다. 이제 나머지 모집 정보에 대해서 스타일을 설정해 주겠습니다.

```css
@media only screen and (max-width: 800px) {
    ...
    .recruit_items_section{
        padding-top: 10px;
    }
    .recruit_items_section .recruit_item{
        width: calc(100% - 20px);
        margin: 10px 0px;
        height:350px;
    }
    .recruit_items_section .recruit_item .rc_contents{
        padding:5px 20px;
    }
    .recruit_items_section .recruit_item .rc_contents .rc_title,
    .recruit_items_section .recruit_item .rc_contents .rc_job{
        font-size:15px;
        margin-top:10px;
    }
    .recruit_items_section .recruit_item .rc_contents .rc_desc{
        font-size:14px;
    }
    .recruit_items_section .recruit_item .rc_contents .rc_bottom{
        bottom:15px;
    }
    .recruit_items_section .recruit_item .rc_contents .rc_bottom .rc_time{
        left:20px;
    }
    .recruit_items_section .recruit_item .rc_contents .rc_bottom .rc_favorite{
        right:20px;
    }
}
```

코드가 조금 복잡해 보이지만, 선택자를 설정하는데 길어지는 코드들이지 실제 내용은 약간의 간격 수정을 제외하곤 어려운 것이 없습니다(때문에 sass를 이용하면 코드가 훨씬 간략해집니다). .recruit_item의 너비를 전체 100%에서 양 사이드 간격 10px씩을 주기 위해 calc를 이용해 100%에서 양 사이드 간격 20px(10px*2)을 뺀 값을 지정해 주었습니다. 나머지는 폰트 사이즈 수정, 간격에 대한 값을 조정해 주었습니다.

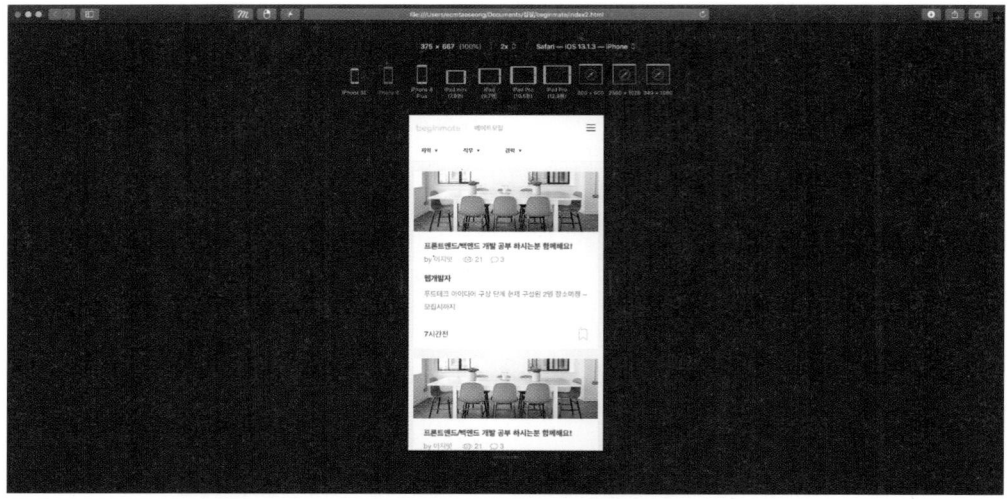

4-2-21 모든 화면에 대한 반응형이 완성된 모습

4-3 플랫폼 서비스 퍼블리싱하기 2

앞 장에 이어서 이번에는 플랫폼 서비스의 주요 페이지들을 한 페이지씩 진행해 보도록 하겠습니다. 실제 플랫폼 서비스에는 최소 30~40페이지 정도가 필요하지만, 대부분 비슷한 구성이 많으므로 이곳에서 다루는 5가지 주요 페이지를 제대로 익히고 나면 웬만한 페이지들은 다 퍼블리싱할 수 있습니다. 또한 5가지 페이지 내에서도 디자인과 레이아웃 구성만 좀 다를 뿐이지 난이도가 더 올라가는 것은 아니기 때문에 크게 부담 가질 필요는 없습니다. 퍼블리싱은 빨리 쳐내는 속도가 중요하기 때문에 비슷한 예제로 직접 많이 타이핑해서 몸에 자연스럽게 스며들 수 있도록 하는 것이 필요합니다.

4-3-1 메인페이지 퍼블리싱

4-3-1 whynotlink.co.kr 모집 프로젝트 페이지 화면

이번에 제작할 퍼블리싱 프로젝트는 최근에 수주받아 디자인 및 개발을 직접 진행했던 프로젝트입니다. 앞서 비긴메이트 사이트와 전체적인 레이아웃은 비슷하지만, 이번 프로젝트에서는 콘텐츠 부분이 화면 너비를 100% 차지하는 것이 아닌, 가로 너비가 제한되어 있습니다. 필터는 상단이 아닌 좌측으로 빠져 있고, 비긴메이트처럼 스크롤을 내리면 무한 스크롤로 콘텐츠를 계속해서 불러오는 구조를 가졌습니다.

퍼블리싱 초기 세팅

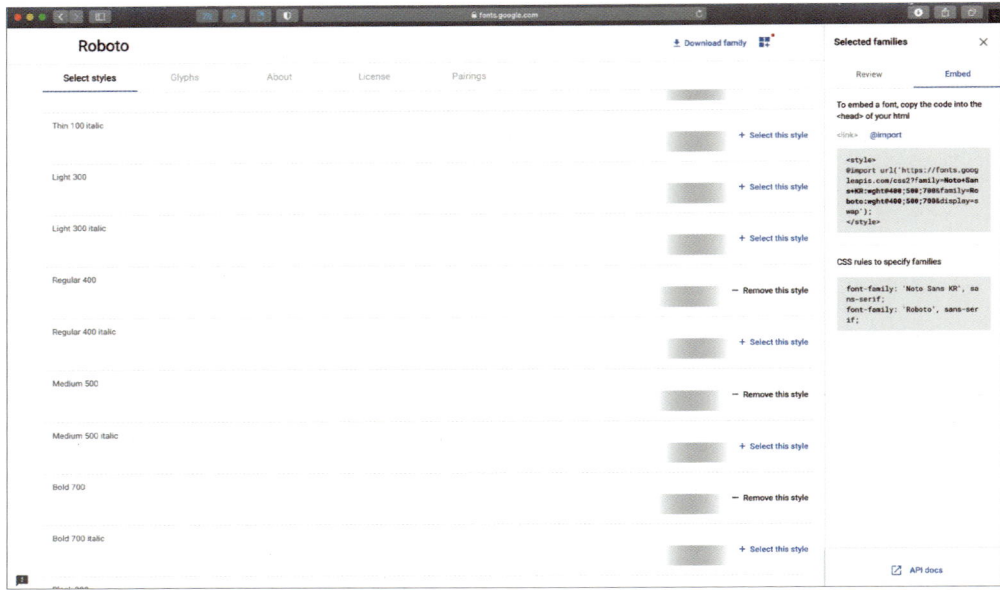

4-3-2 구글폰트에서 'Roboto' 검색결과

앞서 했던 것처럼 폰트 설치부터 먼저 하겠습니다. 기존에는 Roboto와 나눔스퀘어를 썼지만, 이 프로젝트에서는 Noto Sans를 썼습니다. 기존에는 <link> 태그를 이용해서 직접 html에 설치해 주었지만, 이번에는 @import를 이용하겠습니다. 기능상의 차이는 없지만 @import는 css 파일 안에 넣어 주어야 합니다. 폰트 관리를 css에 넣고 싶을 때 쓰면 됩니다.

```html
<head>
    <meta charset="UTF-8">
    <title>와이낫링크</title>
    <link rel="stylesheet" type="text/css" href="./common.css"/>
    <meta name="viewport" content="width=device-width, initial-scale=1.0">
</head>
```

common.css라는 파일을 만들어 주고 기본 html <head> 태그 안에 common.css 파일을 첨부해 줍니다.

```
@import url('https://fonts.googleapis.com/css2?family=Noto+Sans+KR:wght@
400;500;700&family=Roboto:wght@400;500;700&display=swap');
```

common.css 최상단에 @import로 시작하는 폰트 설치 명령어를 삽입합니다.

✓ 참고로 나눔스퀘어는 제목용으로 제작된 서체이므로 글씨가 작아질 때, 일반 해상도 모니터에서 글자가 심하게 뭉개지는 문제가 있습니다. 그렇기에 보다 안정적인 디자인을 위해서는 나눔스퀘어를 플랫폼 기본 폰트로 쓰는 것이 좋은 선택은 아닙니다.

```
@import url('https://fonts.googleapis.com/css2?family=Noto+Sans+KR:wght@
400;500;700&family=Roboto:wght@400;500;700&display=swap');

body {
    font-weight: 400;
    font-size: 14px;
    font-family: 'Roboto','Noto Sans KR',sans-serif;
    text-rendering: optimizeLegibility;
    -webkit-font-smoothing: antialiased;
    color: #181818;
    margin: 0px;
    padding: 0px;
}
ul, li {
    list-style: none;
    margin: 0px;
    padding: 0px;
}
a {
    color: #181818;
    text-decoration: none;
}
```

가장 기본적인 세팅을 합니다. 완전히 똑같아 보여도 body의 font-size나 color는 프로젝트에 따라 가장 많이 사용되는 사이즈 및 색으로 지정하면 이후 코딩 입력이 한결 편해질 수 있습니다.

- 데스크톱 퍼블리싱

```html
<body>
<div class="header">
    <div class="logo">
        <img src="/img/logo.svg"/>
    </div>
    <div class="search_section">
        <input type="text" placeholder="원하는 프로젝트를 입력해 주세요"/>
        <img src="/img/ic_search.svg"/>
    </div>
    <div class="main_menu">
        <ul>
            <li>모집프로젝트</li>
            <li>서비스소개</li>
            <li>로그인/회원가입</li>
        </ul>
    </div>
</div>
```

상단 헤더 부분부터 하나씩 구현해 보겠습니다. 먼저 화면을 보면 헤더는 크게 로고, 검색, 메인 메뉴 이렇게 세 가지로 구분되는데, 때문에 div도 똑같이 3개로 나눠서 작성하면 됩니다.

```css
.header {
    height: 80px;
    background: #FFFFFF;
    box-shadow: 0 2px 15px 0 rgba(224, 224, 224, 0.5);
    position: relative;
    z-index: 11;
    display: flex;
    justify-content: center;
    align-items: center;
}
.header .logo {
```

```css
    position: absolute;
    left: 60px;
    top: 30px;
    width: 89px;
}
.header .logo img {
    width: 100%;
}
.header .search_section {
    width: 330px;
    height: 40px;
    background-color: #F3F3F6;
    border-radius: 6px;
    position: relative;
}
.header .search_section img {
    position: absolute;
    right: 15px;
    top: 8px;
}
.header .search_section input {
    border: none;
    width: 90%;
    height: 38px;
    background-color: transparent;
    padding-left: 18px;
    font-size: 14px;
    box-sizing: border-box;
}
```

우선, 로고와 검색 부분 스타일부터 잡겠습니다. 디자인을 자세히 보면 알 수 있듯이 전체적으로 각 오브젝트에 약간의 그림자가 들어가 있습니다. 이를 구현하기 위해서 box-shadow로 약간의 입체감을 주고 flex속성을 통해서 검색 부분이 수직수평으로 가운데에 오도록 설정했습니다. 검색 부분은 단순히 input만으로 구성된 것이 아닌, .search_section이라는 div로 감싸고 그 안에 input을 넣었기 때문에 감싼 div에는 스타일을 지정해 주지만, 그 안의 input태그는 최대한 스타일이 안 보이도록 테두리와 배경색을 제거했습니다. 또한 우측에 아이콘 영역이 있는 것을 생각해 너비를 100%가 아닌 90%로 설정했습니다.

```css
...
.header .search_section input {
    border: none;
    width: 90%;
    height: 38px;
    background-color: transparent;
    padding-left: 18px;
    font-size: 14px;
    box-sizing: border-box;
}
.header .main_menu {
    position: absolute;
    top: 30px;
    right: 60px;
}
.header .main_menu ul li {
    font-size: 15px;
    font-weight: 700;
    margin-left: 45px;
    display: inline-block;
    cursor: pointer;
}
```

다음으로 메인 메뉴 역시 position과 margin을 이용해서 적절한 위치를 잡아줍니다. 메인 메뉴는 우측을 기준으로 반응되어야 하므로 right속성을 사용해서 간격을 주었습니다.

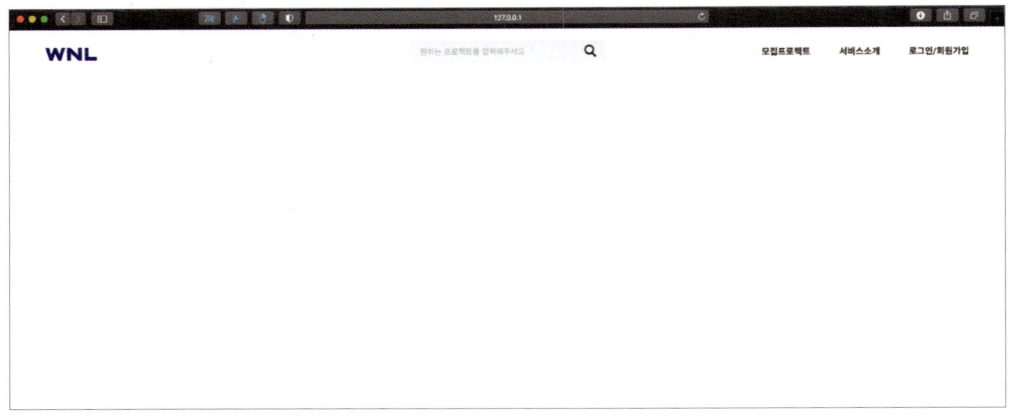

4-3-3 헤더 부분 스타일 완성

이제 헤더 부분이 완성되었으니 본문 내용을 그려 보기 위해 먼저 우리가 만들고자 하는 이미지 4-3-4 화면을 다시 보겠습니다.

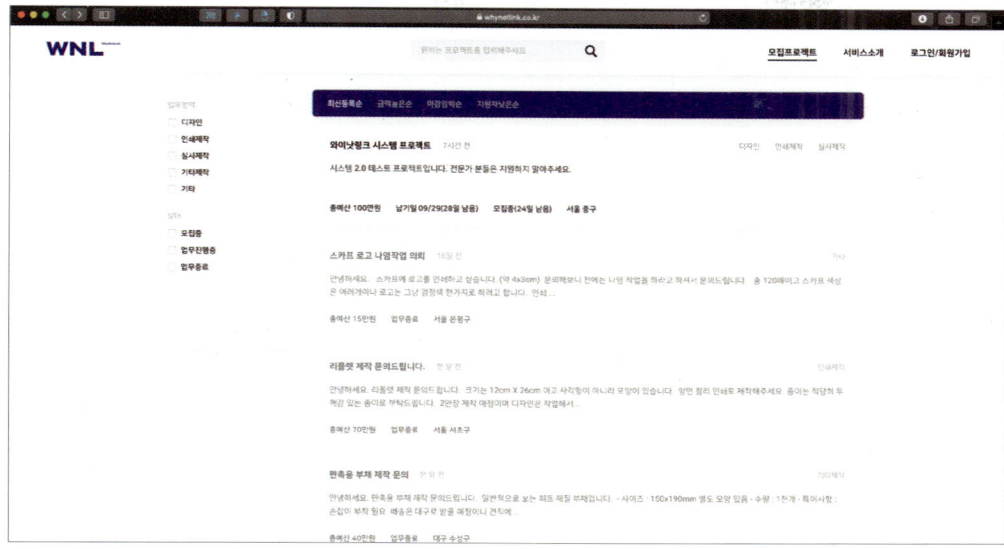

4-3-4 whynotlink.co.kr 모집 프로젝트 페이지 화면

본문은 크게 필터를 설정할 수 있는 왼쪽의 카테고리 영역, 오른쪽에는 상단에 조회순서 기준을 정하는 필터 영역과 실제 콘텐츠 내용들이 나오도록 구성되어 있습니다.

```
<div class="contents_wrap">
    <div class="recruit_section">
        <div class="cate_section">
            <div class="cate_title">업무영역</div>
            <div class="cate_items">
                <div class="cate_item"><input type="checkbox"/> 디자인</div>
                <div class="cate_item"><input type="checkbox"/> 인쇄제작</div>
                <div class="cate_item"><input type="checkbox"/> 기타제작</div>
                <div class="cate_item"><input type="checkbox"/> 행사</div>
```

```html
            <div class="cate_item"><input type="checkbox"/> 기타</div>
        </div>
        <div class="cate_title">상태</div>
        <div class="cate_items">
            <div class="cate_item"><input type="checkbox"/> 전문가 모집중</div>
            <div class="cate_item"><input type="checkbox"/> 업무 진행중</div>
            <div class="cate_item"><input type="checkbox"/> 업무 종료</div>
        </div>
    </div>
    <div class="recruit_items">
    </div>
  </div>
</div>
```

먼저, 본문 영역을 헤더와 구분시켜 주기 위해 .contents_wrap이라는 div로 최상단을 만들어 주고 너비를 고정으로 제한시키기 위해서 .recruit_section으로 한 번 더 div를 만들어 줍니다. 그 안에는 앞에서 말했던 것처럼 크게 왼쪽 사이드 필터 영역, 오른쪽 콘텐츠(조회순서 기준 포함)로 div 구조를 나눠주면 됩니다.

실제 위에서는 간단한 구조처럼 설명했지만, 막상 태그를 보면 약간 과할 정도로 다양한 div가 겹겹이 되어 있는 것을 볼 수 있습니다. 조금은 복잡하게 보일 수는 있겠지만, 이런 식으로 겹겹이 해두어야 추후에 css를 적용할 때 비교적 쉽게 적용할 수가 있습니다.

```css
.contents_wrap {
    position: relative;
    z-index: 10;
    background-color: #fafafa;
    padding: 30px 0px 80px;
}
.contents_wrap .recruit_section {
    display: flex;
```

```css
    max-width: 1200px;
    margin: 0px auto;
}
.contents_wrap .recruit_section .cate_section {
    width: 240px;
    background-color: #fff;
    box-shadow: 0 3px 15px 0 rgba(230, 230, 230, 0.5);
    border-radius: 6px;
    margin-right: 30px;
    padding: 20px 25px;
    height: 450px;
    box-sizing: border-box;
}
.contents_wrap .recruit_section .cate_section .cate_title {
    font-size: 13px;
    color: #989898;
}
.contents_wrap .recruit_section .cate_section .cate_items {
    margin-top: 15px;
    margin-bottom: 30px;
}
.contents_wrap .recruit_section .cate_section .cate_items .cate_item {
    font-size: 13px;
    font-weight: 500;
    margin-bottom: 12px;
}
```

먼저, 본문 가장 위의 .contents_wrap에는 배경색과 padding 값을 적용시켜 줍니다. 그다음 .recruit_seciton에 width가 아닌 max-width로 최대 너비를 1200px로 설정합니다. width로 해도 되지만 max-width로 설정할 시, 모니터가 1200px보다 작은 경우 너비가 100%로 자동변환되므로 width보다는 max-width를 사용하는 것이 좋습니다. 좌측 필터 영역과 우측 영역을 나누기 위해서 display는 flex로 설정해두었습니다. .cate_section에 box-shadow를 주어서 그림자를 통해 입체적으로 보이도록 스타일을 주었습니다.

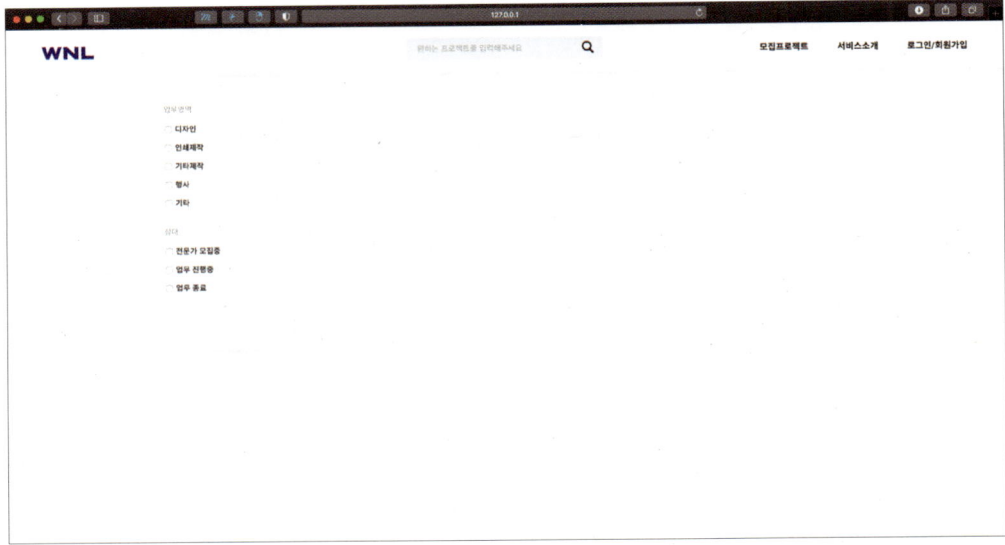

4-3-5 결과화면

다음은 우측 상단 조회순서 기준 필터(파란 부분)를 빠르게 구현해 보도록 하겠습니다.

```
<div class="recruit_items">
    <div class="order_section">
        <ul>
            <li class="active">최신등록순</li>
            <li>금액높은순</li>
            <li>마감임박순</li>
            <li>지원자낮은순</li>
        </ul>
    </div>
</div>
```

현재 활성화되어 있는 기준과 비활성화되어 있는 기준을 나누기 위해서 .active라는 class를 추가해 줍니다.

```css
.contents_wrap .recruit_section .recruit_items .order_section {
    background: #2F2F96;
    box-shadow: 0 3px 15px 0 rgba(230, 230, 230, 0.5);
    border-radius: 6px;
    padding: 0px 25px;
    line-height: 45px;
    height: 47px;
    box-sizing: border-box;
    margin-bottom: 15px;
}
.contents_wrap .recruit_section .recruit_items .order_section ul li {
    display: inline-block;
    font-size: 13px;
    color: #B8B8B8;
    margin-right: 25px;
    font-weight: 500;
    cursor: pointer;
}
.contents_wrap .recruit_section .recruit_items .order_section ul li.active {
    color: #fff;
}
```

.order_section 역시 그림자를 추가해 주고 line-height를 통해 버튼들을 수평으로 가운데에 맞췄습니다(flex를 이용하는 것도 좋지만, line-height는 처리해야 할 코드양이 줄어들기 때문에 보다 가볍게 사용하기 좋습니다).

기본 버튼 글씨 색상은 흰색이 아닌 약간의 어두운 회색(#b8b8b8)으로 주고 .active가 붙은 class인 경우에만 색을 흰색으로 지정하여 활성화된 버튼과 비활성화된 버튼이 구분되도록 합니다.

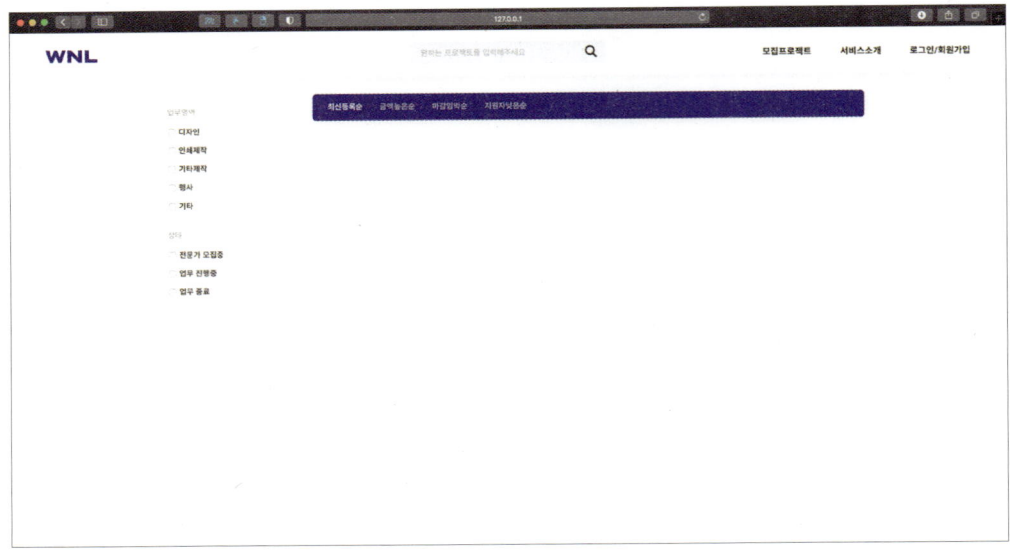

4-3-6 결과화면

마지막으로 콘텐츠 부분에 대해서 출력하도록 하겠습니다. 페이지에서 가장 많은 공간을 차지하는 부분이지만 반복되기 때문에 생각보다 양이 많거나 그리 어렵지는 않습니다.

```html
<div class="recruit_items">
    <div class="order_section">
        <ul>
            <li class="active">최신등록순</li>
            <li>금액높은순</li>
            <li>마감임박순</li>
            <li>지원자낮은순</li>
        </ul>
    </div>
    <div class="recruit_item">
        <div class="rc_title">매장 비치용 우드락 POP 제작 요청 <span class="rc_time">3시간전</span></div>
        <div class="rc_cate">
            <ul>
                <li>디자인</li>
                <li>인쇄제작</li>
```

```html
            </ul>
        </div>
        <div class="rc_contents">안녕하세요. 시즌 상품 홍보를 위한 스탠
드형 A4(우드락) POP 제작 의뢰 드립니다. </div>
        <div class="rc_option">
            <ul>
                <li>총예산   250만원</li>
                <li>납기일 07/24(24일 남음)</li>
                <li>모집중 07/12(14일 남음)</li>
                <li>경기도 파주시</li>
            </ul>
        </div>
    </div>
</div>
```

.recruit_item이라는 하나의 콘텐츠는 제목(rc_title), 분류(rc_cate), 내용(rc_contents), 세부정보(rc_option)로 구성되어 있습니다. 각각은 div로 구성하고 안에서 나열되는 부분은 ul li 태그를 사용합니다. 또한 안에서 옵셔널하게 사용할 콘텐츠의 경우 <span> 태그를 사용해 주었습니다. 참고로 div는 기본속성이 너비 100%이기 때문에 span을 사용합니다.

```css
.contents_wrap .recruit_section .recruit_items .recruit_item {
    background: #FFFFFF;
    box-shadow: 0 3px 15px 0 rgba(230, 230, 230, 0.5);
    border-radius: 6px;
    padding: 25px 30px;
    box-sizing: border-box;
    margin-bottom: 15px;
    position: relative;
}
.contents_wrap .recruit_section .recruit_items .recruit_item .rc_title {
    font-size: 15px;
    font-weight: 700;
}
.contents_wrap .recruit_section .recruit_items .recruit_item .rc_title
.rc_time {
```

```css
    font-size: 13px;
    color: #989898;
    font-weight: 500;
    margin-left: 17px;
}
.contents_wrap .recruit_section .recruit_items .recruit_item .rc_cate {
    position: absolute;
    right: 30px;
    top: 25px;
    font-size: 13px;
    color: #989898;
    font-weight: 500;
}
.contents_wrap .recruit_section .recruit_items .recruit_item .rc_cate ul li {
    display: inline-block;
    margin-left: 25px;
}
.contents_wrap .recruit_section .recruit_items .recruit_item .rc_contents {
    font-size: 14px;
    margin-top: 20px;
    height: 50px;
}
.contents_wrap .recruit_section .recruit_items .recruit_item .rc_option ul li {
    display: inline-block;
    font-size: 13px;
    font-weight: 500;
    margin-right: 25px;
}
```

.recruit_item 역시 box-shadow로 그림자를 주고, padding을 통해 전체 여백에 대한 위치를 잡습니다. 다른 요소들은 대부분 상호 간의 간격만 조절해 주면 되지만, .rc_cate는 우측 상단에 배열시켜야 하므로 position:absolute를 통해서 우측 상단에 고정시켜 줍니다. 이를 위해서는 부모 div인 .reccruit_item에 position:relative 값을 주어야 하는 것도 주의해야 합니다.

4-3-7 결과화면

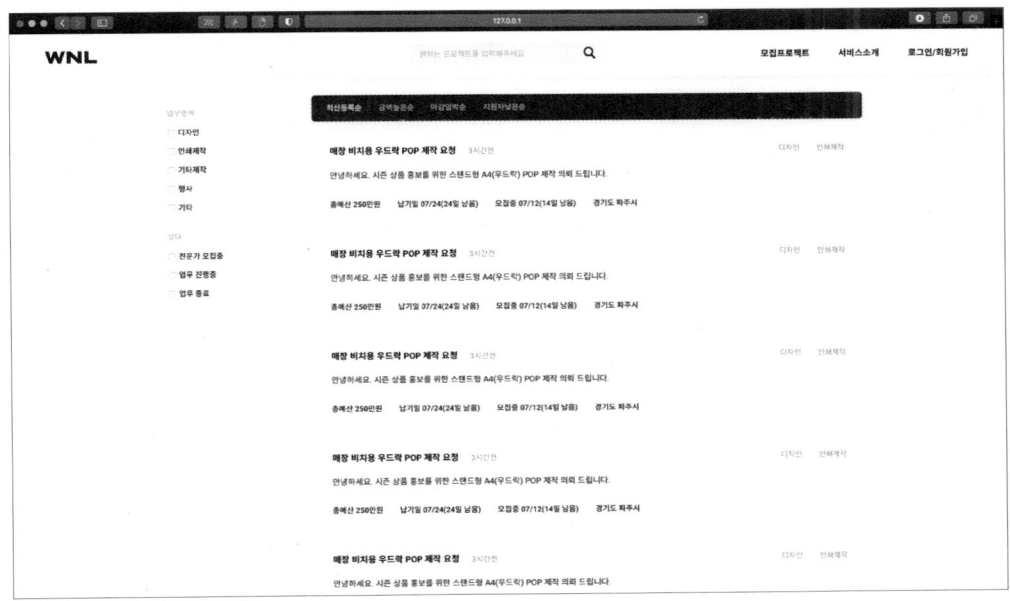

4-3-8 .recruit_item을 여러 번 복사 붙여넣기했을 때 모습

- 모바일 반응형 퍼블리싱

앞에서 했던 것처럼 이번에도 반응형으로 모바일 페이지를 만들 예정입니다. 앞에서 했던 것과 비슷한 패턴이기는 하나, 구조상 모바일용을 위한 UI를 따로 제작해야 하는 부분이 있으므로 앞에서 했던 것보다 조금 어려울 수는 있습니다. 하지만 어려운 만큼 반응형을 고려한 UX/UI를 그릴 때, 알아두면 보다 큰 도움이 되는 부분이기 때문에 이 장은 꼭 제대로 마스터하길 권장합니다.

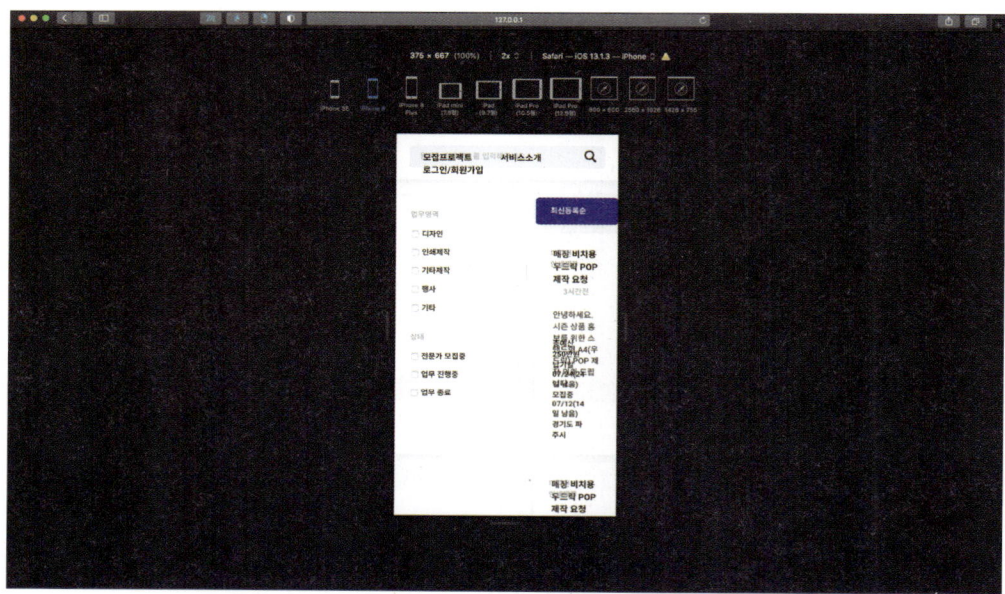

4-3-9 사파리에서 반응형 모드로 사이트를 본 모습

크롬이나 사파리에서 반응형 모드로 앞에서 만든 페이지에 접속하면 이미지 4-3-9와 같은 화면이 나옵니다. 딱 봐도 정리해야 할 것들이 많이 보입니다. 우선, 헤더가 모바일로 넘어오면서 상당히 좁아보이기 때문에 메뉴를 가리고 햄버거 메뉴로 대체하겠습니다. 또한 필터가 왼쪽에 있던 것을 모바일에서는 가려져 있다가 헤더 메뉴처럼 클릭 시 보이도록 만들어 주겠습니다.

```html
<div class="header">
    <div class="logo">
        <img src="/img/logo.svg"/>
    </div>
    <div class="search_section">
        <input type="text" placeholder="원하는 프로젝트를 입력해 주세요"/>
        <img src="/img/ic_search.svg"/>
    </div>
    <div class="main_menu">
        <ul>
            <li>모집프로젝트</li>
            <li>서비스소개</li>
            <li>로그인/회원가입</li>
        </ul>
    </div>
    <div class="mobile_menu_bt">
        <div class="mm_m mm1"></div>
        <div class="mm_m mm2"></div>
        <div class="mm_m mm3"></div>
    </div>
</div>
```

우선, header에 햄버거 메뉴를 추가하기위해 mobile_menu_bt이라는 div 태그를 추가하겠습니다. 햄버거 메뉴는 그림(png,svg)으로 넣는 경우도 많지만, 여기에서는 메뉴가 활성화될 시 x모양으로 바뀌는 애니메이션을 만들기 위해서 그림이 아닌 스타일로 모양을 잡아 주겠습니다.

```css
@media only screen and (max-width: 1200px) {
    .header > .search_section {
        display: none;
    }
    .header > .main_menu {
        display: none;
    }
    .contents_wrap .recruit_section .cate_section{
        display:none
    }
}
```

```
<head>
    <meta charset="UTF-8">
    <title>와이낫링크</title>
    <link rel="stylesheet" type="text/css" href="./common.css"/>
    <link rel="stylesheet" type="text/css" href="./mobile.css"/>
    <meta name="viewport" content="width=device-width, initial-scale=1.0">
</head>
```

mobile.css라는 스타일 파일을 만들고, html 헤더에 mobile.css를 추가합니다.

mobile.css에는 media 쿼리를 통해 반응형을 처리해 주고(여기서는 1200px 이하로는 전부 모바일(태블릿 포함)이라고 가정하기 위해 기준을 1200px로 설정했습니다), 일단 눈에 거슬리는 것들을 크게 display:none을 통해 지워주겠습니다.

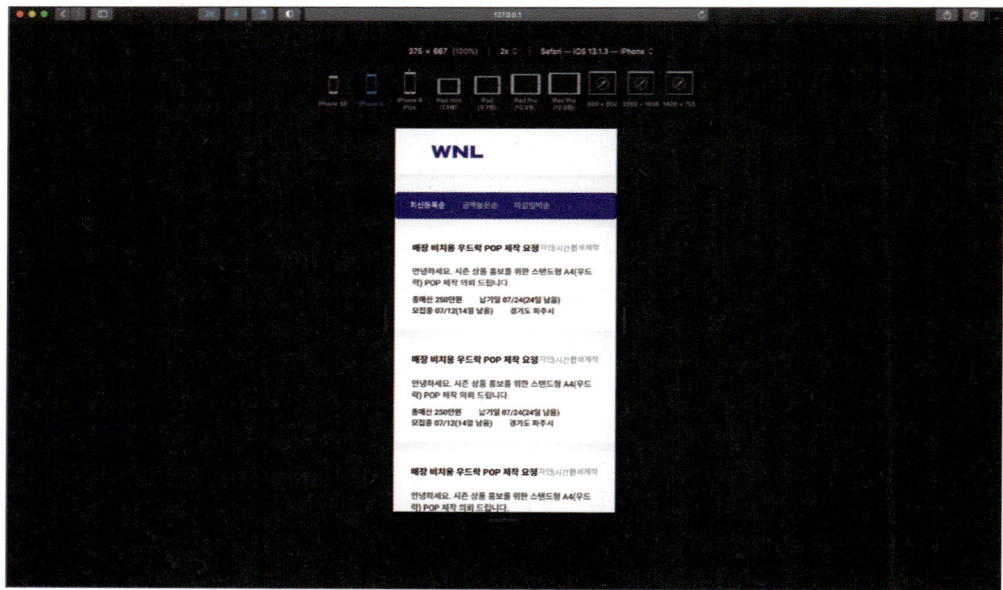

4-3-10 결과화면

헤더에 겹쳐 보이는 메뉴와 왼쪽 필터만 제거해 주었는데도 한결 나아진 느낌입니다. 이제부터는 하나씩 스타일을 추가하여 디테일을 만들겠습니다.

```css
@media only screen and (max-width: 1200px) {
    ...

    .header {
        height: 56px;
        position: fixed;
        top: 0px;
        width: 100%;
    }
    .header .logo {
        left: 20px;
        top: 20px;
        z-index: 50;
    }
    .header .logo img {
        width: 68px;
    }
    .contents_wrap {
        padding: 66px 0px 40px;
    }
}
```

우선, header의 사이즈를 조정하고 position을 fixed로 주어 항상 상단에 고정되도록 바꾸겠습니다. 로고의 사이즈와 위치도 줄어든 header 사이즈에 맞게 적당히 줄여줍니다. header를 fixed로 주면 header가 차지하던 공간이 겹쳐지기 때문에 contents_wrap에 그만큼 padding 값을 주어서 겹치지 않도록 여백을 주어야 합니다.

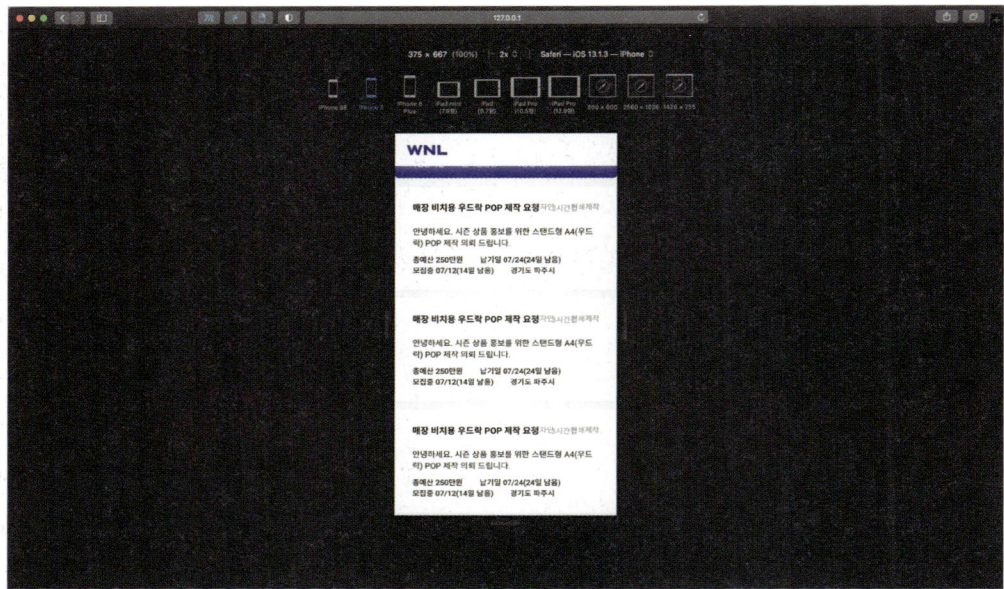

4-3-11 header와 contents-wrap 영역이 겹쳐진 상태

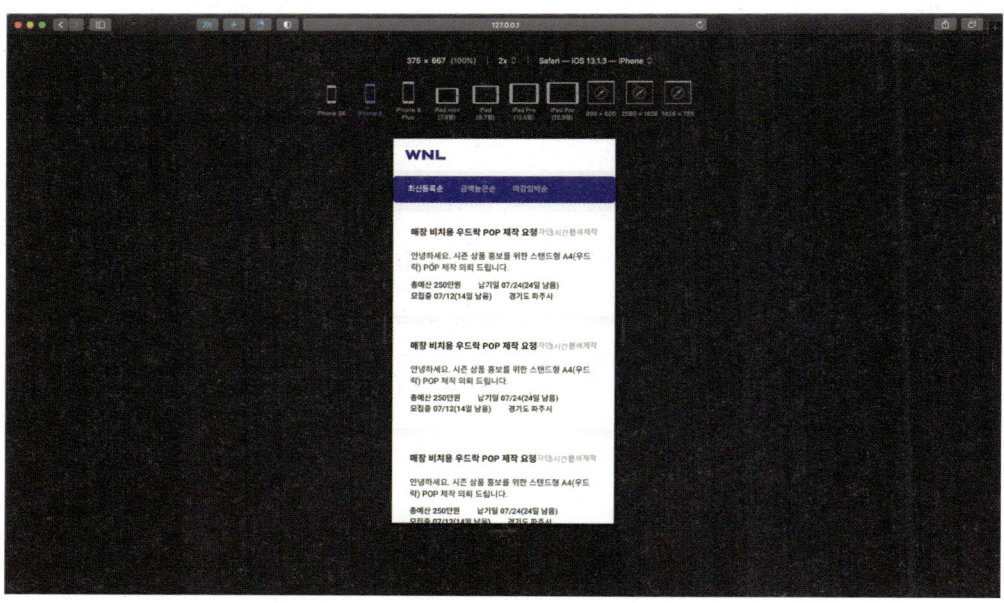

4-3-12 padding을 통해 위치를 재조정해 준 결과

```css
...
.contents_wrap {
    padding: 66px 0px 40px;
}
.header .mobile_menu_bt {
    position: fixed;
    right: 20px;
    top: 20px;
    width: 19px;
    z-index: 50;
}
.header .mobile_menu_bt .mm_m {
    width: 100%;
    height: 1.5px;
    background-color: #181818;
    border-radius: 1px;
    position: absolute;
}
.header .mobile_menu_bt .mm1 {
    top: 0px;
}
.header .mobile_menu_bt .mm2 {
    top: 6px;
}
.header .mobile_menu_bt .mm3 {
    top: 12px;
}
```

적당한 사이즈를 잡고 네모난 사각형 세 개를 그려주기 위해서 각각의 .mm_m에 배경색과 세로 길이를 잡아줍니다. 단순하게 magin-bottom으로 세 개의 div의 위치를 잡아도 되지만 absolute를 준 이유는 이후에 ×모양으로 바뀌는 애니메이션을 만들 때 보다 쉽게 하기 위해서입니다. 각각의 top 값을 통해 햄버거 메뉴의 적당한 사이즈와 간격을 맞춰줍니다.

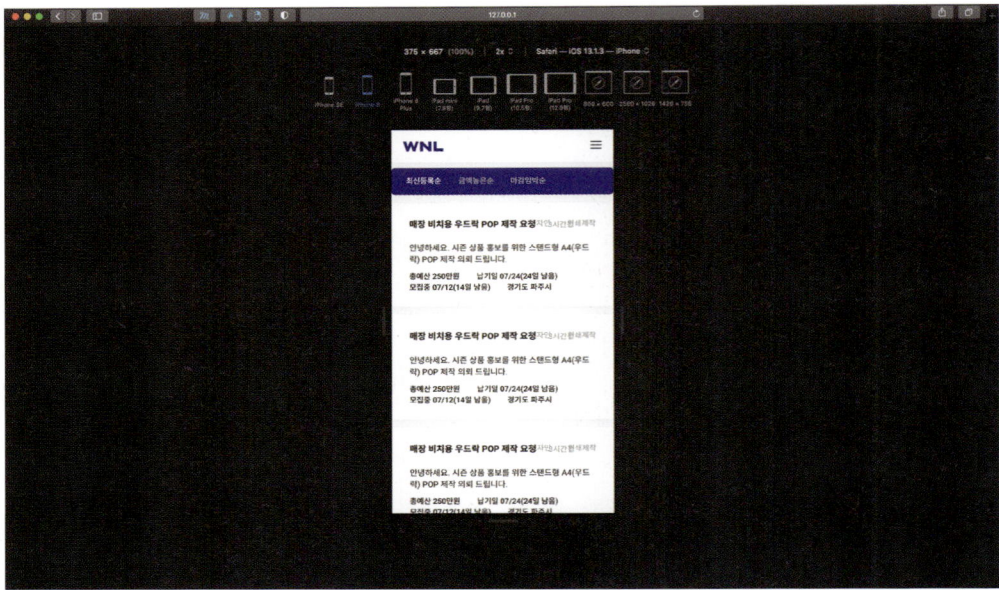

4-3-13 png나 svg 이미지를 사용하지 않고 햄버거 메뉴를 만들어 준 모습

이제는 햄버거 메뉴를 클릭했을 때 모바일 전용 메뉴가 활성화되도록 구현할 것입니다. 실제 클릭해서 반응하도록 구현하는 것은 프론트개발의 영역이므로 작동은 안 하겠지만, 클릭했을 때 어떠한 모습이 나오도록 하는 것은 퍼블리싱 단계에서 개발해야 합니다. 따라서 우선 화면만 화면만 만들어둔 뒤 해당 부분을 숨겨주도록 하겠습니다.

```html
<div class="header">
    ...
    <div class="mobile_menu_bt">
        <div class="mm_m mm1"></div>
        <div class="mm_m mm2"></div>
        <div class="mm_m mm3"></div>
    </div>
    <div class="mobile_menu">
        <div class="search_section">
            <input type="text" placeholder="원하는 프로젝트를 입력해 주세요"/>
            <img src="/img/ic_search.svg" />
        </div>
        <div class="main_menu">
```

```html
            <ul>
                    <li>모집프로젝트</li>
                    <li>프로젝트등록</li>
                    <li>서비스소개</li>
                    <li>로그인/회원가입</li>
            </ul>
        </div>
    </div>
```

모바일 메뉴는 메인 메뉴와 구조가 바뀌는 게 많기 때문에 새롭게 모바일 전용 메뉴(.mobile_menu)를 먼저 추가해 주겠습니다.

```css
.header .mobile_menu {
    position: fixed;
    z-index: 10;
    top: 0px;
    width: 100%;
    bottom: 0px;
    left: 0px;
    background-color: #fff;
    padding: 70px 20px 0px;
    box-sizing: border-box;
}
.header .mobile_menu .search_section {
    width: 100%;
}
.header .mobile_menu .search_section input {
    font-size: 13px;
}
.header .mobile_menu .main_menu {
    position: relative;
    right: initial;
    top: initial;
    margin-top: 40px;
    margin-left: 0px;
}
.header .mobile_menu .main_menu ul li {
    display: block;
    margin-bottom: 25px;
    margin-left:20px;
}
```

모바일 메뉴가 활성화되면 전체 영역을 먼저 채우기 위해서 position:fixed와 top, width, left:bottom 값을 통해 전체가 꽉 차도록 위치와 사이즈를 잡아줍니다. 데스크톱용으로 사용된 메뉴(.main_menu)와 모바일 영역(.moble_menu)에서 쓰이는 .main_menu가 class 이름이 동일하게 사용되므로 중복되는 스타일이 있을 수 있습니다(폰트 굵기나 기타 스타일을 위해서 일부러 같은 class 이름을 사용했지만, 이름이 중복되게 하지 않는 것도 좋은 방법입니다). 때문에 데스크톱용에서 스타일을 위해 적용되었지만, 모바일에서 필요 없는 부분을 덮어쓰기로 지워주는 것이 중요합니다.

또한 모바일 메뉴는 데스크톱에서 보여서는 안되므로, common.css의 mobile_menu 부분을 display:none으로 설정해야 합니다.

```
.header .mobile_menu{
    display:none
}
```

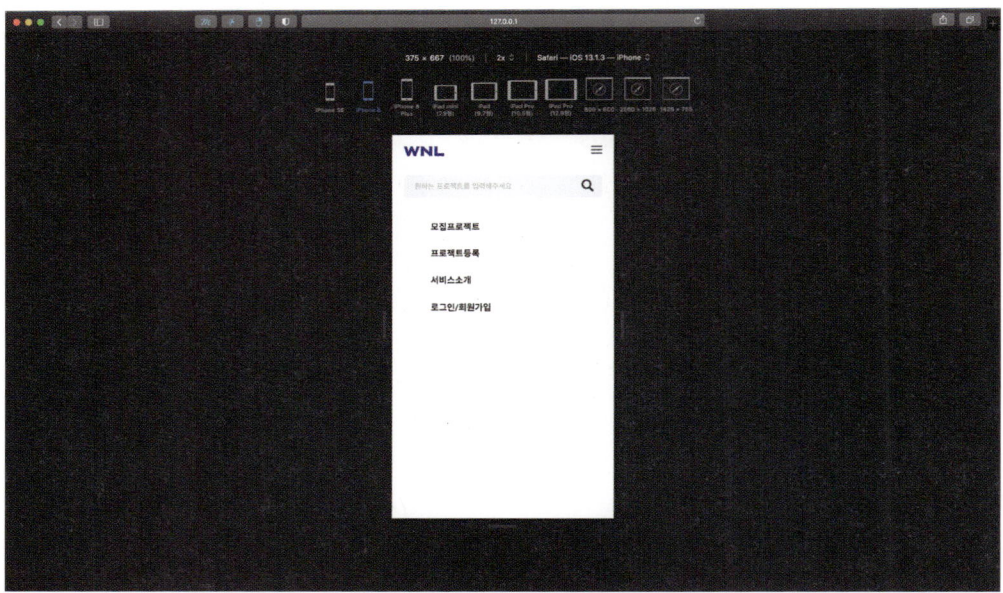

4-3-14 결과화면

.header .mobile_menu .main_menu ul li에 margin-left를 설정하지 않으면 기존의 margin-left:45px 값이 적용됩니다.

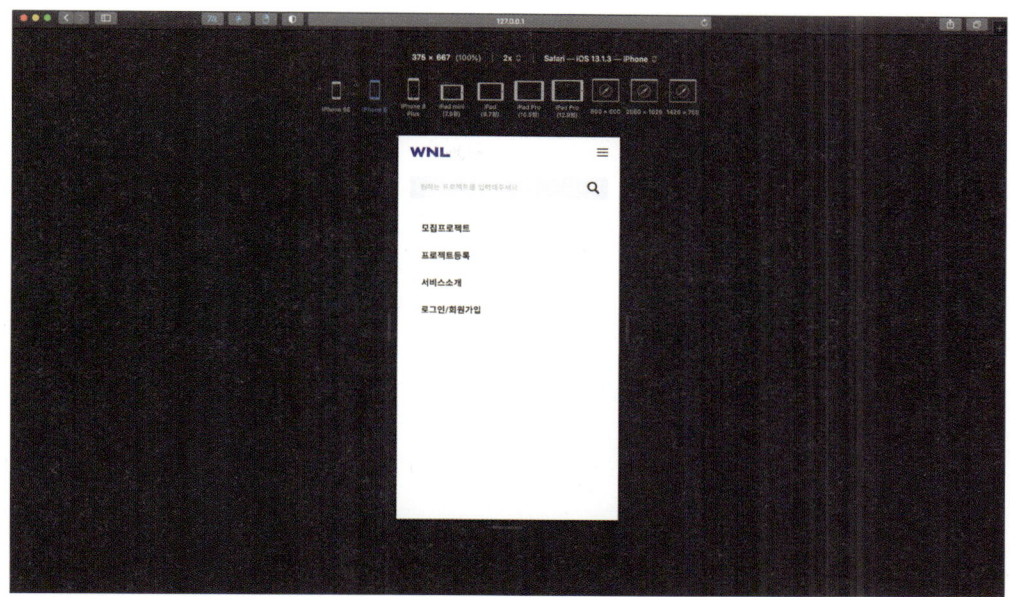

4-3-15 .header .mobile_menu .main_menu ul li에 margin-left:20px로 스타일을 덮어 준 모습

```css
.header .mobile_menu_bt .mm_m {
    width: 100%;
    height: 1.5px;
    background-color: #181818;
    border-radius: 1px;
    position: absolute;
    transition-duration: 0.2s;
}
...
.header .mobile_menu_bt.active .mm1 {
    transform: translateY(6px) rotateZ(45deg);
}
.header .mobile_menu_bt.active .mm2 {
    transform: scaleX(0);
}
.header .mobile_menu_bt.active .mm3 {
    transform: translateY(-6px) rotateZ(-45deg);
}
```

이번에는 모바일 메뉴가 활성화됐을 시 우측 상단의 햄버거 메뉴를 가운데로 오게 설정하겠습니다. 우선, 자연스럽게 변화될 수 있도록 mm_m에 transition_duration:0.2s 속성을 추가해 줍니다.

그리고 .mobile_menu_bt에 .active class가 추가된다는 가정하에(active class 추가는 실제로 프론트에서 작업됩니다) active가 적용됐을 시 가장 상단 네모(.mm1)부터 중간 네모, 마지막 네모의 사이즈와 위치를 바꿔주면 됩니다. 보시면 알 수 있듯이 코드가 그렇게 복잡하지는 않습니다. ×모양을 만들기 위해서는 네모가 두 개에서 세 개만 있으면 되므로 가운데에 있던 네모는 scaleX에 0 값을 주어서 사라지도록 하겠습니다. 그다음 첫 번째 네모와 마지막 네모를 45도 회전시킬 것인데, 그냥 회전시키면 그 자리에서 회전이 되므로 ×모양이 만들어지지 않습니다. 이를 translateY를 통해 가운데로 위치시켜준 뒤, rotateZ를 통해 각각 반대로 엇갈리게 회전하면 완성됩니다.

```
<div class="header">
    ...
    <div class="mobile_menu_bt active">
        <div class="mm_m mm1"></div>
        <div class="mm_m mm2"></div>
        <div class="mm_m mm3"></div>
    </div>
</div>
```

.mobile_menu_bt에 active class를 추가해 보겠습니다.

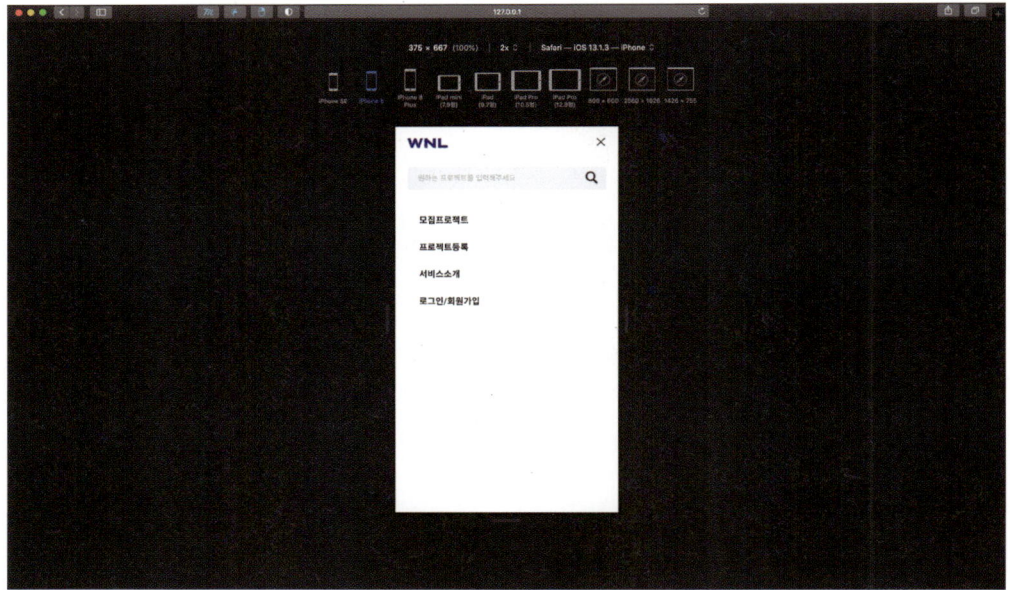

4-3-16 ×모양으로 변한 모바일 메뉴

갑자기 자주 안 쓰던 속성들이 마구 나와서 처음에는 조금 어렵게 느껴질 수도 있습니다. 하지만 transform속성을 조금만 알면 이후에도 사이트를 좀 더 풍부하게 만들어 줄 수 있으니 조금 어렵다 하더라도 꼭 여러 번 학습해서 숙지하기를 권장합니다.

자, 이제 다음 작업을 위해서 mobile_menu는 일단 display:none으로 숨기고 mobile_menu_bt에 active class를 추가했던 것도 다시 빼주겠습니다.

```html
...
<div class="mobile_menu_bt">
    <div class="mm_m mm1"></div>
    <div class="mm_m mm2"></div>
    <div class="mm_m mm3"></div>
</div>
<div class="mobile_menu" style="display:none">
    <div class="search_section">
        <input type="text" placeholder="원하는 프로젝트를 입력해 주세요"/>
        <img src="/img/ic_search.svg" />
    </div>
    <div class="main_menu">
        <ul>
            <li>모집프로젝트</li>
            <li>프로젝트등록</li>
            <li>서비스소개</li>
            <li>로그인/회원가입</li>
        </ul>
    </div>
</div>
```

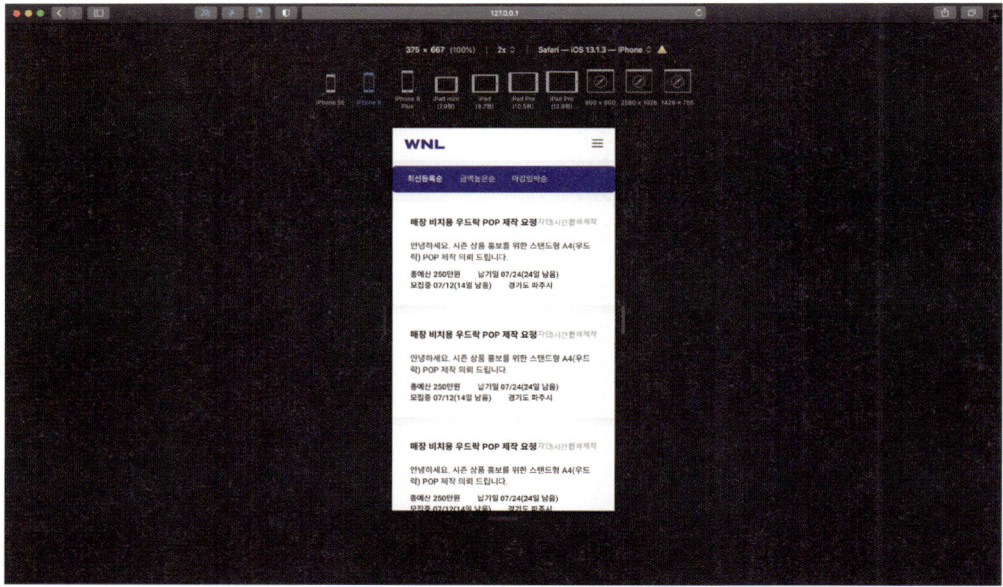

4-3-17 .mobile_menu가 display:none 때문에 가려진 모습

자, 이제 본문에 있는 필터 부분을 모바일에 맞춰서 만들겠습니다. 우선, 데스크톱 버전에서 왼쪽에 있던 필터를 가렸기 때문에 어딘가 그 부분을 다시 펼쳐볼 수 있는 메뉴가 필요합니다. 또한 현재 콘텐츠 순서 기준 버튼들을 셀렉트 태그로 바꿔서 좀 더 공간을 줄여보도록 해 보겠습니다.

```
...
<div class="recruit_section">
    <div class="mobile_filter_section">
        <div>필터보기</div>
        <div class="select_order">
            <select>
                <option>최신등록순</option>
                <option>금액높은순</option>
                <option>마감임박순</option>
                <option >지원자낮은순</option>
            </select>
        </div>
    </div>
    <div class="cate_section">
```

```html
<div class="cate_title">업무영역</div>
<div class="cate_items">
    <div class="cate_item"><input type="checkbox"/> 디자인</div>
...
```

모바일 전용 필터 메뉴를 위해서 recruit_section 안의 제일 상단에 .mobile_filter_section을 추가해 줍니다. 앞서 말했던 것처럼 필터 보기는 가려진 필터들을 펼쳐볼 수 있게 하기 위한 버튼이고, .select_order는 기존 조회순서 기준을 정하기 위해 있던 버튼들을 셀렉트박스로 만들었습니다.

```css
.contents_wrap .recruit_section .recruit_items .order_section {
    display: none;
}
.contents_wrap .recruit_section .mobile_filter_section {
    background-color: #2F2F96;
    color: #fff;
    font-size: 13px;
    display: flex;
    align-items: center;
    padding: 0px 20px;
    box-sizing: border-box;
    height: 45px;
    justify-content: space-between;
    transition-duration: 0.2s;
    position: relative;
    z-index: 2;
    font-weight: 500;
}
.contents_wrap .recruit_section .mobile_filter_section .filter_view_bt {
    width: 50px;
}
.contents_wrap .recruit_section .mobile_filter_section select {
    -webkit-appearance: none;
    color: #fff;
    border: none;
    background-color: transparent;
    width: inherit;
    padding-right: 10px;
    background-image: url("/img/ic_arrow_down_w.svg");
```

```
background-repeat: no-repeat;
background-size: 8px;
font-size: 13px;
font-weight: 500;
background-position: right center;
}
```

먼저 새롭게 만든 .mobile_filter_section이 있기 때문에 기존의 order_section 부분은 과감히 지워줍니다. .mobile_filter_section은 order_section과 실제로 연관된 게 없는 새로운 div이지만, 반응형으로 변한 것처럼 보여주기 위해 스타일을 최대한 기존 order_section과 비슷하게 만들어 주겠습니다. .filter_view_bt과 .mobile_filter_section에 대한 배치는 부모 div인 .mobile_filter_section에서 flex(display)로 설정해두었는데, justify_content를 space-between으로 주면 각 자식 아이템들이 사이드로 붙어서 배치가 됩니다. 이 외에도 flex에는 정말 많은 규칙과 속성이 존재하는데, 최신 기술이라 스마트하면서도 IE 11에서 호환이 되기 때문에 따로 공부해서 자주 사용해 보는 것을 권장합니다. 체크박스나 셀렉트박스는 각각의 브라우저마다 기본적으로 제공하는 스타일이 있습니다. 기본 스타일이 아닌, 본인의 스타일대로 커스텀을 하고 싶을 때는 -webkit-appearance:none이라고 속성을 주면 기본 스타일이 사라집니다.

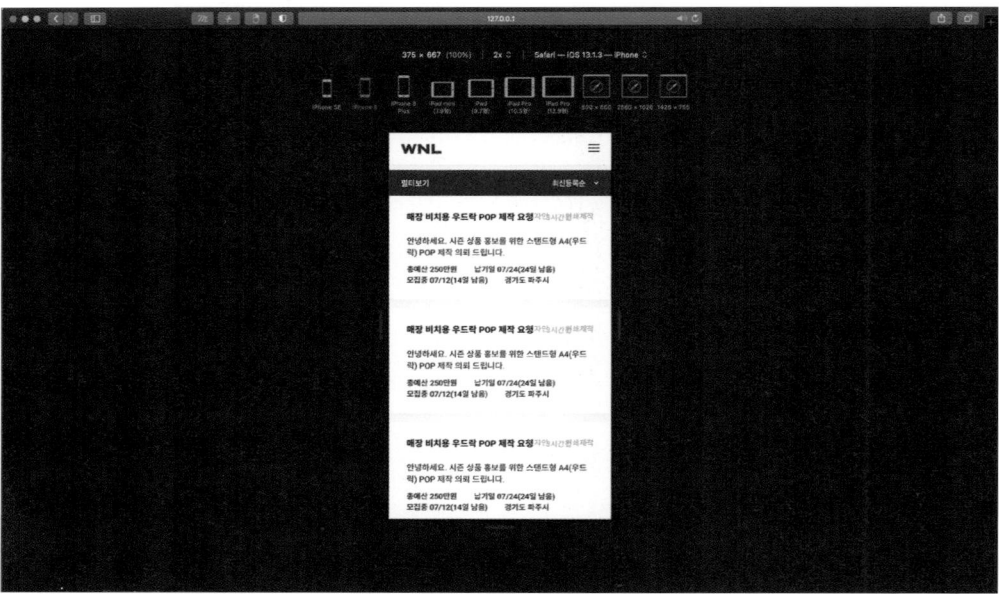

4-3-18 결과화면

이제 펼쳐보기를 눌렀을 때 필터가 보이게 필터 부분에 대한 스타일을 잡아보겠습니다.

```css
.contents_wrap .recruit_section {
    flex-direction: column;
}
.contents_wrap .recruit_section .cate_section {
    display: none;
    width: 100%;
    background-color: #2E2E2E;
    border-radius: 0px;
    height: 100%;
    box-shadow: none;
    position: relative;
    padding: 10px 20px;
    z-index: 2;
}
.contents_wrap .recruit_section .cate_section.active {
    display: block;
}
.contents_wrap .recruit_section .cate_section .cate_title {
    font-size: 12px;
    color: #aaa;
}
.contents_wrap .recruit_section .cate_section .cate_items {
    display: flex;
    flex-wrap: wrap;
    margin-bottom: 5px;
}
.contents_wrap .recruit_section .cate_section .cate_items .cate_item {
    color: #fff;
    font-size: 12px;
    margin-right: 10px;
}
```

앞서 .cate_section을 display:none으로 설정해 줬던 것에 이어서 작성을 하겠습니다. 평소에는 display:none이다가 .active class가 추가되면 그때 보여지도록 active일 때 display:block 속성을 추가합니다. 카테고리 섹션이 다시 보여졌을 때 부모의 .recruit_section에서 display가 flex로 되어 있으므로 좌우로 나열되는데, 이것을 상하로 나열되게 바꾸기 위하여 flex-direction을 column 으로 설정합니다.

.cate_section은 기존에 흰색이었지만, 보다 명확히 구별하기 위해 모바일에서는 배경색을 어둡게 하고 글씨를 흰색으로 바꿔주었습니다. .cate_item 역시 좌우로 나열되는 구조를 만들기 위해서 부모인 .cate_items에 display:flex 속성을 추가합니다. 일정 사이즈 이상 되었을 때 자동으로 줄이 넘어가도록 하기 위해 flex-wrap:wrap도 추가합니다. flex-wrap이 없으면 줄이 바뀌지 않는 한 줄 안에서 세로로 길어지면서 공간을 나눠 가집니다.

```
...
<div class="recruit_section">
    <div class="mobile_filter_section">
        <div>필터보기</div>
        <div class="select_order">
            <select>
                <option>최신등록순</option>
                <option>금액높은순</option>
                <option>마감임박순</option>
                <option >지원자낮은순</option>
            </select>
        </div>
    </div>
    <div class="cate_section active">
        <div class="cate_title">업무영역</div>
        <div class="cate_items">
            <div class="cate_item"><input type="checkbox"/> 디자인</div>
...
```

실제 활성화된 화면을 보기 위해 cate_section에 active를 추가하면 다음과 같은 결과를 볼 수 있습니다.

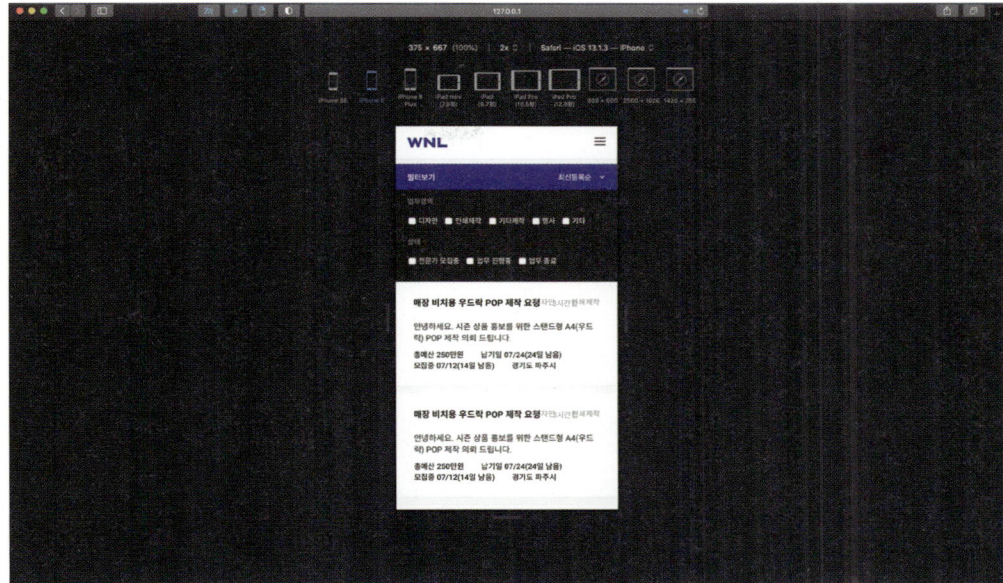

4-3-19 필터가 활성화된 화면

마지막으로 본문글에 대해서 사이즈 및 간격 조정을 해 주겠습니다. 겹치는 글자와 약간의 간격 수정만 하면 되기 때문에 크게 어렵지 않습니다(.cate_section에 active는 다시 지워줍니다).

```
...
.contents_wrap .recruit_section .recruit_items .recruit_item {
    border-radius: 0px;
    padding: 23px 20px 15px;
    margin-bottom: 10px;
}
.contents_wrap .recruit_section .recruit_items .recruit_item .rc_title {
    font-size: 14px;
}
.contents_wrap .recruit_section .recruit_items .recruit_item .rc_title .rc_time {
    margin-left: 13px;
}
.contents_wrap .recruit_section .recruit_items .recruit_item .rc_cate {
    position: relative;
```

```css
    right: initial;
    top: initial;
    margin-top: 12px;
}
.contents_wrap .recruit_section .recruit_items .recruit_item .rc_cate ul li {
    margin-left: 0px;
    margin-right: 15px;
    font-size: 13px;
}
.contents_wrap .recruit_section .recruit_items .recruit_item .rc_contents {
    font-size: 13px;
    margin-top: 15px;
    line-height: 22px;
    height: 100%;
}
.contents_wrap .recruit_section .recruit_items .recruit_item .rc_option {
    margin-top: 20px;
}
.contents_wrap .recruit_section .recruit_items .recruit_item .rc_option ul li {
    margin-bottom: 10px;
}
...
```

코드가 길어 보이지만 별것은 없습니다. 모바일에서는 좌우 여백을 20px로 잡았기 때문에 간격(padding)에 대한 조정, 폰트 사이즈 조정이 대부분입니다. 데스크톱 버전에서 .rc_cate가 absolute를 통해 우측 상단에 고정되어 있던 것 때문에 글자가 겹치게 되는 것을 방지하기 위해 relative로 바꿔주고, right, top 값을 기본값으로 초기화해 주었습니다. 참고로 initial 속성값은 구 버전 브라우저에서는 인식하지 못할 수도 있으니 남발하는 것은 좋지 않습니다.

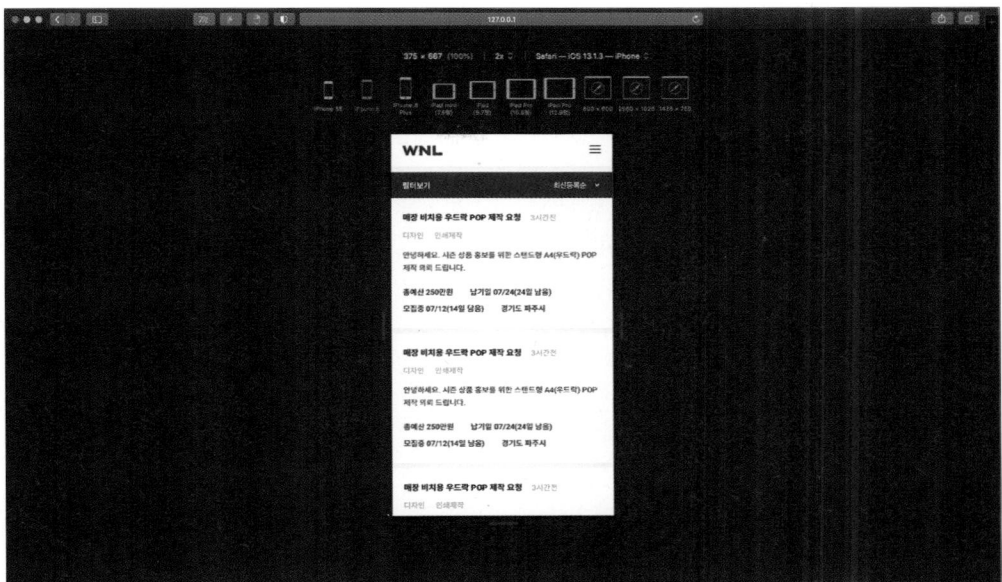

4-3-20 결과화면

4-3-2 모집 상세 페이지 퍼블리싱

4-3-21 whynotlink.co.kr 모집 상세 페이지

이번에는 각각의 모집글을 클릭했을 때 이동하는 모집 상세 페이지에 대해 퍼블리싱해 보도록 하겠습니다. 헤더 부분이 앞에서 했던 것과 동일해서 본문 부분만 만들면 되기 때문에 이번 장부터는 보다 쉽게 할 수 있습니다.

```html
...
<div class="contents_wrap">
    <div class="div_page">
        <div class="page_title">모집상세내역</div>
    </div>
</div>
...
```

새롭게 html 페이지를 만들어 준 뒤 헤더 부분은 동일하기 때문에 그대로 복사 붙여넣기하겠습니다(common.css와 mobile.css를 html 헤더에 똑같이 첨부하는 것도 잊지 마세요). 그리고 본문만 새롭게 구성하는데 우선 기본적인 틀부터 잡고 넘어가겠습니다.

```css
...
.contents_wrap .div_page {
    max-width: 1000px;
    margin: 0px auto;
    background-color: #fff;
    box-shadow: 0 3px 15px 0 rgba(230, 230, 230, 0.5);
    border-radius: 6px;
}
.contents_wrap .div_page .page_title {
    font-size: 14px;
    font-weight: 700;
    height: 58px;
    padding: 23px 35px;
    box-sizing: border-box;
    border-bottom: 1px solid #181818;
}
```

가운데 정렬을 하기 위해 margin에 좌우 부분을 auto로 설정했습니다. 또한 최대한 반응형이 될 수 있도록 width가 아닌 max-width를 1000px로 제한시켰습니다(기본값은 100%인데 최댓값을 1000px로 제한합니다).

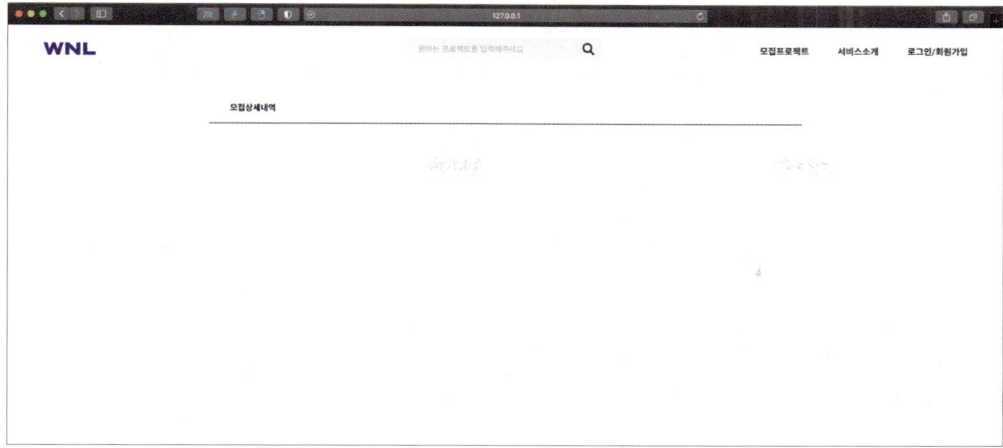

4-3-22 결과화면

모집 상세 페이지는 크게 요약정보, 본문내용, 각 업무별 상세내용 이렇게 세 가지로 나뉘어 있습니다. 기본적인 레이아웃 골격을 만들었으니 요약정보부터 차근차근 틀을 만들어 보도록 하겠습니다.

```html
...
<div class="page_title">모집상세내역</div>
<div class="recruit_header">
    <div class="rc_title">매장 비치용 우드락 POP 제작 요청 <span class="rc_time">3시간전</span></div>
    <div class="rc_option_items">
        <div class="info_item">
            <div class="info_title">업체명</div>
            <div class="info_contents">삼성피트니스</div>
        </div>
        <div class="info_item">
            <div class="info_title">프로젝트 총 예산</div>
            <div class="info_contents">총 300만원</div>
        </div>
        <div class="info_item">
            <div class="info_title">최종납기일</div>
            <div class="info_contents">2020-07-23</div>
        </div>
        <div class="info_item">
```

```html
            <div class="info_title">모집마감</div>
            <div class="info_contents">2020-07-22(모집중)</div>
        </div>
        <div class="info_item">
            <div class="info_title">모집업무</div>
            <div class="info_contents">디자인,인쇄제작</div>
        </div>
        <div class="info_item">
            <div class="info_title">최종납품지역</div>
            <div class="info_contents">경기도 구리시</div>
        </div>
    </div>
</div>
```

page_title 아래에 .recruit_header를 만들어서 모집에 대한 요약정보 영역을 만들어 줍니다. 중간에 info_item이라는 div를 만들었는데, 이렇게 어떠한 항목에 대해서 항목 이름과 값을 보여주어야 하는 패턴은 자주 사용하므로 나중에 따로 css를 만들어서 두고두고 사용하면 좋습니다. 이 부분에 대해서는 스타일을 작성하면서 다시 설명하겠습니다.

업체명	삼성피트니스	프로젝트 총 예산	총 300만원
최종납기일	2020-07-23	모집마감	2020-07-22(모집중)
모집업무	디자인,인쇄제작	최종납품지역	경기도 구리시

4-3-23 한 줄에 두 항목씩 나열된 레이아웃

이미지 4-3-23처럼 한 줄에 info_item을 두 개씩 나열하기 위해서 .rc_option_items에 flex로 지정하고 flex-wrap:wrap으로 지정합니다. 그리고 .info_item의 width:40%로 지정하는데, 50%로 지정하지 않는 것은 텍스트가 왼쪽으로 살짝 치우쳐 있게 위치하기 위함입니다.

```css
...
.info_item {
    display: flex;
    font-size: 14px;
    margin-bottom: 20px;
    font-weight: 500;
}
.info_item .info_title {
    width: 120px;
    color: #989898;
}
.info_item .info_contents {
    flex: 1;
}
```

아까 info_item 같은 항목으로 보여주는 정보는 따로 정의해서 자주 쓰는 게 좋다고 이야기했습니다. 보통 .contents_wrap .div_page .recruit_header 안에 .info_item을 적어 주는 게 일반적인데, 그러지 않고 이렇게 스타일을 정의해두면 어느 페이지에서나 info_item과 비슷한 구조나 형태의 스타일에서 재사용할 수 있어서 금방 스타일을 작성할 수 있습니다. 주의할 점은 이러한 것이 너무 많아지면 많아지는 대로 좋지 않다는 것입니다. 스타일이 바로바로 쉽게 바뀔 수 있어야 하는데, 이렇게 여러 페이지에서 하나의 스타일이 종속적으로 여러 요소들과 연결되면, 추후에 무언가를 바꾸었을 때 의도치 않은 곳에서도 변경이 될 수 있으므로 어느 정도 절제하면서 사용하기를 권장합니다.

4-3-23 결과화면

이어서 본문 내용도 작성해 보겠습니다. 내용은 가장 많이 차지하겠지만 구조는 단순하므로 어렵지 않습니다.

```html
...
<div class="recruit_contents">
    <div class="section_title">업무개요</div>
    <div class="rcs_contents">
        피트니스센터 홍보에 사용 할 포스트잇 제작 원합니다. 수첩형 8*8cm(20매)으로 20,000개 정도 요청 드립니다.<br/>
        <br/>
        홍보용 문구만 정해진 상태이며, 디자인 추천 원하고 희망 예산 내에서는 수량 협의 가능합니다.<br/>
        <br/>
        내용: 수첩형 포스트잇 8*8cm(20매) * 20,000ea<br/>
        예산: 300만원 (개당 단가에 따라 조절 가능)<br/>
        납기일: 7월31일<br/>
        <br/>
        감사합니다.
    </div>
</div>
```

```css
...
.contents_wrap .div_page .recruit_contents {
    padding: 35px 0px;
    max-width: 930px;
    margin: 0px auto;
    border-top: 1px solid #eee;
}
.contents_wrap .div_page .recruit_contents .rcs_contents {
    margin-top: 20px;
    font-size: 15px;
    line-height: 26px;
}
.section_title {
    color: #989898;
    font-size: 14px;
    font-weight: 500;
}
```

이곳에서도 info_title처럼 .section_title을 따로 써주었습니다. 따로 써주는 이유는 섹션별로 저런 식으로 타이틀을 쓰는 부분이 계속 있기 때문입니다. 앞에서 말한 것처럼 남발하는 것은 좋지 않으니 적당히, 정말 자주 사용될 것 같은 경우에만 사용하길 바랍니다.

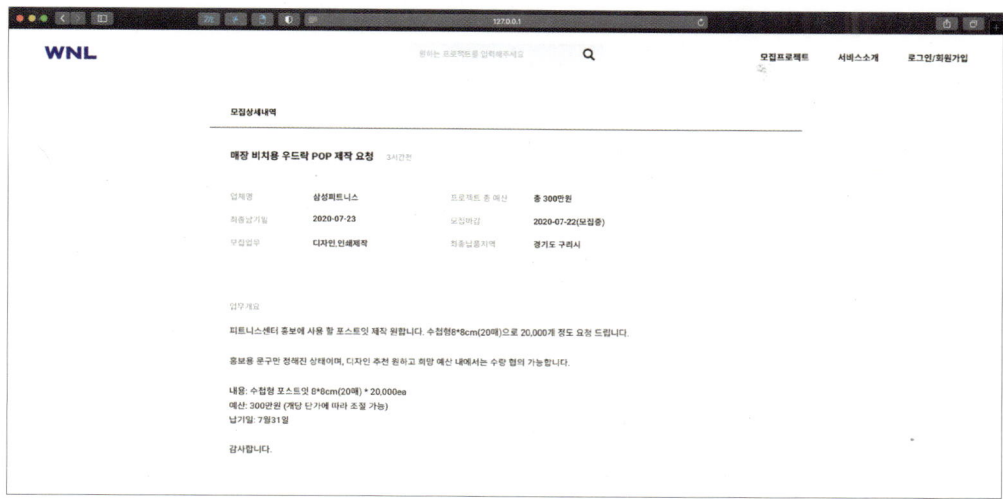

4-3-24 결과화면

이어서 업무분야 상세 부분과 지원하기 버튼 부분을 퍼블리싱하겠습니다.

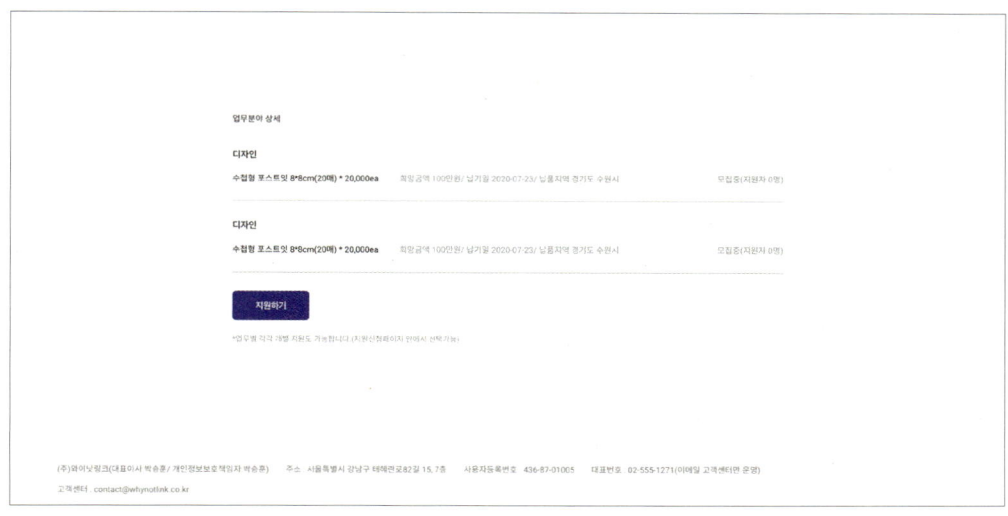

4-3-25 앞으로 만들 상세보기 하단 모습

```html
...
<div class="recruit_department">
    <div class="section_title">업무분야 상세</div>
    <div class="rcd_item">
        <div class="rcd_title">디자인</div>
        <div class="rcd_contents">
            <div class="rcd_detail">수첩형 포스트잇 8*8cm(20매) * 20,000ea</div>
            <div class="rcd_option">
                희망금액 100만원/ 납기일 2020-07-23/ 납품지역 경기도 수원시
            </div>
            <div class="rcd_state">모집중(지원자 0명)</div>
        </div>
    </div>
    <div class="rcd_item">
        <div class="rcd_title">디자인</div>
        <div class="rcd_contents">
            <div class="rcd_detail">수첩형 포스트잇 8*8cm(20매) * 20,000ea</div>
            <div class="rcd_option">
                희망금액 100만원/ 납기일 2020-07-23/ 납품지역 경기도 수원시
            </div>
            <div class="rcd_state">모집중(지원자 0명)</div>
        </div>
    </div>
    <div class="apply_section">
        <button class="default_bt apply_bt">지원하기</button>
        <div class="info_desc">*업무별 각각 개별 지원도 가능합니다.(지원 신청페이지 안에서 선택가능)</div>
    </div>
</div>
```

길어 보이지만 실제로는 반복된 아이템 내용이 많으므로 태그가 그렇게 복잡하지는 않습니다. 이곳에서도 바로 앞 섹션에서 만들어 두었던 .section_title을 사용했습니다.

```css
...
.contents_wrap .div_page .recruit_department {
    padding: 35px 0px;
    box-sizing: border-box;
    border-top: 1px solid #eee;
    max-width: 930px;
    margin: 100px auto 50px;
}
.contents_wrap .div_page .recruit_department .info_title {
    margin-bottom: 10px;
}
.contents_wrap .div_page .recruit_department .rcd_item {
    padding: 30px 0px;
    border-bottom: 1px solid #aaa;
}
.contents_wrap .div_page .recruit_department .rcd_item .rcd_title {
    font-size: 15px;
    font-weight: 500;
    width: 200px;
}
.contents_wrap .div_page .recruit_department .rcd_item .rcd_contents {
    display: flex;
    margin-top: 20px;
    font-size: 14px;
}
.contents_wrap .div_page .recruit_department .rcd_item .rcd_contents .rcd_option {
    flex: 1;
    color: #898989;
    margin-left: 35px;
}
.contents_wrap .div_page .recruit_department .rcd_item .rcd_contents .rcd_state {
    color: #898989;
}
.contents_wrap .div_page .recruit_department .apply_section {
    margin-top: 30px;
}
```

```css
.contents_wrap .div_page .recruit_department .apply_section .info_desc {
    font-size: 13px;
    margin-top: 20px;
    color: #898989;
}
```

여기에서도 .rcd_contents에 flex 속성을 사용해서 한 줄에 콘텐츠가 적절히 담기도록 설정했습니다. 나머지 간격이나 여백들은 원래 했던 대로, margin, padding 속성을 이용하면 금방 자리를 잡을 수 있습니다.

마지막 버튼에 대한 스타일만 빠져 있는데, 버튼은 아까 .section_title이나 .info_item처럼 따로 모아서 관리하는 게 좋습니다. 플랫폼 같은 서비스에서는 비슷한 모양의 버튼이 자주 사용되기도 하고, 추후에 혹시라도 디자인이 변경되는 사항이 생기면 보통 일관되게 버튼 모양을 다시 잡아 주어야 하기 때문에(예를 들어 버튼 높이가 50px이었는데, 모든 버튼을 52px로 일괄적으로 바꿔주어야 할 때) 한 번에 수정하기 쉽도록 모아서 관리하는 것을 추천합니다.

```css
...
.default_bt {
    box-sizing: border-box;
    cursor: pointer;
    text-align: center;
    font-size: 14px;
    border: 0px;
    border-radius: 6px;
    font-weight: 600;
}
.default_bt.apply_bt {
    width: 130px;
    font-size: 15px;
    color: #fff;
    line-height: 46px;
    background-color: #2F2F96;
}
```

다음과 같은 형태로 .default_bt를 정의하고 거기에 필요한 버튼들을 덧붙여서 사용하면 좋습니다.

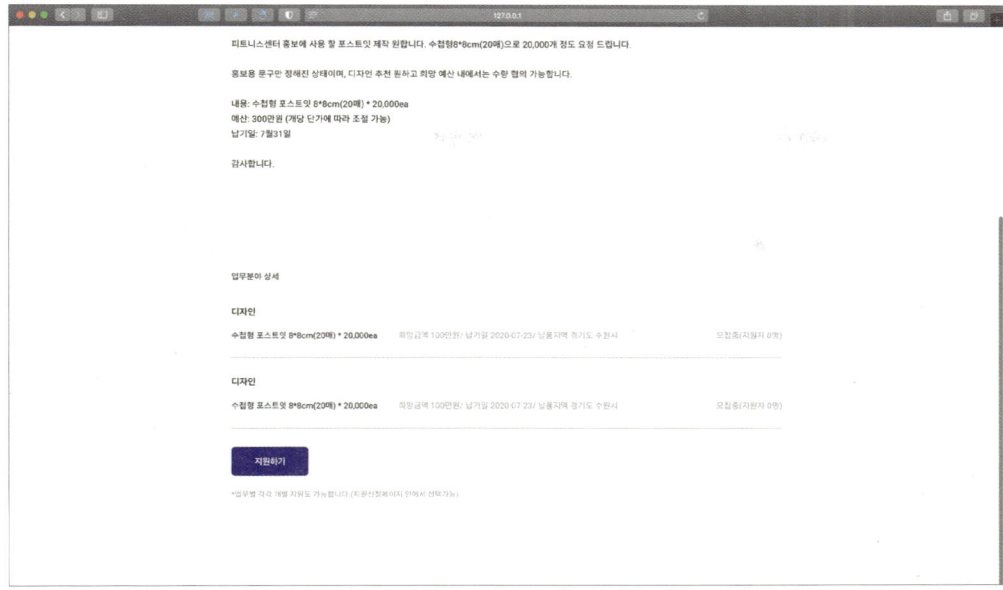

4-3-26 결과화면

끝으로 푸터를 만들 것인데, 헤더에 비하면 훨씬 더 단순한 구조이기 때문에 금방 만들고 마무리를 짓겠습니다.

```html
...
<div class="footer">
    <div class="company_info">
        <ul>
            <li>(주)와이낫링크(대표이사:박승훈/ 개인정보보호책임자:박승훈)</li>
            <li>주소 : 서울특별시 강남구 테헤란로82길 15, 7층</li>
            <li>사용자등록번호 : 436-87-01005</li>
            <li>대표번호 : 02-555-1271(이메일 고객센터만 운영)</li><br/>
            <li>고객센터 : contact@whynotlink.co.kr</li>
        </ul>
    </div>
    <div class="ft_copyright">Copyright@WhyNotLink co., Ltd. All rights reserved</div>
</div>
```

푸터는 contents-wrap 안에 포함되는 것이 아닌 그 아래에 적어 주면 됩니다. <li>는 기본적으로 div처럼 한 줄을 차지하지만 우리는 inline-block으로 바꿔줄 것이기 때문에 줄이 꽉 찰 때까지 한 줄로 표기가 됩니다. 하지만 한 줄로 꽉 표현되는 것보다는, 특정 부분에서 줄을 넘겨주는 것이 미관상 낫다고 생각해서 고객센터만
 태그를 통해 강제로 다음 줄로 변경해 주었습니다.

```css
...
.footer {
    padding: 40px 80px;
    position: relative;
    height: 160px;
}
.footer .company_info {
    color: #656565;
}
.footer .company_info ul li {
    display: inline-block;
    font-size: 14px;
    margin-right: 25px;
    margin-bottom: 15px;
}
.footer .ft_copyright {
    position: absolute;
    right: 80px;
    bottom: 30px;
    font-size: 16px;
    font-weight: 500;
}
```

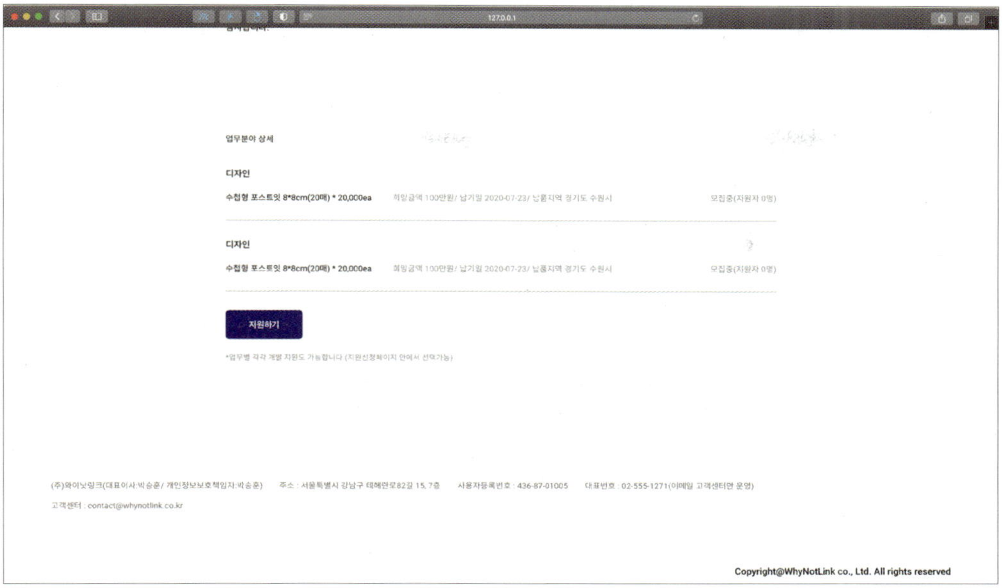

4-3-27 최종 결과화면

- 모바일 반응형 퍼블리싱

앞 단계에서 헤더를 했기 때문에 여기에서도 상세페이지만 반응형 처리를 하겠습니다. 앞 장에서 필터를 다뤘던 것과는 다르게 여기에서는 특별히 모바일을 위해 처리할 것이 많이 없으므로 어렵지 않게 끝낼 수 있습니다.

```css
...
.contents_wrap .div_page .page_title {
    font-size: 13px;
    padding: 16px 20px;
    height: 50px;
}
.contents_wrap .div_page .recruit_header {
    padding: 20px;
}
.contents_wrap .div_page .recruit_header .rc_title {
    font-size: 14px;
```

```css
}
.contents_wrap .div_page .recruit_header .rc_title .rc_time {
    margin-left: 12px;
    margin-top: -4px;
}
.contents_wrap .div_page .recruit_header .rc_option_items {
    margin-top: 30px;
}
.contents_wrap .div_page .recruit_header .rc_option_items .info_item {
    width: 100%;
}
```

기존에 만들어놨던 mobile.css를 html에 추가하고 이어서 작성해 줍니다. 기본적인 폰트 사이즈와 간격을 줄여주는 방향으로 조절합니다. 모바일은 양 사이드 최소 여백을 20px로 잡았기 때문에 이 라인에만 주의해서 일관되게 바꿔 주면 됩니다. 참고로 모바일은 사이드 여백을 20~25px로 하는 것이 일반적입니다. 한 줄에 두 개씩 들어가던 .info_item을 한 줄에 하나씩 들어가게 하기 위해서 width를 100%로 변경합니다.

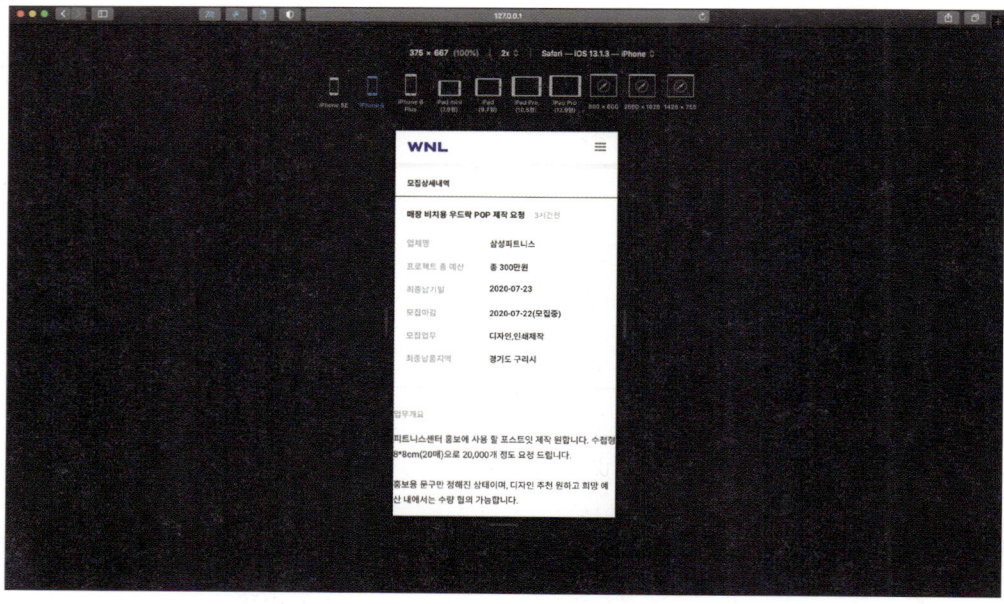

4-3-28 결과화면

```
...
.contents_wrap .div_page .recruit_summary {
  padding: 25px 20px;
}
.contents_wrap .div_page .recruit_summary .rcs_contents {
  font-size: 13px;
  line-height: 24px;
}
```

역시나 폰트 사이즈와 간격을 줄여줍니다.

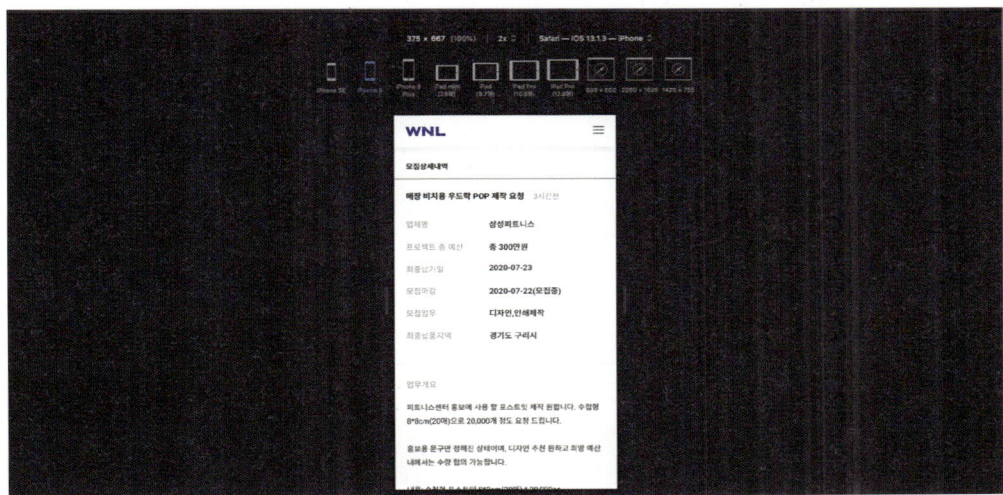

4-3-29 결과화면

```
...
.contents_wrap .div_page .recruit_department {
    margin-top: 30px;
    padding: 25px 20px;
}
.contents_wrap .div_page .recruit_department .rcd_item {
    padding: 20px 0px;
}
.contents_wrap .div_page .recruit_department .rcd_item .rcd_title {
    font-size: 13px;
}
```

```css
.contents_wrap .div_page .recruit_department .rcd_item .rcd_contents {
    flex-direction: column;
    margin-top: 10px;
    font-size: 13px;
}
.contents_wrap .div_page .recruit_department .rcd_item .rcd_contents
.rcd_option {
    margin-top: 10px;
    font-size: 13px;
    margin-left: 0px;
    line-height: 22px;
}
.contents_wrap .div_page .recruit_department .rcd_item .rcd_contents
.rcd_state {
    font-size: 13px;
}
.default_bt.apply_bt {
    width: 100%;
}
```

한 줄로 표기되던 .rcd_contents 안에 항목들을 세로로 나열하기 위해 flex-direction을 사용합니다. 신청하기 버튼은 모바일에서 누르기 편하도록 140px이던 width를 100%로 변경합니다.

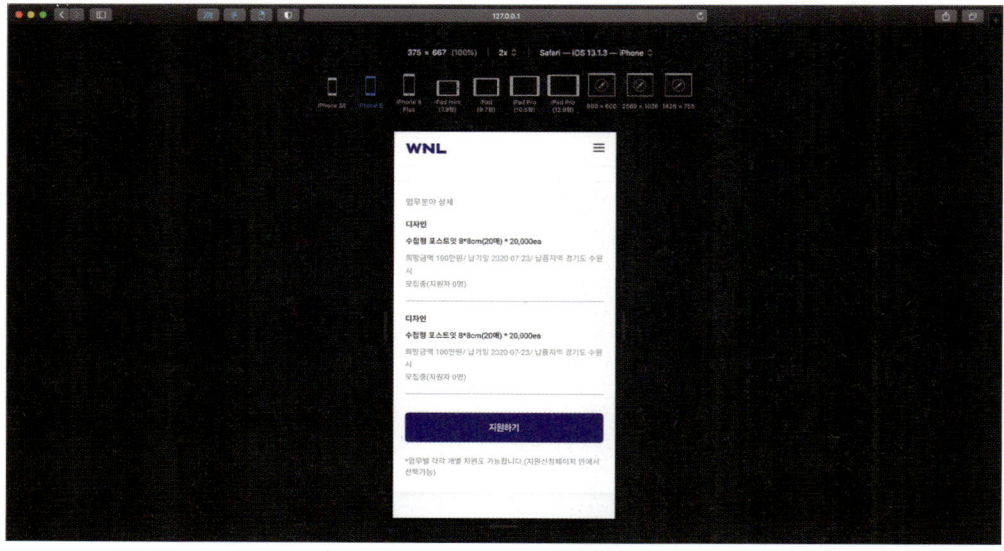

4-3-30 결과화면

마지막으로 푸터 부분에 대해 반응형으로 맞추겠습니다.

```css
...
.footer {
    padding: 30px 20px 50px;
}
.footer .company_info ul li {
    display: block;
    font-size: 12px;
    line-height: 24px;
    margin-right: 0px;
    margin-bottom: 0px;
}
.footer .company_info br {
    display: none;
}
.footer .ft_copyright {
    font-size: 12px;
    right: 20px;
    bottom: 25px;
}
```

데스크톱에서 줄바꿈을 위해
 태그를 넣어줬던 것을 없애기 위해 display:none으로 설정합니다. 이처럼 데스크톱에서는 줄바꿈을 해야 의미적으로나 심미적으로 더 나아서 처리했지만, 모바일에서는 가로 너비 때문에 줄바꿈이 애매할 때 br태그를 위와 같이 모바일 반응형에서만 안 보이도록 제거할 수 있습니다.

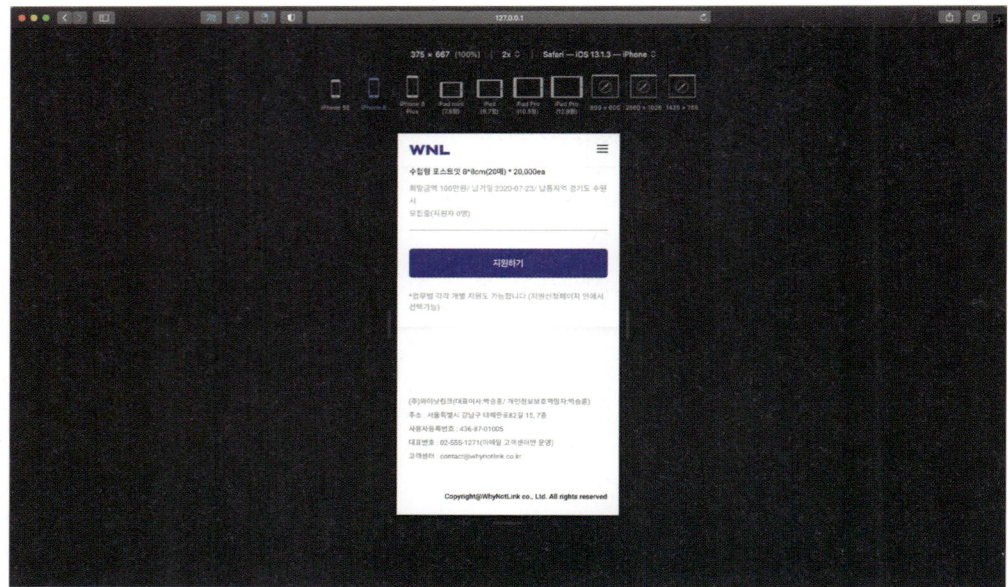

4-3-31 반응형 최종 결과화면

4-3-3 서비스 소개페이지 퍼블리싱

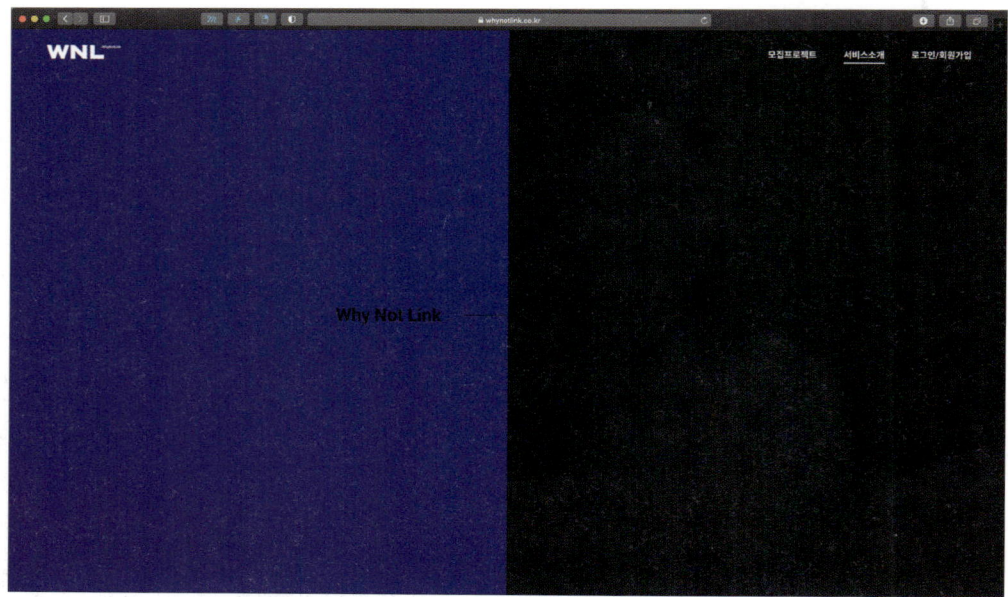

4-3-32 whynotlink.co.kr로 들어가면 실제 화면을 볼 수 있습니다.

이번 장에서는 서비스 소개페이지를 만들어 보겠습니다. 앞의 페이지들과 비교하면 불규칙적인 내용들이 좀 더 많기 때문에 코드도 길어 보이고 복잡하게 느껴질 수 있는 장입니다. 하지만 난이도가 훨씬 올라가거나 새로운 내용이 많이 들어간 것은 아니기 때문에 차근차근 하시면 충분히 금방 따라올 수 있습니다.

우선, 새롭게 페이지를 만든 뒤(company.html) 앞서 만들었던 헤더와 푸터를 그대로 복사해서 넣습니다(common.css, mobile.css도 함께 첨부합니다). 푸터는 그대로 사용하면 되는데, 이미지 4-3-32을 보면 알 수 있듯이 헤더는 배경 때문에 기존의 헤더와 다르게 흰색으로 바뀌어서 들어가 있습니다.

```html
<body>
<div class="header white">
    <div class="logo">
        <img src="/img/logo_w.svg"/>
    </div>
    <div class="search_section">
        <input type="text" placeholder="원하는 프로젝트를 입력해 주세요"/>
        <img src="/img/ic_search.svg"/>
    </div>
    <div class="main_menu">
        <ul>
            <li>모집프로젝트</li>
            <li>서비스소개</li>
            <li>로그인/회원가입</li>
        </ul>
    </div>
...
```

이를 위해 header class 옆에 white라는 class를 추가하고 로고도 기존 로고가 아닌 화이트 버전의 이미지 로고를 첨부하겠습니다. 실제 사이트에서는 Javascript를 이용해서 스크롤이 됐을 때 헤더 부분이 변하도록 만들어 주어야 하는데, 이 책에서는 Javascript를 다루지 않으므로, 그 중간 정도의 퍼블리싱 단계까지만 구현하겠습니다.

```css
...
.header.white {
    position: absolute;
    top:0px;
    width:100%;
    background-color: transparent;
    color: #fff;
    box-shadow: none;
}
.header.white .search_section{
    display:none;
}
```

header class 옆에 white가 추가되었을 때 글자색이 흰색이 되는 것부터, 기존에 있던 box-shadow를 제거하고 position을 absolute로 설정해서 본문의 콘텐츠와 겹쳐서 보일 수 있게, 즉 본문 파란 부분 위의 로고가 올라갈 수 있게 설정합니다.

```html
...
<div class="contents_wrap intro_contents">
    <div class="company cp1">
        <div class="main_title">
            <div class="main_t">Why Not Link</div>
            <div class="main_deco"></div>
        </div>
        <div class="back_img">
        </div>
    </div>
</div>
```

제일 첫 번째 섹션은 구조가 아주 단순합니다. 50%의 가로 너비를 가지는 두 섹션이 존재하는데, 왼쪽에는 'why not link'라는 카피를 중앙에 배치시키고 오른쪽에는 단순히 한 장의 배경그림으로 채우겠습니다. 그리고 contents_wrap에는 기본값으로 회색과 padding이 들어가 있으므로 이걸 없애주기 위해 contents-wrap 옆에 intro_contents라는 class를 하나 더 추가하겠습니다.

```css
...
.contents_wrap.intro_contents {
    background-color: transparent;
    padding: 0px;
}
.contents_wrap .company.cp1 {
    height: 100vh;
    display: flex;
    align-items: center;
    justify-content: center;
    background-color: #272782;
}
.contents_wrap .company.cp1 .main_title {
    flex:1;
    display: flex;
    font-size: 30px;
    font-weight: 700;
    align-items: center;
    justify-content: flex-end;
}
.contents_wrap .company.cp1 .main_title .main_deco {
    display: inline-block;
    margin-left: 35px;
    width: 150px;
    height: 1px;
    background-color: #181818;
}
.contents_wrap .company.cp1 .back_img {
    width: 50%;
    height: 100vh;
    background-image: url("/img/company1.jpg");
}
```

.contents-wrap에 .intro_contents를 더했으니 우선 배경색과 padding 값을 지워줍니다.

.company .cp1에는 화면 전체를 채우기 위해 height를 100vh로 설정합니다. 메인 카피라이트에는 선을 우측에 넣기 위해 .main_deco로 얇은 선을 만들어 줍니다. .cp1 안은 크게 .main_title과 .back_img 두 개로 나뉘는데, .main_title 내에서도 수직으로는 가운데 정렬(align_items), 수평으로는 우측 정렬이 필요하므로 justify-content에 flex-end라고 지정합니다. flex와 관련해서는 익숙

하지 않으면 계속 헷갈릴 수 있는데 초반에는 W3schools를 계속 참고하면서 익숙해지기를 권장합니다.

.back_img에만 width:50%로 지정하고 .main_title에는 flex:1이라고 지정하면 .main_title이 알아서 나머지 공간을 자동으로 채웁니다. .cp1 안에는 .main_title과 .back_img밖에 없기 때문에 .main_title에 flex:1이라고 지정하면 .back_img를 제외한 나머지 .main_title이 나머지 부분의 전체를 차지합니다.

코드가 길지 않지만 flex에 대해 익숙하지 않다면 조금 어렵게 느껴질 수 있습니다. 하지만 한번 제대로 익혀두면 활용도가 아주 좋은 속성이니 꼭 제대로 숙지하기를 다시 한번 강조해서 권장합니다.

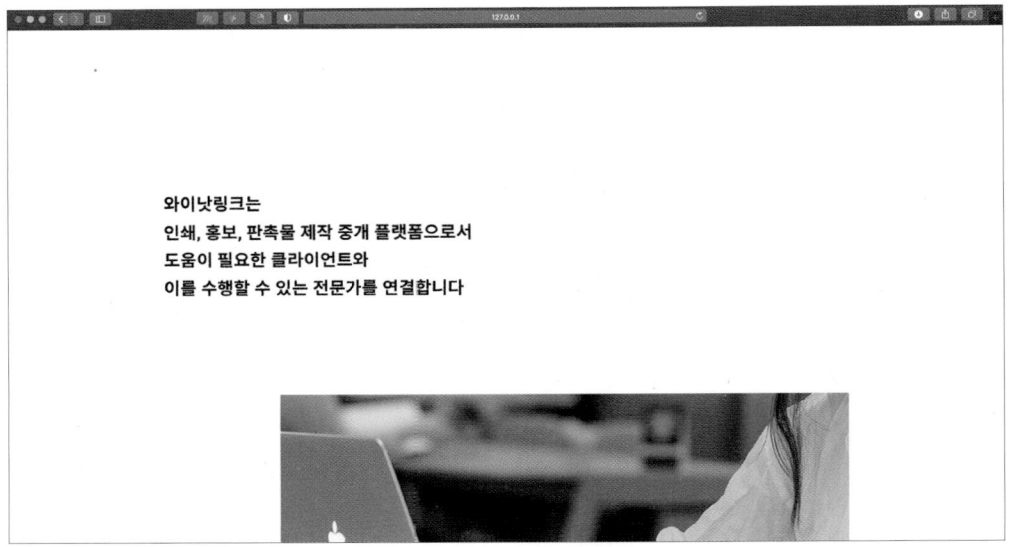

4-3-33 결과화면

이어서 퍼블리싱을 진행하겠습니다. 서비스 소개 부분은 양이 많아보이지만, 구조 자체는 복잡하지 않기 때문에 실무에서는 사이즈나 간격에 대한 밸런스를 잡는 데에 더 시간을 많이 사용합니다. 모니터 사이즈마다 느낌이 다르기 때문에 단순히 시안을 그대로 적용하는 것이 아니라 적절한 밸런스를 잡는 게 중요합니다.

```html
...
<div class="company cp2">
    <div class="main_title">
        와이낫링크는<br/>
        인쇄, 홍보, 판촉물 제작 중개 플랫폼으로서<br/>
        도움이 필요한 클라이언트와<br/>
        이를 수행할 수 있는 전문가를 연결합니다
    </div>
    <div class="main_img">
        <img src="/img/company2.jpg"/>
    </div>
</div>
```

이미지 4-3-33의에서 보면 카피 문장 하나와, 그림이 전부이기 때문에 태그 구조는 상당히 간결합니다.

```css
...
.contents_wrap .company.cp2 {
    margin-top: 300px;
    padding: 0px 80px;
}
.contents_wrap .company.cp2 .main_title {
    font-size: 30px;
    line-height: 50px;
    font-weight: 700;
    margin-left: 12%;
}
.contents_wrap .company.cp2 .main_img {
    margin-top: 160px;
    text-align: right;
    margin-right: 12%;
}
.contents_wrap .company.cp2 .main_img img {
    width: 960px;
}
```

데스크톱 버전에서의 기본 가로 여백은 80px이기 때문에, 우선 80px을 두고 그 안에서 margin이 모니터 사이즈에 따라 %로 조금씩 움직이도록 위치를 잡습니다.

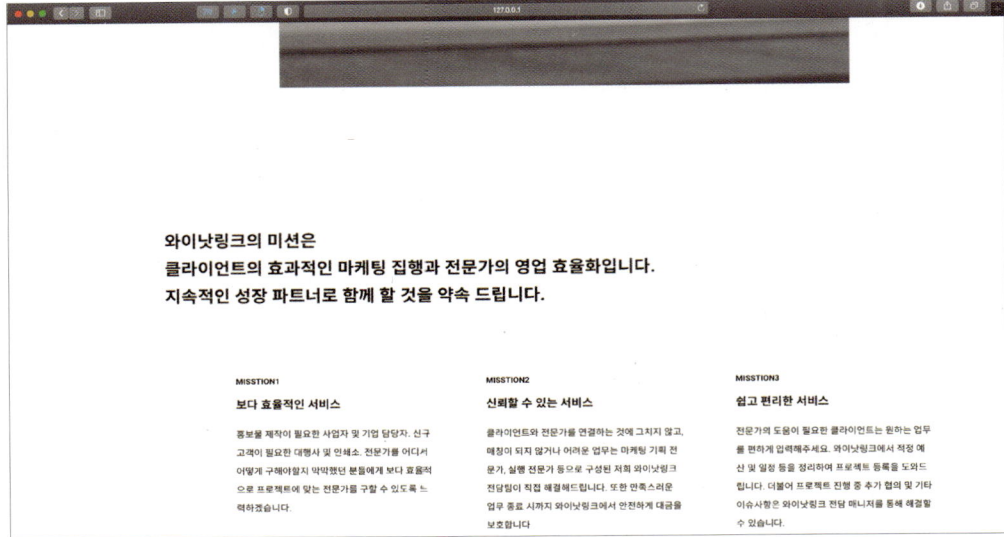

4-3-34 결과화면

앞으로 만들 섹션3 레이아웃

```html
...
<div class="company cp3">
    <div class="main_title">
        와이낫링크의 미션은<br/>
        클라이언트의 효과적인 마케팅 집행과 전문가의 영업 효율화입니다.<br/>
        지속적인 성장 파트너로 함께 할 것을 약속 드립니다.
    </div>
    <div class="mission_items">
        <div class="mission_item">
            <div class="ms_num">Misstion1</div>
            <div class="ms_title">보다 효율적인 서비스</div>
            <div class="ms_desc">
                홍보물 제작이 필요한 사업자 및 기업 담당자. 신규 고객이 필요한 대행사 및 인쇄소. 전문가를 어디서 어떻게 구해야할지 막막했던 분들에게 보다 효율적으로 프로젝트에 맞는 전문가를 구할 수 있도록 노력하겠습니다.
            </div>
        </div>
```

```html
            <div class="mission_item">
                <div class="ms_num">Misstion2</div>
                <div class="ms_title">신뢰할 수 있는 서비스</div>
                <div class="ms_desc">
                    클라이언트와 전문가를 연결하는 것에 그치지 않고, 매칭이
                    되지 않거나 어려운 업무는 마케팅 기획 전문가, 실행 전문가 등으로 구성된
                    저희 와이낫링크 전담팀이 직접 해결해드립니다. 또한 만족스러운 업무 종료
                    시까지 와이낫링크에서 안전하게 대금을 보호합니다
                </div>
            </div>
            <div class="mission_item">
                <div class="ms_num">Misstion3</div>
                <div class="ms_title">쉽고 편리한 서비스</div>
                <div class="ms_desc">
                    전문가의 도움이 필요한 클라이언트는 원하는 업무를 편하게
                    입력해 주세요. 와이낫링크에서 적정 예산 및 일정 등을 정리하여 프로젝트
                    등록을 도와드립니다. 더불어 프로젝트 진행 중 추가 협의 및 기타 이슈사항
                    은 와이낫링크 전담 매니저를 통해 해결할 수 있습니다.
                </div>
            </div>
        </div>
</div>
```

.cp3는 메인 카피와 세 가지 미션을 텍스트로 나열해서 보여주는 형식입니다. 코드는 앞에서보다 길어 보일 수 있지만, 반복된 .misstion_item이 대부분이기 때문에 실제로 어렵지 않습니다.

```css
...
.contents_wrap .company.cp3 {
    margin-top: 250px;
    padding: 0px 80px;
}
.contents_wrap .company.cp3 .main_title {
    font-size: 30px;
    line-height: 50px;
    font-weight: 700;
    margin-left: 12%;
```

```css
}
.contents_wrap .company.cp3 .mission_items {
    margin-left: 14%;
    margin-top: 120px;
    display: flex;
    justify-content: space-between;
    width: 83%;
}
.contents_wrap .company.cp3 .mission_items .mission_item {
    flex: 1;
    margin-left: 7%;
}
.contents_wrap .company.cp3 .mission_items .mission_item .ms_num {
    text-transform: uppercase;
    font-size: 14px;
    font-weight: 600;
}
.contents_wrap .company.cp3 .mission_items .mission_item .ms_title {
    font-size: 20px;
    font-weight: 900;
    margin-top: 18px;
}
.contents_wrap .company.cp3 .mission_items .mission_item .ms_desc {
    margin-top: 24px;
    line-height: 33px;
    font-size: 16px;
}
```

여기서도 가로로 나열하기 위해서 flex 속성을 사용하였습니다. justify-content를 space-between으로 하면(flex로 지정했을 때만 적용됨) 각 끝 자식 아이템(맨 처음과 맨 끝)은 양 사이드에 붙고, 나머지 아이템들은 적절한 간격으로 위치를 맞춥니다. .ms_num에서 text-transform에 uppercase를 썼는데 이는 소문자를 강제로 대문자로 바꿉니다. 실제로 정적인 문자일 때는 text-transform을 쓰기보다 직접 대문자를 입력해 주는 것이 좋지만, 이러한 것도 있다는 예시를 보여드리고자 넣었습니다.

4-3-35 앞으로 만들 화면 모습

```html
...
<div class="company cp4">
    <div class="main_title">와이낫링크<br/>
        거래 프로세스는 이렇습니다</div>
    <div class="service_process">
        <div class="sv_item">
            <div class="sv_num">01</div>
            <div class="sv_title">프로젝트 의뢰</div>
            <div class="sv_desc">기획, 디자인, 제작/실행에 이르기까지,
                필요한 업무범위 + 예산 + 일정입력 후 다양한 프로젝트를
쉽게 의뢰할 수 있습니다.
            </div>
        </div>
        <div class="sv_item">
            <div class="sv_num">02</div>
            <div class="sv_title">전문가 모집</div>
            <div class="sv_desc">수행 희망 업체의 견적서 및 진행사례를
통해 전문성을 확인해 보세요. 와이낫링크에서 인쇄소, 후가공 업체 등으로
구성된 제안도 함께 드립니다.
            </div>
        </div>
```

```html
<div class="sv_item">
    <div class="sv_num">03</div>
    <div class="sv_title">업무 수행사 선정</div>
    <div class="sv_desc">일정, 견적, 포트폴리오 확인 후 최적의 전문가를 선정해 주세요. 매칭이 되지 않은 업무는 협의 후 와이낫링크 전담팀이 직접 해결해드립니다.
    </div>
</div>
<div class="sv_item">
    <div class="sv_num">04</div>
    <div class="sv_title">대금 결제</div>
    <div class="sv_desc">프로젝트 의뢰 시 입력한 예산을 기초로 제안된 전문가의 견적이 최종금액이며 수수료 등 추가 비용은 없습니다. 협의 후 후결제 가능합니다.
    </div>
</div>
<div class="sv_item">
    <div class="sv_num">05</div>
    <div class="sv_title">프로젝트 진행</div>
    <div class="sv_desc">제작과정에서는 협의 없이 임의 변경이 불가하며 기타 이슈사항은 와이낫링크 매니저를 통해 해결 하실 수 있습니다.
    </div>
</div>
<div class="sv_item">
    <div class="sv_num">06</div>
    <div class="sv_title">프로젝트 종료</div>
    <div class="sv_desc">프로젝트가 종료 될 때까지 전문가가 업무에 집중할 수 있도록 와이낫링크에서 안전하게 대금을 보호합니다.
    </div>
</div>
    </div>
</div>
```

.cp4도 .cp3와 비슷한 구조를 가지고 있습니다.

```css
...
.contents_wrap .company.cp4 {
    margin-top: 300px;
    padding: 0px 80px 200px;
}

.contents_wrap .company.cp4 .main_title {
    font-size: 30px;
    line-height: 50px;
    font-weight: 700;
    margin-left: 53%;
}

.contents_wrap .company.cp4 .service_process {
    display: flex;
    flex-wrap: wrap;
    margin-top: 95px;
    padding: 0px 3%;
    margin-right: -5%;
}

.contents_wrap .company.cp4 .service_process .sv_item {
    width: 25%;
    padding-right: 5%;
    box-sizing: border-box;
    margin-bottom: 70px;
}

.contents_wrap .company.cp4 .service_process .sv_item .sv_num {
    font-size: 80px;
    color: #eee;
    font-weight: 700;
}

.contents_wrap .company.cp4 .service_process .sv_item .sv_title {
    font-size: 20px;
    margin-top: 20px;
    font-weight: 900;
}

.contents_wrap .company.cp4 .service_process .sv_item .sv_desc {
    font-size: 16px;
    line-height: 28px;
    margin-top: 24px;
}
```

앞서 .cp4는 .cp3와 비슷하다고 했지만 스타일도 그대로 하기에는 큰 차이가 있습니다. 우선은 앞서 했던 justify-content:space-between이 여기서는 적용이 안 됩니다.

4-3-36 결과화면

왜냐하면 space-between을 하면 이미지 4-3-36처럼 각 끝의 아이템들이 양 사이드로 붙기 때문에 첫 줄은 괜찮더라도 의도치 않게 두 번째 줄의 아이템들이 벌어지게 되기 때문입니다.
앞의 코드를 보면 .service_process에 margin-right:-5%로 되어 있는데, 이는 .sv_item에 간격을 주기 위해 padding-right를 설정했기 때문에 넣은 것입니다.

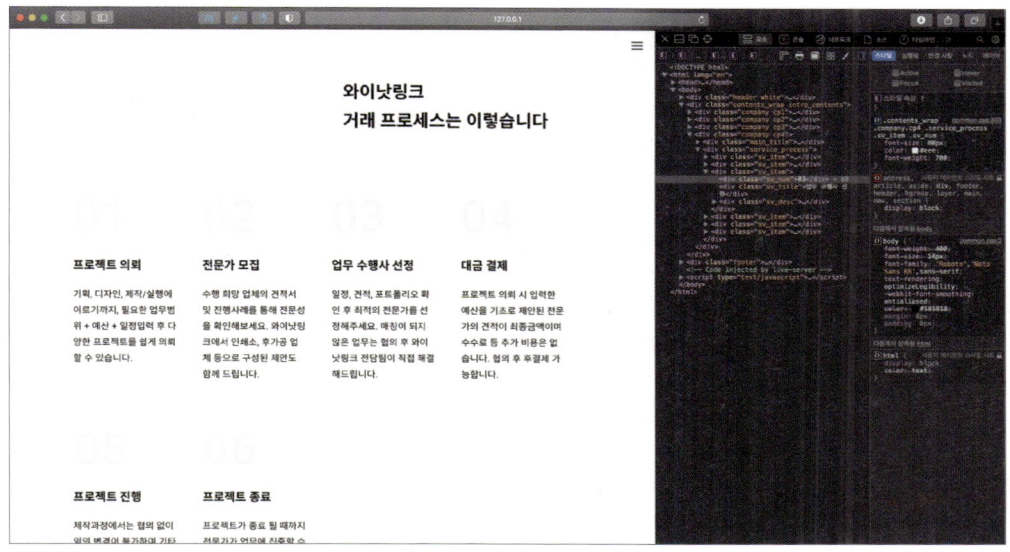

4-3-37 왼쪽으로 살짝 치우친 모습

이해를 돕기 위해 우선 화면을 줄이고, margin-right:-5%를 안 주었다고 가정했을 때의 화면을 보면 아이템들이 약간 왼쪽으로 치우쳐져 있는 화면을 볼 수 있습니다(왼쪽 여백과 오른쪽 여백 간격이 다릅니다).

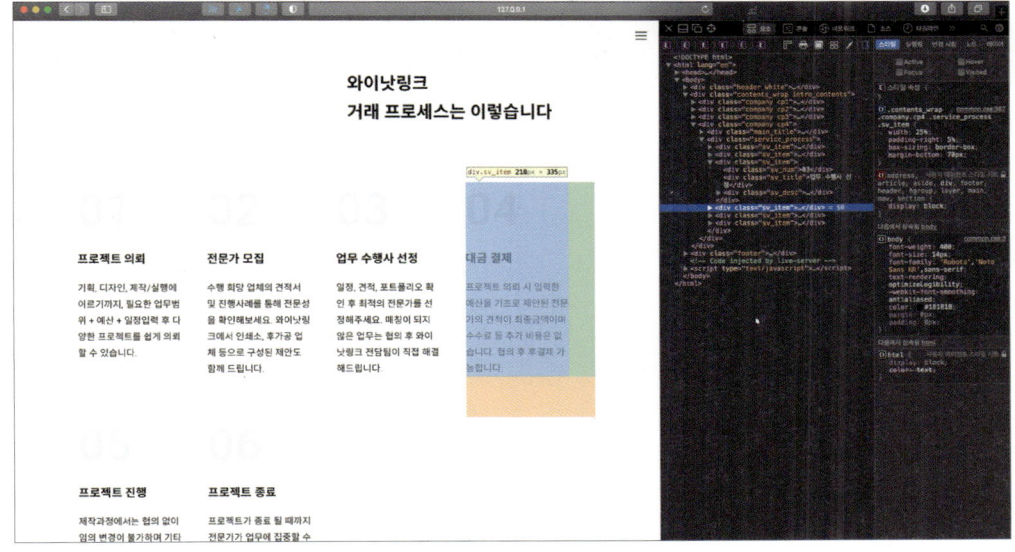

4-3-38 우측 끝에 여백이 더 들어간 모습

이유는 4번째 .sv_item에도 padding-right:5%가 들어 있어서 눈으로 보면 4번째 오른쪽의 여백이 제일 왼쪽 간격보다 넓어 보이기 때문입니다. 이를 가운데로 바로잡기 위해 .service_process에 margin-right:-5%를 주어서 간격이 맞도록 수정한 것입니다. 스타일 트릭인 것인데 사실 이 방법 말고도 이를 해결하기 위해서 무수히 많은 방법들이 있습니다. 코드가 길어지지 않는 선에서 쉽게 설명할 수 있는 방법은 이것이 최선이라고 생각했는데, 본인이 생각할 때 더 쉽고 이해하기 좋은 방법이 있다면 그 방법을 써도 좋습니다. 뭐가 됐든 여러 방면으로 고민해 보는 것은 좋습니다.

한 가지 더 말씀을 드리자면, .main_title을 중앙에 위치하기 위해 margin-left를 50%가 아닌 53%로 쓴 것은 service_process 가로 여백을 좀 더 주기 위해 padding 좌우를 3%로 지정했기 때문에 50%에 3%가 더해진 것입니다.

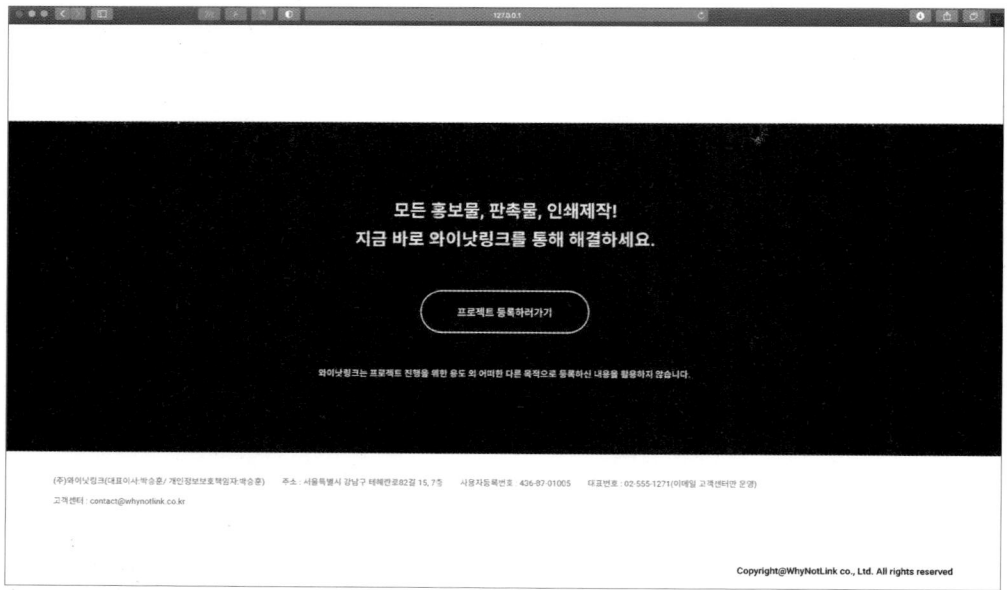

4-3-39 앞으로 만들 예정인 소개페이지 하단 화면

자, 이제 벌써 소개페이지의 마지막 섹션만 남았습니다.

```html
...
<div class="project_add_section">
    <div class="main_title">모든 홍보물, 판촉물, 인쇄제작!<br/>
        지금 바로 와이낫링크를 통해 해결하세요.</div>
    <div class="pr_add_go_bt">프로젝트 등록하러가기</div>
    <div class="pr_add_go_desc">와이낫링크는 프로젝트 진행을 위한 용도 외 어떠한 다른 목적으로 등록하신 내용을 활용하지 않습니다.</div>
</div>
```

공간이 차지하는 사이즈는 꽤 되지만, 제목, 버튼, 설명 정도만 들어간 단순한 구조이므로 들어간 태그도 실제로 단순합니다. 마지막 섹션의 class 이름을 .cp5가 아닌 project_add_section으로 한 것은 실제 이 부분은 서비스 소개 말고도 다른 곳에서도 쓰일 예정이기 때문이며, company에 종속시키지 않고 따로 분리해서 스타일을 잡아 주었습니다.

```css
...
.contents_wrap .project_add_section {
    height: 580px;
    display: flex;
    background-image: url("/img/project_add.jpg");
    background-size: cover;
    align-items: center;
    justify-content: center;
    flex-direction: column;
    text-align: center;
    color: #fff;
}
.contents_wrap .project_add_section .main_title {
    font-size: 30px;
    font-weight: 900;
    line-height: 50px;
}
.contents_wrap .project_add_section .pr_add_go_bt {
    width: 285px;
    height: 73px;
    line-height:73px;
    text-align: center;
    border-radius: 38px;
    box-sizing: border-box;
```

```css
    font-size: 17px;
    font-weight: 900;
    border: 2px solid #fff;
    margin-top: 65px;
    cursor: pointer;
}
.contents_wrap .project_add_section .pr_add_go_desc {
    font-size: 15px;
    font-weight: 700;
    margin-top: 60px;
}
```

이 섹션에서도 수직 가운데 배치를 좀 더 손쉽게 하기 위해 flex 속성을 사용하였습니다. display가 flex가 된 상태에서 align_items:center와 justify-contents:center를 하면 쉽게 가운데 정렬을 할 수 있습니다. flex는 기본적으로 수평으로 나열되는데 여기에서는 자식 엘리먼트가 수직으로 나열되야 하므로 flex-direction을 column으로 지정하였습니다.

- **모바일 반응형 퍼블리싱**

이번 페이지 역시 기존에 만든 mobile.css를 html 헤더에 넣고, 이어서 코드를 입력하면 됩니다.

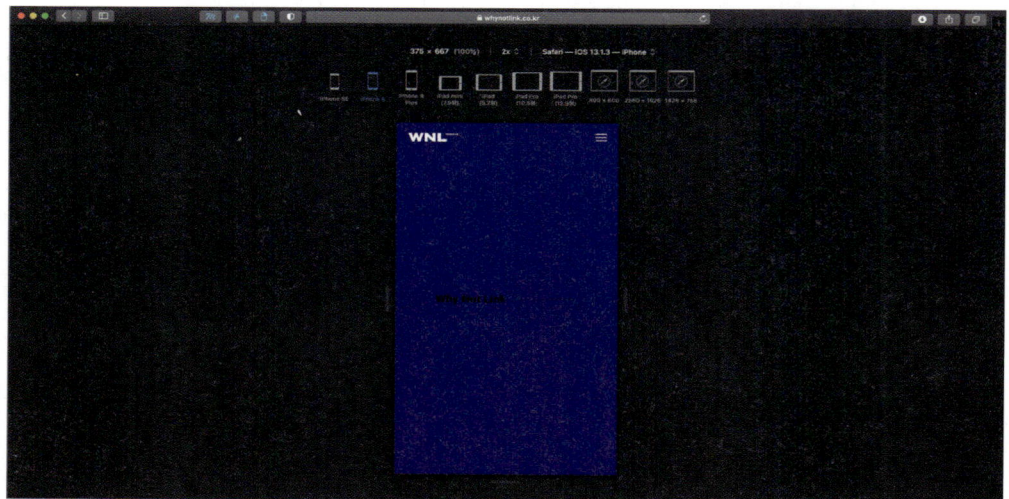

4-3-40 whynotlink.co.kr 실제 모바일 반응형 모습

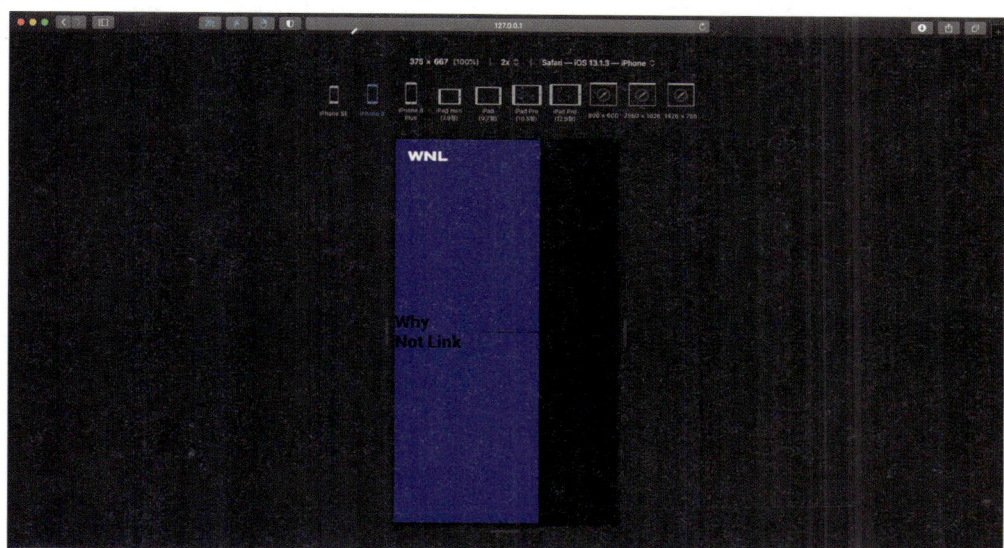

4-3-41 현재 웹사이트를 모바일에서 본 화면

실제로 서비스되고 있는 화면처럼 만들기 위해서 헤더의 모바일 메뉴 색을 흰색으로 고치고 우측에 들어가던 배경 그림을 모바일에서는 가려주도록 하겠습니다.

```css
...
.header.white .mobile_menu_bt .mm_m {
    background-color: #fff;
}
...
```

```css
...
.contents_wrap .company.cp1 .back_img {
    display: none;
}
...
```

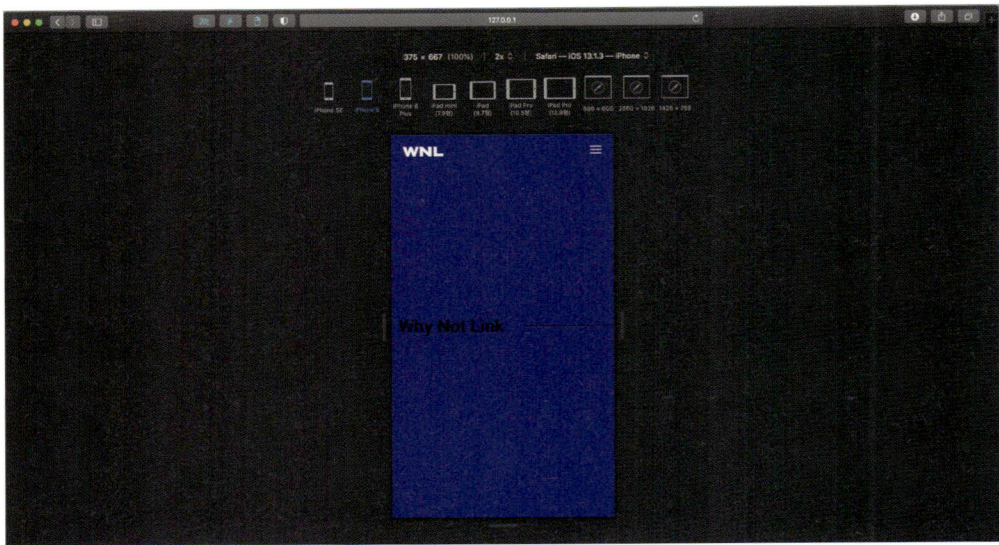

4-3-42 결과화면

back_img를 지워준 것만으로도 어느 정도 자리가 잡혔습니다. 나머지 타이틀 사이즈와 옆의 장식선 사이즈도 모바일에 적절하도록 조절해 주겠습니다.

```css
...
.contents_wrap .company.cp1 .main_title {
    font-size: 20px;
    margin-right: 0px;
    justify-content: center;
}
.contents_wrap .company.cp1 .main_title .main_deco {
    width: 100px;
    margin-left: 20px;
}
...
```

4-3-43 결과화면

```
...
.contents_wrap .company.cp2 {
    padding: 0px;
    margin-top: 100px;
}
.contents_wrap .company.cp2 .main_title {
    font-size: 17px;
    line-height: 30px;
    margin-left: 20px;
}
.contents_wrap .company.cp2 .main_img {
    margin-top: 60px;
    margin-right: 0px;
}
.contents_wrap .company.cp2 .main_img img {
    width: 100%;
}
...
```

이어서 .cp2의 간격과 여백을 조절하고 이미지의 가로 너비를 100%로 설정합니다.

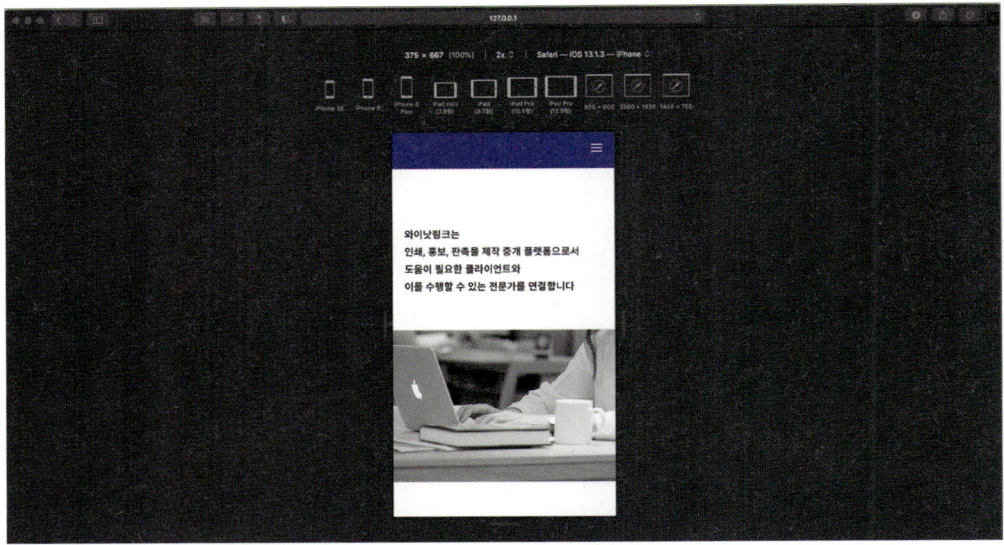

4-3-44 .cp2 스타일 조정 후 화면

```css
...
.contents_wrap .company.cp3 {
  padding: 0px 20px;
  margin-top: 60px;
}
.contents_wrap .company.cp3 .main_title {
  font-size: 17px;
  line-height: 30px;
  margin-left: 0px;
}
.contents_wrap .company.cp3 .mission_items {
  margin-left: 0px;
  margin-top: 50px;
  width: 100%;
  flex-direction: column;
}
.contents_wrap .company.cp3 .mission_items .mission_item {
  margin-left: 0px;
  margin-bottom: 30px;
}
.contents_wrap .company.cp3 .mission_items .mission_item .ms_num {
  font-size: 12px;
}
```

```
.contents_wrap .company.cp3 .mission_items .mission_item .ms_title {
  margin-top: 10px;
  font-size: 15px;
}
.contents_wrap .company.cp3 .mission_items .mission_item .ms_desc {
  font-size: 13px;
  margin-top: 15px;
  line-height: 22px;
}
...
```

여기서도 모바일에 맞게 간격과 여백을 조정해 주고 좌우로 나열되던 .misstion_items의 자식 엘리먼트(.mistion_item)들을 flex-direction:column을 통해 수직으로 나열되게 바꿔 주겠습니다. 그리고 좌우에서 상하로 나열이 바뀌는 만큼 좌우에 대한 간격과 여백을 지워주고, 상하에 대한 여백을 주어야 합니다(.misstion_item에 margin-bottom:30px).

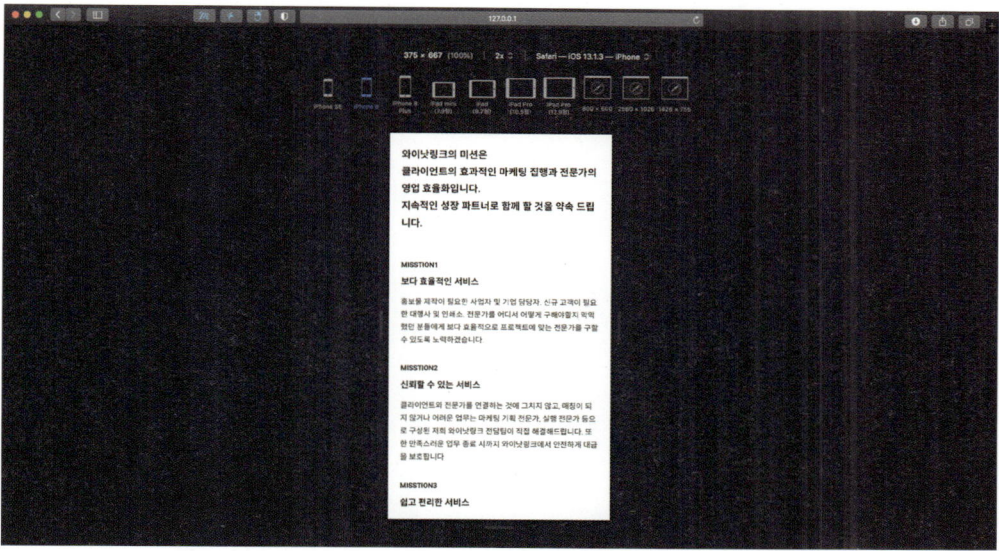

4-3-45 결과화면

```css
...
.contents_wrap .company.cp4 {
  margin-top: 100px;
  padding: 0px 20px 50px;
}
.contents_wrap .company.cp4 .main_title {
  font-size: 17px;
  line-height: 30px;
  margin-left: 0px;
}
.contents_wrap .company.cp4 .service_process {
  flex-direction: column;
  margin-right: 0px;
  padding: 0px;
  margin-top: 30px;
}
.contents_wrap .company.cp4 .service_process .sv_item {
  width: 100%;
  padding-right: 0px;
  margin-bottom: 30px;
}
.contents_wrap .company.cp4 .service_process .sv_item .sv_num {
  font-size: 35px;
}
.contents_wrap .company.cp4 .service_process .sv_item .sv_title {
  font-size: 15px;
  margin-top: 10px;
}
.contents_wrap .company.cp4 .service_process .sv_item .sv_desc {
  margin-top: 15px;
  font-size: 13px;
}
...
```

.cp4 역시 같은 맥락으로 flex-direction을 column으로 바꿔서 좌우로 나열되던 것을 상하로 바꿔줍니다. 마찬가지로 좌우 여백을 주기 위해 우측 padding을 제거하고 margin-bottom을 통해 상하로 간격을 줍니다.

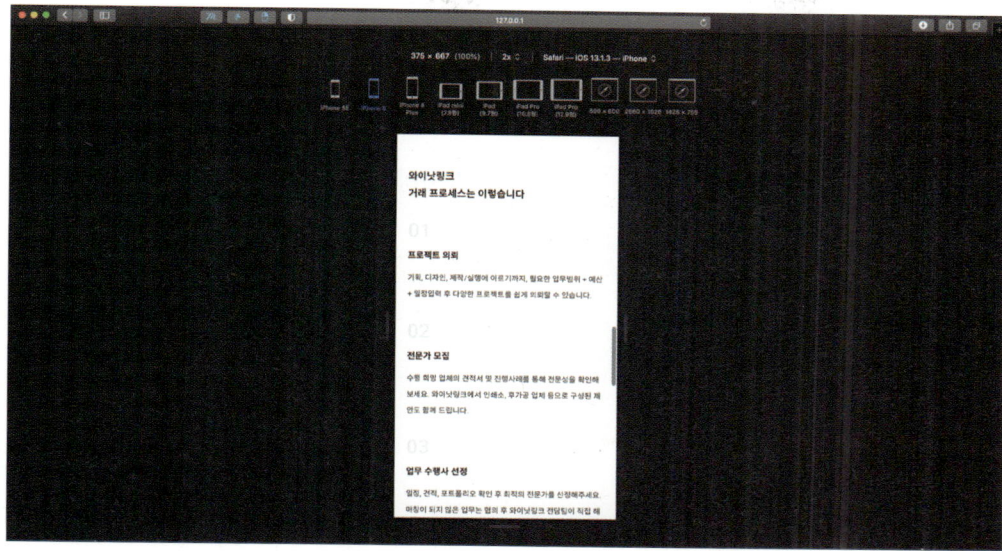

4-3-46 결과화면

```css
...
.contents_wrap .project_add_section {
  height: 350px;
}
.contents_wrap .project_add_section .main_title {
  font-size: 15px;
  line-height: 25px;
}
.contents_wrap .project_add_section .pr_add_go_bt {
    margin-top: 32px;
    width: 224px;
    height: 56px;
    line-height:56px;
    font-size: 13px;
}
.contents_wrap .project_add_section .pr_add_go_desc {
  margin-top: 25px;
  font-size: 12px;
  line-height: 22px;
  padding: 0px 40px;
}
```

자, 이제 이번 장의 마지막 섹션 반응형만 남았습니다. 모바일에 맞춰 폰트 사이즈와 간격 조정 정도만 맞추는 것이기 때문에 그렇게 어렵지 않게 할 수 있습니다.

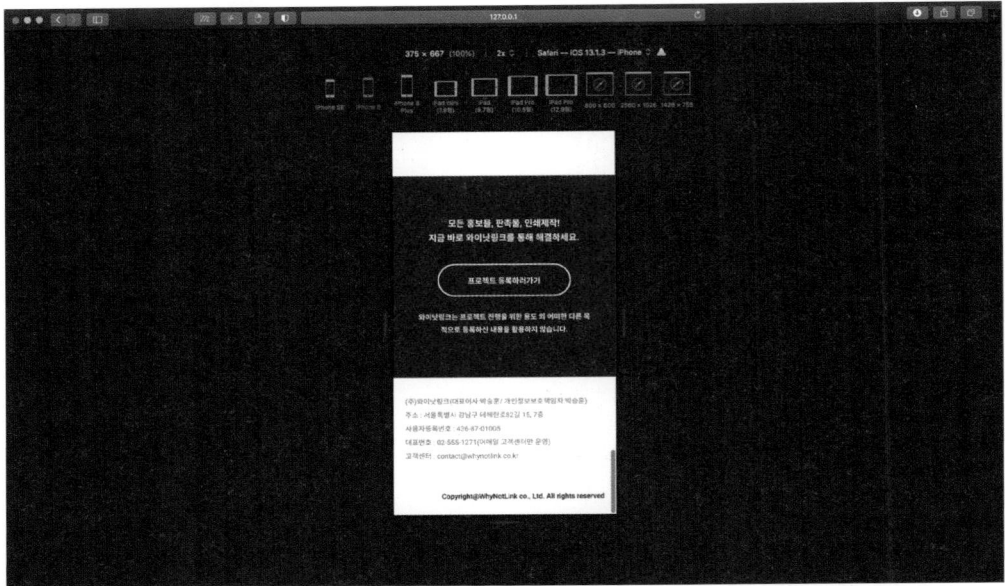

4-3-47 결과화면

✓ 이 책에서 간격이나 사이즈에 대한 값이 제공되어서 그대로 따라 적으면 되는 것처럼 대부분 실제 프로젝트에서도 제플린이나 스케치 같은 간격 및 사이즈 값을 제공받은 상태에서 작업을 하기 때문에 퍼블리싱 과정에서 적당한 사이즈나 간격에 대해 세세하게 고민하지 않아도 됩니다(일부 개발자가 재량껏 조정하거나 조율해야 하는 부분이 조금은 있습니다).

4-3-4 프로젝트 등록 페이지 퍼블리싱

4-3-48 앞으로 만들 프로젝트 등록 페이지 모습

이번 페이지에서는 플랫폼 서비스라면 필수적으로 자주 다루는 입력 폼 페이지를 만들어 보고자 합니다. 입력 폼은 보통 한번 틀을 만들어 놓으면 두고두고 사용자 입력 및 수정이 필요한 부분에 일관되게 사용되기 때문에 처음 구조를 잘 잡아 놓으면 추후에는 편하게 퍼블리싱할 수 있습니다.

이번 페이지 역시 새롭게 페이지를 만든 뒤(recruit_register.html) 이전 페이지에서 만든 헤더와 푸터를 복사해서 넣습니다. 복사할 때 주의할 것은 이번 페이지는 헤더가 white 버전이 아니기 때문에 헤더 class에 white가 들어가 있다면 제거해 주어야 합니다.

```
...
<div class="header"...>
<div class="contents_wrap">
    <div class="div_page">
        <div class="page_title">프로젝트 등록</div>
        <div class="page_contents">
        </div>
    </div>
</div>
<div class="footer"...>
...
```

.content_wrap 안에는 모집 상세보기에서 썼던 것처럼 .div_page와 .page_title을 그대로 써주고 .page_contents라는 div를 만들어 그 안에 입력 폼들을 넣어 주겠습니다.

```
...
.contents_wrap .div_page .page_contents {
    padding: 30px;
}
...
```

입력 폼이 들어가는 본문에는 padding을 통해 30px의 여백을 줍니다.

4-3-49 결과화면

```html
...
<div class="page_contents">
    <div class="input_item wide_item">
        <div class="input_title">요청제목</div>
        <div class="input_contents">
            <input type="text" placeholder="요청 내용을 간략히 입력해 주세요."/>
        </div>
    </div>
...
```

자, 이제 입력 폼을 하나씩 퍼블리싱하겠습니다. 입력 폼은 앞에서 만든 .info_item처럼 특정 형식이 계속 쓰이기 때문에 구조를 한번 만들어 두면 계속해서 사용할 수 있습니다. 처음 우리가 만들 시안을 보면, 입력 폼의 입력하고자 하는 input의 제목, 그리고 입력 폼 이렇게 크게 두 개의 형태로 나뉘는 것을 볼 수 있습니다(.info_item과 사실 거의 같습니다). 때문에 .input_item을 기본으로 만들고 그 안에 제목과 콘텐츠(입력 폼)로 구성되게 구조를 만듭니다. .input_item에 .wide_item을 추가한 이유는 이 입력 폼이 제목 입력 폼이라 다른 입력 폼보다 너비를 넓게 사용할 예정이기 때문입니다.

```css
...
input[type=text]{
  border: none;
  border-bottom: 1px solid #181818;
  width: 150px;
  height: 42px;
  font-size: 14px;
  box-sizing: border-box;
}
.input_item {
  display: flex;
  margin-bottom: 15px;
  width: 100%;
}
.input_item .input_title {
  font-size: 14px;
```

```css
  color: #989898;
  font-weight: 500;
  width: 120px;
  line-height: 42px;
}
.input_item .input_contents {
  flex: 1;
  font-size: 14px;
}
.input_item.wide_item input {
  width: 450px;
}
```

input과 .input_item은 모든 입력 폼에 유사하게 들어가기 때문에 앞서 만든 .info_item처럼 .contents_wrap이나 특정 div에 종속되는 것이 아니라 따로 분리시켜서 스타일을 지정합니다. Input 옆에 [type=text]라고 쓰인 것은 input 태그 중에 text 타입만을 적용하겠다는 의미입니다. .input_item에는 flex를 사용해서 자식 엘리먼트들이 좌우측으로 나열되도록 설정하였습니다. 그리고 아까 요청제목에는 너비를 넓게 쓰기 위해서 wide_item을 .input_item에 추가했기 때문에 .wide_item이 들어간 .input_item에는 input 넓이가 width:150px이 아닌 450px이 되도록 스타일링합니다.

4-3-50 결과화면

```html
...
<div class="input_item wide_item">
    <div class="input_title">요청제목</div>
    <div class="input_contents">
        <input type="text" placeholder="요청 내용을 간략히 입력해 주세요."/>
    </div>
</div>
<div class="input_item">
    <div class="input_title">회사이름</div>
    <div class="input_contents">
        <input type="text" placeholder="회사명을 입력해 주세요"/>
    </div>
</div>
<div class="input_item">
    <div class="input_title">총예산</div>
    <div class="input_contents">
        <input type="text" placeholder="희망예산"/>원
    </div>
</div>
<div class="input_item">
    <div class="input_title">납품지역</div>
    <div class="input_contents">
        <select>
            <option>미정</option>
        </select>
    </div>
</div>
...
```

이어서 input_item을 늘려주겠습니다. 이미 .input_item과 input[type=text]에 대해서 스타일링이 되어 있기 때문에 input 텍스트폼에 한해서는 무한정으로 늘려도 스타일이 자동으로 적용됩니다.

```css
...
select {
    height: 40px;
    font-size: 14px;
    -webkit-appearance: none;
    border-radius: 0px;
    width: 150px;
    border: none;
    border-bottom: 1px solid #181818;
    background-image: url("/img/ic_arrow_down.svg");
    background-position: right center;
    background-repeat: no-repeat;
}
...
```

여기서는 select 태그의 스타일을 변경하겠습니다. 우선, 브라우저의 기본 셀렉트박스 스타일을 지워주기 위해 border:none과 -webkit-appearance:none으로 스타일을 지우겠습니다. 그리고 background-image를 통해 우측에 작은 화살표를 넣음으로써 이게 셀렉트 input임을 인식하도록 합니다. background-position을 통해 이미지를 우측 중앙에 배치시키고 background-repeat를 통해 background 속성을 사용했지만 이미지가 반복되서 나오지 않게 막습니다. 특히 브라우저에 따라 어떤 브라우저는 반복되고, 어떤 브라우저는 반복되지 않기 때문에 확실하게 하기 위해 지정하는 것이 좋습니다.

4-3-51 결과화면

```html
...
<div class="input_item">
    <div class="input_title">모집마감일</div>
    <div class="input_contents">
        <input type="text" class="date_select" placeholder="모집마감일"/>
    </div>
</div>
<div class="input_item">
    <div class="input_title">최종납기일</div>
    <div class="input_contents">
        <input type="text" class="date_select" placeholder="최종납기일"/>
    </div>
</div>
...
```

이번에는 날짜 선택폼을 스타일링하겠습니다.

4-3-52 실제 서비스에서 라이브러리로 구현된 날짜 선택 입력 폼

서비스에서 이루어지는 날짜 선택 입력 폼은 바로 이미지 4-3-52의 화면처럼 클릭했을 때 날짜 입

력 화면이 나와야 하지만 이는 프론트 작업에서 하고, 보통은 누군가 만들어 놓은 라이브러리를 통해 구현하기 때문에 우리는 저 폼을 누르기 전까지의 모양새만 잡아보도록 하겠습니다.

```css
input[type=text].date_select{
    background-image: url("/img/ic_date.svg");
    background-position: right center;
    background-repeat: no-repeat;
}
```

방법은 셀렉트박스에서 했던 것처럼 우측에 아이콘만 삽입하면 끝나기 때문에 새롭거나 어렵게 느껴지지 않을 거라고 생각됩니다.

4-3-53 결과화면

```html
...
<div class="input_item">
    <div class="input_title">업무분야</div>
    <div class="input_contents">
        <span class="on_off_bt">
            <label>
                <input type="checkbox" class="check_toggle" name="channelTypeCode" />
                <span class="toggle_bt"></span>
            </label>
        </span>
        <span class="on_off_value">와이낫링크 매니징</span>
        <span class="input_desc">와이낫링크에서 알아서 필요한 부분을 업무세부분야를 정해 줍니다. </span>
    </div>
</div>
...
```

이번엔 온오프 버튼을 만들어 보겠습니다. 앱에서는 흔하게 보이는 버튼이지만, 웹에서는 브라우저가 기본으로 제공하는 UI는 아니기 때문에 웹에서 흔하게 자주 사용되는 checkbox를 활용해서 만듭니다. 다만, 기본 입력 폼이 아니고 약간의 트릭으로 만드는 UI이다 보니 스타일이 초보자가 다 이해하기에는 많이 복잡하고 어렵습니다. 저도 처음에는 제가 직접 만들기보다 타 사이트에서 만들어진 것을 보고 크롬 분석기를 통해 소스를 가져다 만들었었는데, 이 책에서도 소스를 하나하나 설명하는 것보다는 소스만 적어 두고, 이후 크롬 개발자모드 활용하기(5.3) 편에서 어떻게 소스를 가져다가 쓸 수 있는지까지만 다루겠습니다.

```css
...
.on_off_bt {
    position: relative;
    margin-top: 11px;
    display: inline-block;
}
.on_off_bt .check_toggle {
    display: none;
}
```

```css
.on_off_bt .check_toggle:checked + .toggle_bt:before {
    width: 37px;
    background: #2F2F96;
}
.on_off_bt .check_toggle:checked + .toggle_bt:after {
    left: 17px;
    box-shadow: inset 0 0 0 1px #2F2F96, 0 2px 4px rgba(0, 0, 0, 0.2);
}
.on_off_bt .toggle_bt {
    display: inline-block;
    vertical-align: middle;
    position: relative;
    box-shadow: inset 0 0 0px 1px #d5d5d5;
    text-indent: -5000px;
    height: 20px;
    width: 37px;
    border-radius: 10px;
    cursor: pointer;
}
.on_off_bt .toggle_bt:before {
    content: "";
    position: absolute;
    display: block;
    height: 20px;
    width: 37px;
    top: 0;
    left: 0;
    border-radius: 10px;
    background: rgba(19, 191, 17, 0);
    -moz-transition: 0.25s ease-in-out;
    -webkit-transition: 0.25s ease-in-out;
    transition: 0.25s ease-in-out;
}
.on_off_bt .toggle_bt:after {
    content: "";
    position: absolute;
    display: block;
    height: 20px;
```

```css
    width: 20px;
...
.on_off_bt .toggle_bt:after {
    content: "";
    position: absolute;
    display: block;
    height: 20px;
    width: 20px;
    top: 0;
    left: 0px;
    border-radius: 10px;
    background: white;
    box-shadow: inset 0 0 0 1px rgba(0, 0, 0, 0.2), 0 2px 4px rgba(0, 0, 0.2);
    -moz-transition: 0.25s ease-in-out;
    -webkit-transition: 0.25s ease-in-out;
    transition: 0.25s ease-in-out;
}
.on_off_value {
    font-size: 13px;
    font-weight: 500;
    margin-left: 6px;
}
```

추가적으로 input UI에 대한 설명이 필요할 때, 회색의 작은 글씨로 설명에 대한 스타일을 추가하겠습니다(앞의 태그 소스 부분에서 .input_desc).

4-3-54 결과화면

```html
...
<div class="input_item">
    <div class="input_title">세부내용</div>
    <div class="input_contents">
        <textarea placeholder="요청 내용을 자유롭게 작성해 주세요. 목적, 의뢰범위, 사양, 수량 등 자세히 적을수록 매칭될 확률이 높습니다. 작성이 어려울 경우 '상담요청'이라고 기입해 주세요. 저희 담당매니저가 전화로 자세히 안내해드리겠습니다."></textarea>
    </div>
</div>
<div class="input_item">
    <div class="input_title">자료첨부</div>
    <div class="input_contents">
        <div class="file_input">
            <label>
                <input type="file" />
                <div class="file_text">jpg/jpeg/png/ppt/doc/docx/hwp/ppt/zip</div>
                <div class="file_bt">파일찾기</div>
```

```
            </label>
        </div>
    </div>
</div>
...
```

이번에는 속도를 좀 더 내서 세부내용을 작성할 textarea와 파일을 첨부할 수 있는 파일 input 폼을 함께 만들어 보겠습니다. 파일 첨부도 기본적으로 브라우저에서 제공하는 것이 있지만, 모양이 그렇게 예쁘지 않으므로 기본 브라우저 파일 첨부 모양은 스타일에서 가려주고 좀 더 깔끔하게 꾸민 파일 첨부 모양을 만들어서 넣어 주겠습니다. <label> 태그 안에 input과 버튼을 같이 두면 버튼만 클릭해도 실제로는 <input>에 연결되기 때문에(여기에서는 기본 파일 첨부 UI가 나옵니다), 스타일에서 <input type=file>을 가려주더라도 기능적으로는 활용하실 수 있습니다. 더 자세한 건 프론트 개발에서 다룰 일이고 여기에서는 모양만 잡아 주도록 하겠습니다.

```
...
textarea {
    font-size: 14px;
    line-height: 24px;
    width: 100%;
    box-sizing: border-box;
    padding: 15px;
    border-radius: 6px;
    height: 250px;
    border: 1px solid #181818;
}
...
```

기본적인 사이즈와 폰트, 테두리에 대한 스타일이기 때문에 이제는 이해하기가 별로 어렵지 않을 것이라 생각합니다.

```css
...
.file_input {
    display: flex;
}
.file_input input {
    display: none;
}
.file_input label {
    display: flex;
}
.file_input .file_text {
    width: 300px;
    background-color: #f5f5f5;
    height: 42px;
    border: 1px solid #E2E2E2;
    box-sizing: border-box;
    padding: 12px 15px;
    border-radius: 6px;
    color: #989898;
    cursor: pointer;
}
.file_input .file_bt {
    width: 93px;
    height: 42px;
    background-color: #676767;
    text-align: center;
    line-height: 42px;
    color: #fff;
    border-radius: 6px;
    margin-left: 4px;
    font-weight: 500;
    font-size: 14px;
    cursor: pointer;
}
...
```

앞에서 말한 것처럼 .file_input 안에 input을 display:none으로 가려준 뒤 실제로는 .file_text, file_bt만 있는 것처럼 보이게 합니다(가려줄 뿐이지, 실제로 파일을 첨부하려면 input 파일이 필요하기 때문에 꼭 태그를 같이 적어 주어야 합니다).

4-3-55 결과화면

```
...
<div class="page_contents">
    ...
</div>
<div class="page_bottom">
    <div class="submit_desc">* 프로젝트등록은 작성 후  업무일 기준 2~3일의 심사가 승인되어야 등록이 가능합니다.</div>
    <div class="default_bt submit_bt">등록하기</div>
</div>
...
```

마지막으로 프로젝트를 최종 등록하는 버튼 부분을 만들고 끝내겠습니다. 버튼 부분은 page_contents안에서 다루는 것이 아니라 따로 다루기 때문에 .page_bottom이라는 div를 만들고 그 안에 설명과 버튼을 넣습니다.

```css
...
.contents_wrap .div_page .page_bottom {
    border-top: 1px solid #181818;
    padding: 23px 35px;
    margin-top: 50px;
    display: flex;
    justify-content: flex-end;
    align-items: center;
}
.contents_wrap .div_page .page_bottom .submit_desc {
    font-size: 14px;
    color: #898989;
    margin-right: 20px;
}
...
```

.page_bottom에는 등록 전 간략한 설명과 버튼이 들어가는데, 이를 좌우로 나열하기 위해 flex 속성을 사용했습니다. 또한 버튼과 설명을 우측을 기준으로 배치하기 위해 justify-contents는 flex-end를 쓰고, 수직으로는 가운데가 될 수 있도록 align_items는 center로 지정합니다.

```css
...
.default_bt.submit_bt {
    width: 130px;
    font-size: 15px;
    font-weight: 500;
    color: #fff;
    line-height: 46px;
    background-color: #2F2F96;
}
...
```

이전에 자주 사용되는 스타일이여서 .default_bt에 대한 스타일을 따로 만들어 주었던 것을 기억하시나요?(.apply_bt와 함께) 거기에 이어서 .submit_bt에 대한 스타일을 적어 줍니다. .default_bt에 작성했던 속성이 그대로 등록하기 버튼에 적용되기 때문에 .submit_bt에 또다시 cursor 같은 속성을 적지 않으셔도 됩니다.

4-3-56 결과화면

이번에 만든 페이지는 입력 폼이 조금씩 다른 형식으로 다양하게 들어가 있지만, 전체 페이지로 보면 대부분 똑같거나 비슷하게 들어가기 때문에 한번 이렇게 만들어 두면 이후에 입력 관련 페이지를 제작할 때 금방 페이지를 퍼블리싱할 수 있습니다.

- 모바일 반응형 퍼블리싱

이어서 모바일 반응형을 제작하겠습니다. 입력 폼의 대부분은 글씨 조정과 간격을 줄여주는 정도이기 때문에 앞서 반응형 작업을 계속 따라왔다면 이번 장은 별로 어렵지 않게 진행할 수 있습니다. 이번에도 기존에 만들었던 mobile.css를 이어서 작성할 예정이니, 하던 대로 mobile.css를 header 태그에 <link> 태그로 첨부만 해 주면 됩니다.

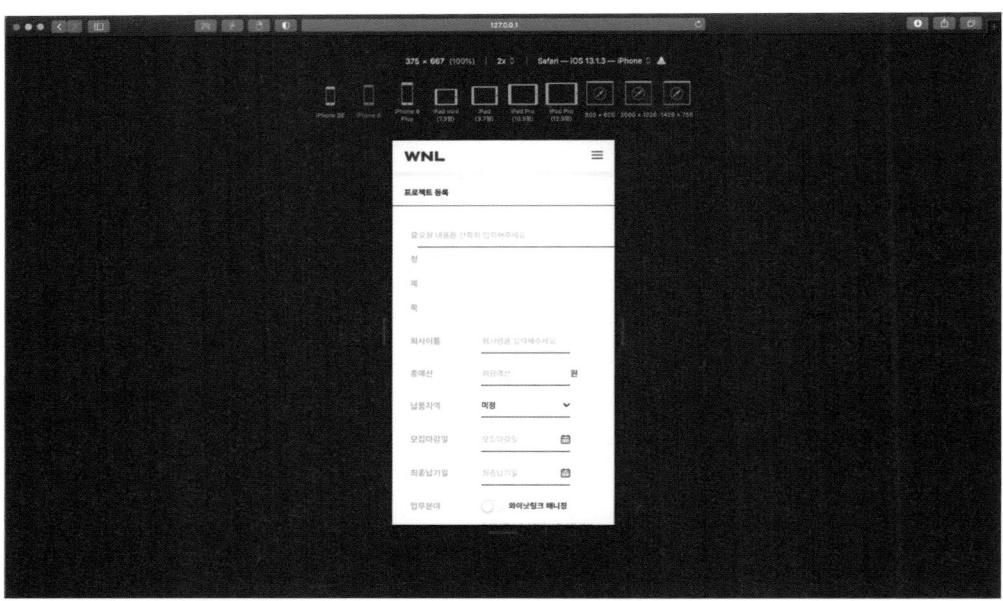

4-3-57 앞으로 만들어야 할 모바일 반응형이 적용된 화면

4-3-58 현재 페이지를 모바일에서 본 화면

.header와 .div_page, .page_title 등 기존에 이미 작성되어 있는 것이 있어서 mobile.css를 첨부해 주는 것만으로도 반응되는 UI들이 있지만, 새롭게 만들어 준 .input_item과 관련해서는 이미지 4-3-58 화면처럼 엉망으로 깨져 있습니다.

```css
...
.contents_wrap .div_page .page_contents {
    padding: 20px;
}
.input_item {
    margin-bottom: 15px;
}
.input_item .input_title {
    font-size: 13px;
    width: 90px;
}
.input_item .input_desc {
    font-size: 12px;
    line-height: 20px;
    margin-top: 12px;
}
.input_item.wide_item input {
    width: 100%;
}
...
```

우선, .page_contents의 padding이 30px로 되어 있기 때문에 20px로 조정하고 나머지도 모바일에 맞게 폰트 사이즈와 너비를 조정합니다. wide_item에 들어가는 input은 너비를 450px로 했었는데 모바일은 최대 너비가 375px 정도(아이폰11 기준)밖에 안 되기 때문에 100%로 바꿔서 입력 항목을 제외한 나머지 공간을 다 사용할 수 있게 조정합니다.

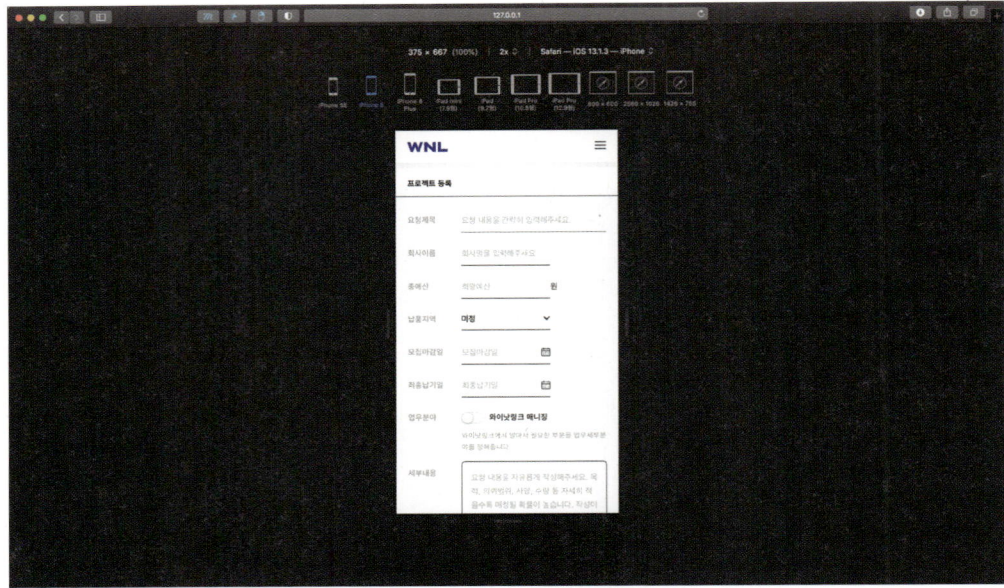

4-3-59 결과화면

금세 무언가 많이 정리된 것을 볼 수 있습니다. .input_title의 폰트 사이즈를 줄이면서 상대적으로 input폼 태그 폰트 사이즈가 살짝 커보일 수 있는데 이러한 디테일을 좀 더 손보도록 하겠습니다.

```css
...
input[type=text],select{
    font-size: 13px;
}
textarea {
    font-size: 13px;
    line-height: 22px;
    padding: 12px;
}
...
```

다음과 같이 입력 폼들에 대한 폰트 사이즈를 한 단계 줄여줍니다.

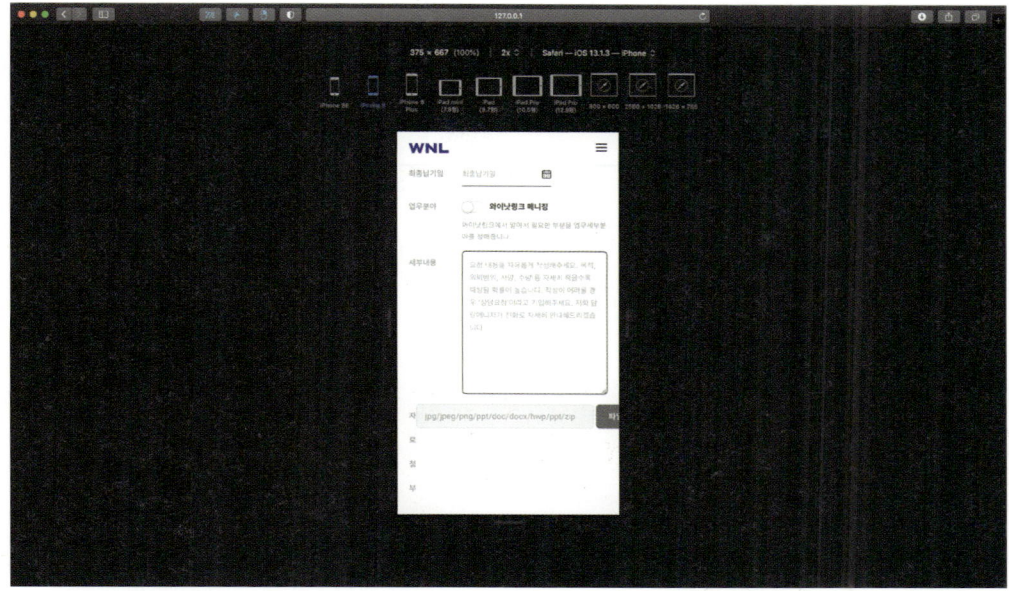

4-3-60 결과화면

세부내용의 textarea 부분을 보면 공간이 너무 좁아서 답답해 보입니다. 이렇게 글이 길게 들어갈 수 있는 부분에는 좌우로 공간을 나누는 것보다 위아래로 확실하게 분리시켜 주는 것이 좋습니다. 이를 구현하기 위해 태그에 다음과 같은 class를 하나 추가합니다.

```html
...
<div class="input_item mobile_full_item">
    <div class="input_title">세부내용</div>
    <div class="input_contents">
        <textarea placeholder="요청 내용을 자유롭게 작성해 주세요. 목적, 의뢰범위, 사양, 수량 등 자세히 적을수록 매칭될 확률이 높습니다. 작성이 어려울 경우 '상담요청'이라고 기입해 주세요. 저희 담당매니저가 전화로 자세히 안내해드리겠습니다."></textarea>
    </div>
</div>
...
```

이렇게 .input_item에 .mobile_full_item을 추가하여 모바일 환경에서 .mobile_full_item이 들어가 있는 .input_item에는 항목과 입력 폼이 상하로 구분되어서 입력 폼이 좀 더 많은 공간을 차지할 수 있도록 변경해 주겠습니다.

```css
...
.input_item.mobile_full_item {
    flex-direction: column;
}
...
```

코드는 아주 단순합니다. 기본 flex가 좌우로 나열되는 속성을 flex-direction을 통해 상하로 바꿔주면 됩니다.

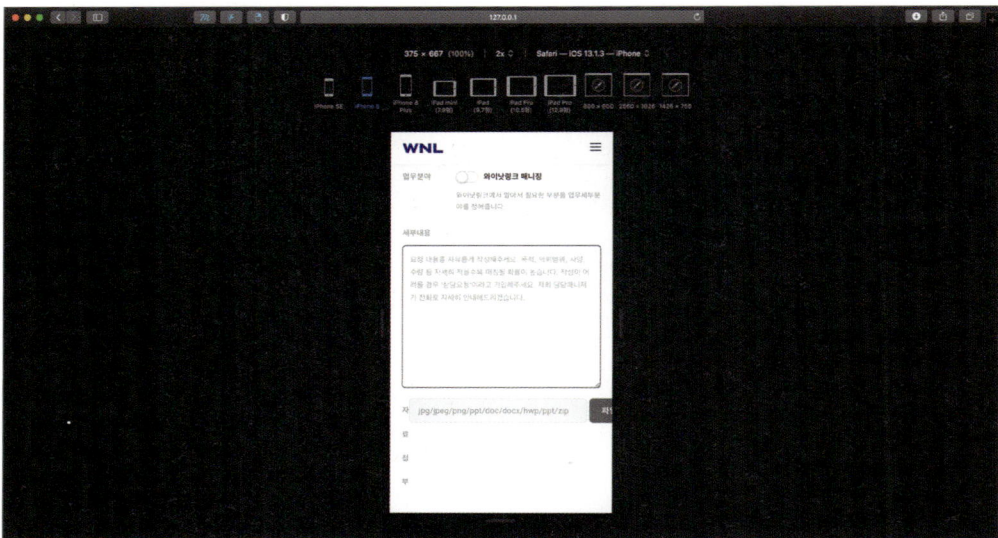

4-3-61 세부내용 항목명과 textarea가 상하로 구분된 모습

```css
...
.file_input .file_bt {
    height: 40px;
    line-height: 40px;
    font-size: 13px;
    width: 85px;
    margin-left: 0px;
}
.file_input .file_text {
    display: none;
}
...
```

이어서 파일 첨부 입력 폼도 모바일에 맞춰서 수정하겠습니다. 모바일 버전에서는 가로가 좁은 것을 고려하여 .file_text 부분을 아예 가리고 .file_bt 사이즈를 좀 더 줄여주는 방향으로 조절하면 됩니다.

4-3-62 결과화면

```
...
.contents_wrap .div_page .page_bottom {
    flex-wrap: wrap;
    padding: 20px;
}
.contents_wrap .div_page .page_bottom .submit_desc {
    width: 100%;
    font-size: 12px;
    line-height: 22px;
    margin-right: 0px;
    margin-bottom: 10px;
}
.contents_wrap .div_page .page_bottom .submit_bt {
    margin-top: 10px;
    width: 100%;
    line-height: 46px;
    font-size: 14px;
}
...
```

마지막으로 신청 버튼에 대한 부분을 처리하고 마무리 짓겠습니다. .page_bottom은 flex를 통해 좌우로 나열되어 있지만, 우리가 만들 .submit_bt은 width가 100%이기 때문에 신청하기에 대한 설명은 그 위에 표시해 주는 게 좋습니다. 상하 구조이니 flex-direction:column을 통해 모양을 잡아줘도 좋지만, 신청 페이지에 따라 버튼이 한 줄에 하나씩이 아닌 한 줄에 두 개가 들어가는 페이지도 있을 것을 고려해서 flex-wrap:wrap으로 설정합니다. 이 경우 .submit_desc의 width가 100%이므로 .submit_bt은 아래로 내려가게 됩니다. 만약 .submit_bt 같은 것이 두 개가 있고(예를 들면 취소하기와 등록하기 버튼) width가 50% 이하라면 한 줄에 버튼이 두 개씩 들어갈 수 있게 됩니다.

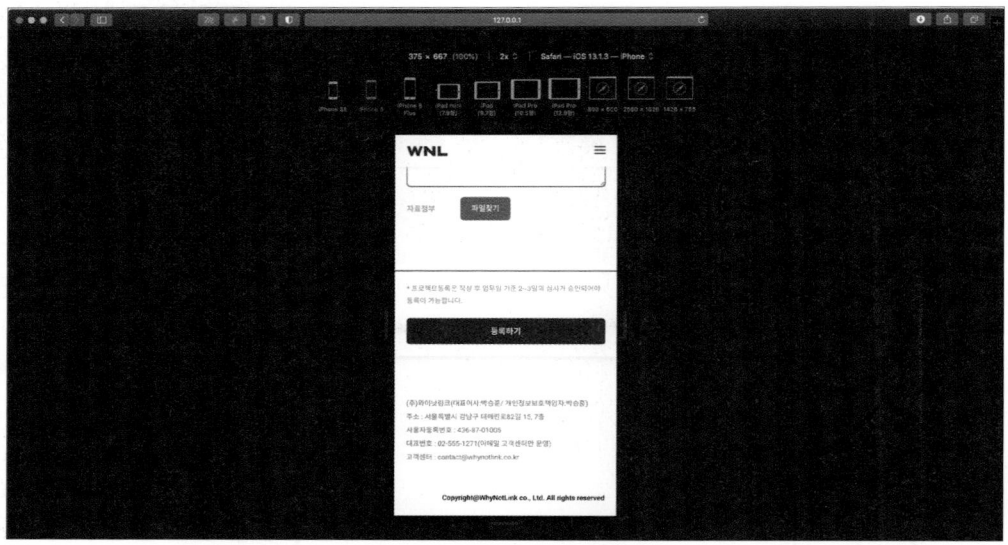

4-3-63 결과화면

4-3-5 회원가입 페이지 퍼블리싱

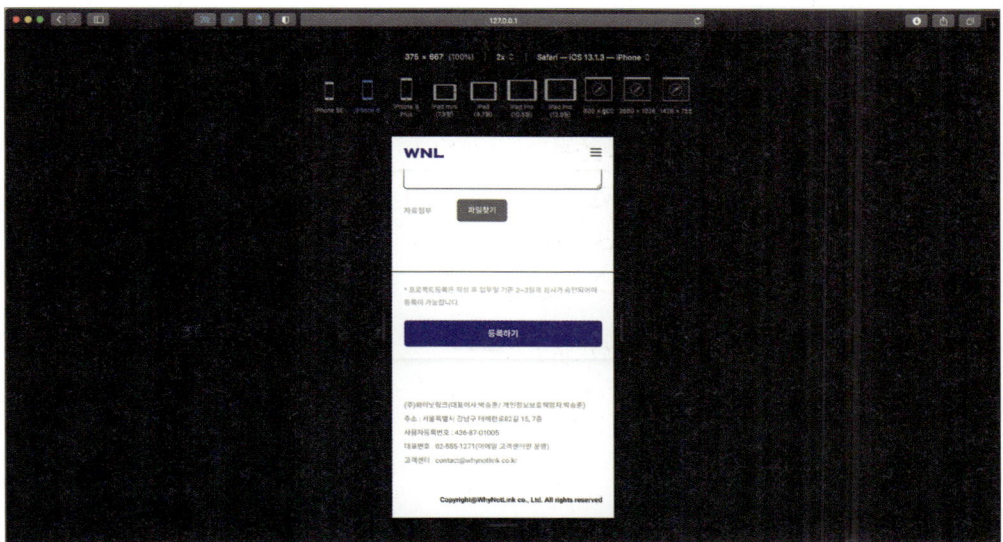

4-3-64 앞으로 만들 로그인 화면 모습

자, 이제 이번 장의 마지막 페이지만 남았습니다. 가장 필수적으로 들어가는 회원가입 페이지를 끝으로 마무리를 짓겠습니다. 회원가입 페이지는 보이는 것처럼 앞 페이지들에 비하면 비교적 구성이 단순하기 때문에 앞에서부터 꾸준히 따라오셨다면 이번 페이지는 그리 어렵지 않을 거라 생각됩니다. 그럼 바로 퍼블리싱을 진행하도록 하겠습니다.

```html
...
<head>
    <meta charset="UTF-8">
    <title>와이낫링크</title>
    <link rel="stylesheet" type="text/css" href="./common.css"/>
    <link rel="stylesheet" type="text/css" href="./mobile.css"/>
    <meta name="viewport" content="width=device-width, initial-scale=1.0">
</head>
...
```

새롭게 join.html을 만드는데, 이번 페이지에서는 다른 페이지와 달리 .header와 .footer가 들어가지 않기 때문에 따로 복사 붙여넣기를 하지 않으셔도 됩니다. 다만, 스타일을 기존 common.css와 mobile.css에 이어서 작성할 예정이기 때문에 〈header〉 태그에 첨부해 주겠습니다. 모바일 반응형을 위해 메타태그인 viewport도 챙겨서 넣는 것을 잊지 마세요.

```html
...
<body>
<div class="auth_page">
    <div class="join_section">
        <div class="logo_section">
            <img src="/img/logo.svg"/>
        </div>
    </div>
</div>
</body>
...
```

우선, 기본적인 골격만 맞추도록 하겠습니다. 기본적으로 회원가입 페이지나 로그인 페이지는 헤더와 푸터가 없고 회색 바탕 안에서 너비가 최대 450px 입력 틀이 가운데로 오는 구조를 가졌는데 이를 통제하기 위해서 body 태그 안에 auth_page 태그를 만들고 그 안에 join_section태그로 한 번 더 감싸겠습니다. 이렇게 해야 이후 로그인 페이지를 추가적으로 만들기 편하기 때문입니다.

```css
...
.auth_page {
    background-color: #fafafa;
    padding: 20vh 0px;
    min-height: 100vh;
    text-align: center;
}
.auth_page .join_section {
    max-width: 450px;
    margin: 0px auto;
}
...
```

.auth_page에는 상하 여백을 위한 상하 padding 값을 설정합니다. 또한 min-height를 100vh로 설정해서 모니터가 아주 큰 해상도에서 페이지를 보더라도 .auth_page min-height가 100vh라서 배경색이 흰색으로 보이는 일을 방지합니다. height가 아닌 min-height로 지정한 것은 콘텐츠가 혹시나 100vh를 넘어갔을 때 제한되는 것이 아닌 자연스럽게 늘어나도록 하기 위함입니다.

.auth_page를 통해 전체 배경을 회색으로 지정하고 join_section을 통해 본격적으로 입력 폼이 들어가는 구간을 만들어 주겠습니다. 기본적으로 모든 입력 폼은 최대 450px이기 때문에 max-width로 450px을 지정하고(width라고 해도 상관없습니다), margin의 auto 값을 통해 가운데로 오도록 배치합니다. .auth_page에서 text-align을 center로 했기 때문에 .auth_page 안에 있는 모든 요소는 따로 지정하지 않으면 기본값이 가운데 정렬이 됩니다.

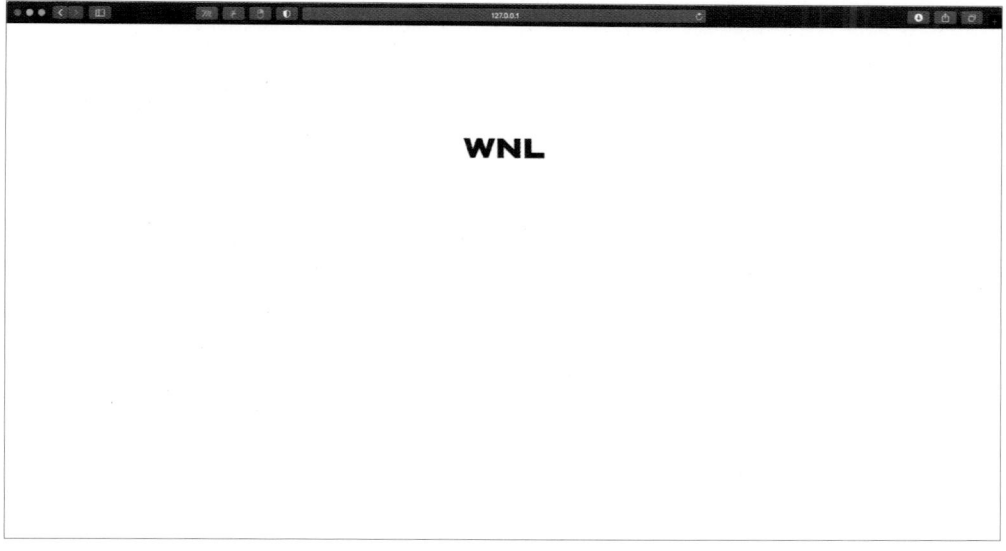

4-3-65 결과화면

```html
...
<div class="logo_section">
    <img src="/img/logo.svg"/>
</div>
<div class="auth_title">회원가입</div>
<div class="auth_input_section">
    <div class="input_item">
        <input type="text" placeholder="이메일"/>
    </div>
    <div class="input_item">
        <input type="password" placeholder="비밀번호"/>
    </div>
    <div class="input_item">
        <input type="password" placeholder="비밀번호 확인"/>
    </div>
    <div class="input_item">
        <input type="text" placeholder="이름"/>
    </div>
...
```

이제 본격적으로 입력 폼을 넣겠습니다. input 태그를 계속 나열하는 것보다는 바로 앞에서 input_item으로 한번 감싸준 것처럼 이번에도 .input_item 이름의 div 태그로 한번 감싸주겠습니다. 이렇게 해야 이후에 버튼이 들어가거나 추후에 어떤 스타일을 추가하고 싶을 때 편리합니다.

```css
...
.auth_page .join_section .auth_title {
    font-size: 15px;
    text-align: left;
    margin-top: 55px;
    font-weight: 700;
}
.auth_page .join_section .auth_input_section {
    margin-top: 15px;
}
.auth_page .join_section .auth_input_section .input_item input{
    width: 100%;
```

```
height: 56px;
padding: 10px 18px;
border-radius: 6px;
font-size: 15px;
box-sizing: border-box;
border: 1px solid #ddd;
background-color: #fff;
}
...
```

앞에서 input에 대한 기본적인 스타일을 이미 정의해 놓았기 때문에 로그인, 회원가입에 맞는 input 스타일을 덮어씌워서 다시 지정해 주었습니다. '.auth_page .join_section .auth_input_section .input_item'처럼 경로가 구체적이면 구체적일수록 스타일 우선순위가 높아지기 때문에 자연스럽게 기본 input 스타일은 덮어씌워지게 됩니다.

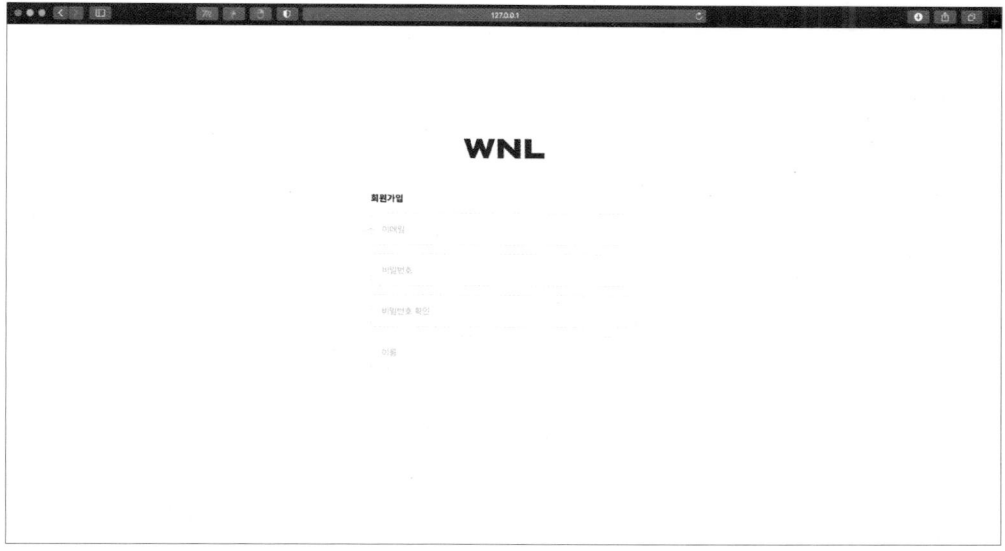

4-3-66 결과화면

```html
...
<div class="input_item phone_item">
    <input type="tel" placeholder="휴대폰번호"/>
    <button class="default_bt phone_check_bt">인증요청</button>
</div>
<div class="input_item">
    <button class="default_bt join_bt">회원가입</button>
</div>
<div class="join_input_desc">
    회원가입 버튼을 클릭하면, 와이낫링크 <a>이용약관</a>에 동의하며 쿠키 사용을 포함한
    <a>개인정보취급방침</a>을 읽었음을 인정하게 됩니다.
</div>
...
```

앞에서부터 input 태그를 굳이 .input_item이라는 div태그로 한번 감싼 것은 위와 같이 입력 폼 옆에 버튼과 함께 나열하고 싶을 때 편리하기 때문입니다(flex속성을 사용하기 좋습니다).

```css
...
.auth_page .join_section .auth_input_section .input_item.phone_item {
    display: flex;
}
.auth_page .join_section .auth_input_section .input_item.phone_item input
{
    flex: 1;
}
.auth_page .join_section .auth_input_section .input_item.phone_item
.phone_check_bt{
    margin-left: 8px;
}
.auth_page .join_section .join_input_desc {
    margin-top: 5px;
    font-size: 14px;
    line-height: 23px;
    text-align: left;
}
...
```

```css
...
.default_bt.join_bt {
    width: 100%;
    height: 64px;
    line-height: 64px;
    font-size: 16px;
    color: #fff;
    background-color: #2F2F96;
}
.default_bt.phone_check_bt {
    width: 100px;
    height: 56px;
    font-size: 15px;
    font-weight: 500;
    color: #fff;
    background-color: #2F2F96;
}
...
```

앞서 언급했던 것처럼 flex를 이용하면 input과 버튼의 공간 분배를 쉽게 할 수 있습니다.

그리고 phone_check_bt를 나눠서(.auth_page .join_section .auth_input_section .input_item. phone_item .phone_check_bt와 .default_bt.phone_check_bt) 따로 스타일을 준 것은 .phone_check_bt이 다른 곳에서도 쓰일 수 있다는 가능성을 열어 두기 위해서입니다. 버튼 자체의 스타일은 어딘가 다시 쓰기 위해서 auth_section에 종속시키지 않지만, 버튼의 간격이나 위치를 조정하는 것은 .auth_section에서만 쓰일 가능성이 크기 때문에 따로 스타일을 구분해 놓은 것입니다. 이런 식으로 레이아웃 배치와 자체 스타일 모양을 구분시켜서 스타일을 정의해두면 이후에 재사용하기 좋습니다.

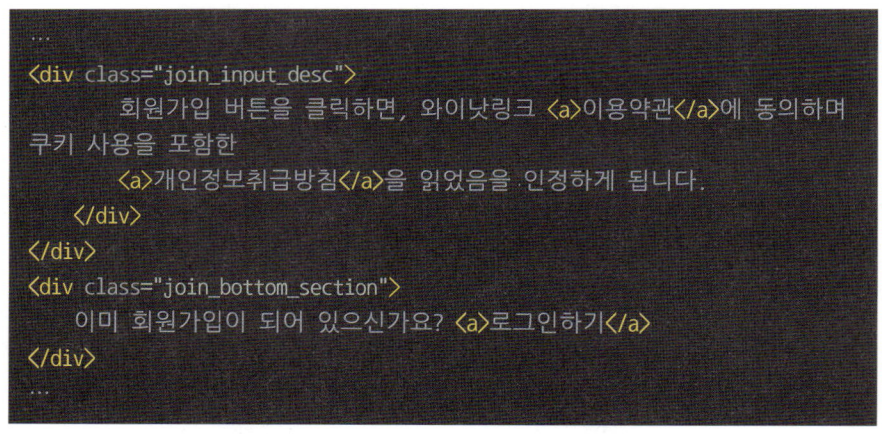

4-3-67 결과화면

```
...
<div class="join_input_desc">
        회원가입 버튼을 클릭하면, 와이낫링크 <a>이용약관</a>에 동의하며
쿠키 사용을 포함한
        <a>개인정보취급방침</a>을 읽었음을 인정하게 됩니다.
    </div>
</div>
<div class="join_bottom_section">
    이미 회원가입이 되어 있으신가요? <a>로그인하기</a>
</div>
...
```

마지막으로 로그인 화면으로 넘어갈 수 있는 버튼 섹션을 퍼블리싱하고 이번 데스크톱 퍼블리싱을 마무리 짓겠습니다.

```css
.auth_page .join_section a {
    color: #181818;
    text-decoration: underline;
    font-weight: 600;
    cursor: pointer;
}

.auth_page .join_section .join_bottom_section {
    margin-top: 35px;
    padding-top: 17px;
    border-top: 1px solid #ddd;
    text-align: left;
}
```

join_input_desc에서 이미 a 태그를 몇 번 사용하였는데, a 태그는 브라우저에 따라 기본 속성 스타일이 조금 다르므로, 이를 좀 더 확실히 하기 위해 따로 스타일을 설정합니다.

4-3-68 최종 결과화면

– 모바일 반응형 퍼블리싱

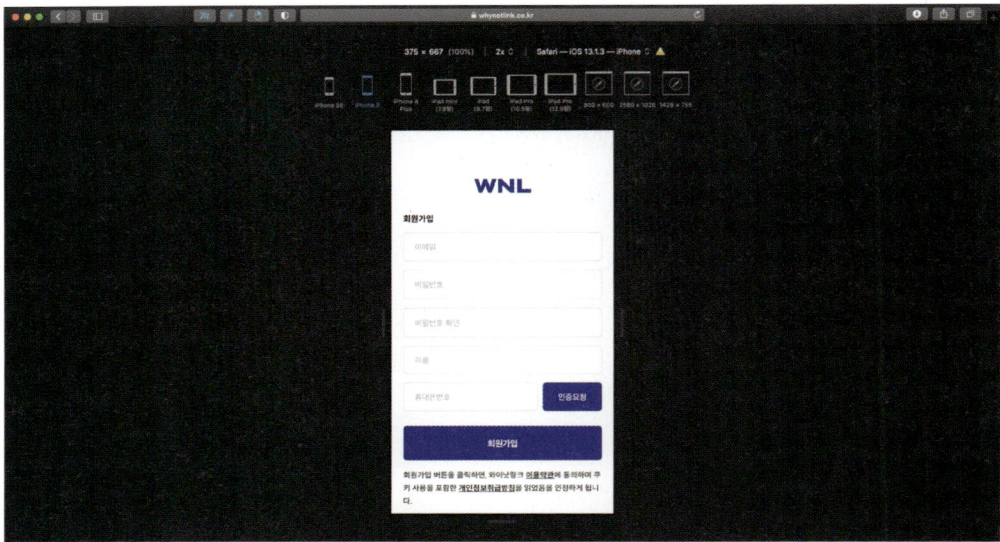

4-3-69 만들어야 할 모바일 반응형 모습

앞서 구성이 비교적 심플했던 것만큼 모바일 반응형 또한 기존에 했던 것에 비하면 금방 할 수 있습니다.

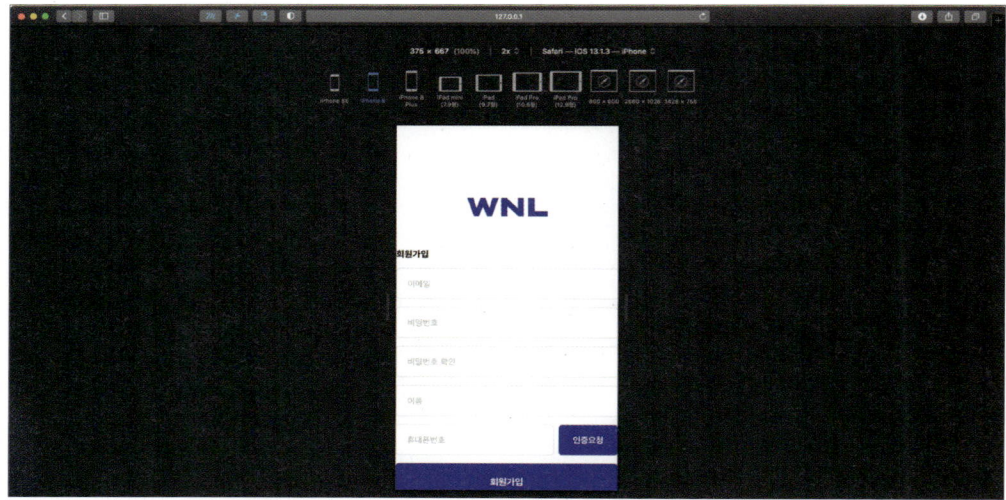

4-3-70 반응형이 적용되기 전 화면

앞에서 만들었던 페이지를 모바일에서 바로 보면 알 수 있듯이, 기존에는 심하게 깨져 있던 페이지가 이 페이지에서는 아주 심각하지는 않습니다. 모바일에 맞춰 간격, 사이즈, 양쪽 여백 정도만 잡아 주면 끝날 정도로 할 것이 많이 없습니다.

```css
...
.auth_page {
    padding: 85px 0px;
}
.auth_page .join_section {
    padding: 0px 20px;
    box-sizing: border-box;
}
.auth_page .join_section .logo_section img {
    width: 96px;
}
.auth_page .join_section .auth_title {
    margin-top: 30px;
    font-size: 13px;
}
.auth_page .join_section .auth_input_section .input_item input {
    height: 50px;
    font-size: 14px;
}
.auth_page .join_section .join_input_desc {
    font-size: 13px;
}
.auth_page .join_section .join_bottom_section {
    font-size: 13px;
}
.auth_page .join_section .join_bottom_section {
    margin-top: 25px;
}
...
```

```
...
.default_bt.join_bt {
    height: 60px;
    line-height: 60px;
    font-size: 15px;
}
.default_bt.phone_check_bt {
    height: 50px;
}
...
```

기본적인 사이즈, 간격 조정이기 때문에 내용이 길어 보이지만 어렵지는 않습니다.

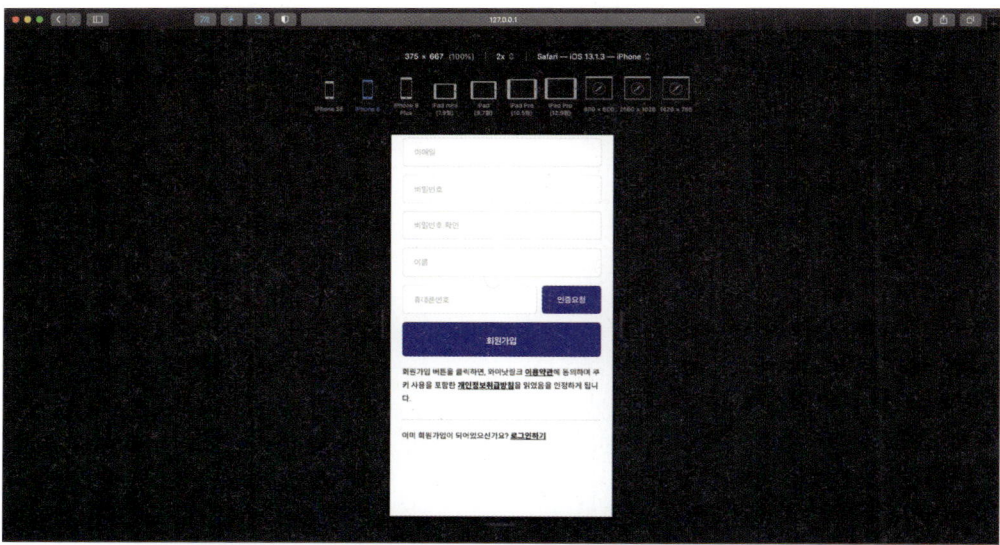

4-3-71 '회원가입' 글자가 아주 약간 아래로 내려가 있는 모습

여기서 한 가지만 짚고 넘어가겠습니다. 회원가입 버튼을 보시면 height와 line-height를 둘 다 60px로 주었는데, 자세히 보시면 아주 약간 글씨가 내려와 있는 것을 발견할 수 있습니다. 이는 회원가입 버튼 태그를 div나 span이 아니라 button 태그에서 스타일을 주었을 때 브라우저에 따라 기본 button 태그의 스타일 padding 값이 약간씩 들어 있어서 발생하는 것인데, 이를 해결하기 위해서는 모든 button 태그의 기본 padding을 0px로 지정하거나 line-height를 -2px를 뺀 58px로 지정하면 가운데로 맞출 수가 있습니다.

```css
...
ul, li {
    list-style: none;
    margin: 0px;
    padding: 0px;
}
a {
    color: #181818;
    text-decoration: none;
}
button{
    padding:0px;
}
...
```

이처럼 태그에 기본으로 붙어 있는 스타일은 미세한 오차를 줄 수 있기 때문에 제거해 주는 게 좋습니다.

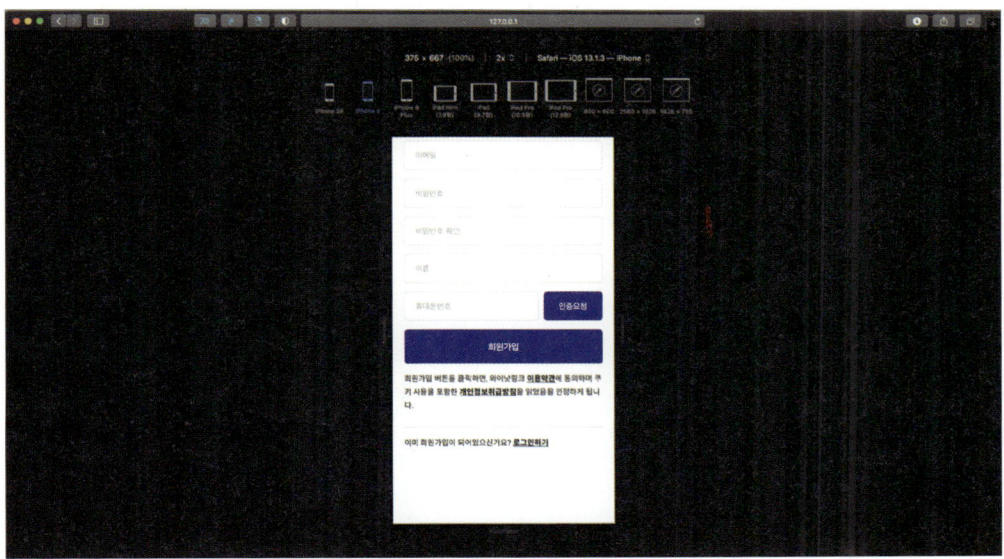

4-3-73 '회원가입'이 제대로 수직수평 가운데로 온 모습

4-4 비주얼 퀄리티를 높여주는 팁

프로젝트를 많이 진행하다 보면 시안이 나왔을 때는 꽤 괜찮았던 디자인이, 막상 개발을 다 하고 보면 어딘가 퀄리티가 좀 부족한 느낌으로 끝나는 경우가 종종 있습니다. 이는 경험이 많지 않은 웹 디자이너가 반응형을 고려하지 못하고 본인이 정한 사이즈 안에서 최적화된 디자인을 그리다 보니, 화면 사이즈가 다양한 웹 환경에서 비율과 사이즈, 여백 등이 달라지면서 원했던 디자인 느낌이 달라지기 때문입니다. 이처럼 1차적인 문제는 우선 디자이너에게 있지만, 이런 것을 완벽하게 했다고 하더라도 개발자에 따라서도 종종 최종 아웃풋 퀄리티가 달라지는 경우가 많습니다. 앞서 대부분의 초보 디자이너가 개발적인 부분에 대한 이해가 없어서 반응형 디자인을 제대로 못 그리는 것처럼, 개발자도 보통은 디자인에 대한 이해가 없기 때문에 디자이너에게는 중요한 디테일을 개발자가 이해하지 못하는 경우가 자주 있습니다. 아마 개발자들은 이러한 디자인 디테일을 제대로 보지 못할뿐더러(개발자: '뭐가 달라?') 보통은 기능적인 구현을 안정적으로 잘 하는 것에 포커스를 맞추지만 비주얼적인 퀄리티에는 크게 신경 쓰지 않기 때문입니다.

이 장에서는 개발자들은 어쩌면 모를 수 있는, 하지만 디자이너에게는 중요한 개발 포인트를 짚고 넘어가고자 합니다. 내용이 그리 어렵지 않으니 보고 나면 직접 구현할 수도 있고, 추후 개발자에게 보다 구체적으로 요구할 수도 있습니다. 또한 퀄리티를 높이는 과정에서 어떤 것이 어떤 리스크가 있고 어떤 것이 더 쉽게 구현이 가능한지 배움으로써 프로젝트에 대한 안목을 기르는 데에 도움이 될 거라 생각합니다.

4-4-1 웹폰트 경량화 및 직접 만들기

웹디자인을 하다 보면 '나눔폰트', '본고딕' 등 사용할 수 있는 폰트를 아주 한정적으로 정해 놓고 디자인을 하는 분들이 많습니다. 이는 라이선스 비용 문제도 있겠지만(일반 지면, 영상 라이선스에 비해 웹은 배포가 되는 속성이 있어서 라이선스가 훨씬 비쌉니다), 웹에서 사용할 수 있는 웹폰트가 웹상에 생각보다 많지 않기 때문입니다(특히 한글 폰트가 그렇습니다). 간혹 인트로 페이지 혹은 특정 섹션의 특정 문구에서만 폰트를 사용하고 싶은데, 웹폰트를 구하지 못하거나 한글 폰트인 경우 한 서체만 추가하더라도 용량이 커서 웹에 부담이 가기 때문에 함부로 쓰기가 어려워서 포기하는 경우가 많습니다.

여러분들이 아시는 대로 그래픽 디자인이나 영상에 비하면 훨씬 폰트가 제한되는 것이 대부분 맞으나 특정 상황에서는 한글 서체를 추가하더라도 웹에 그렇게 부담되지 않는 상황도 있기 때문에 이번 장을 준비했습니다.

상황 1. 딱 한 문장, 한 단어만 특정 폰트를 쓰고 싶을 때

인트로 페이지를 꾸미다 보면 딱 인트로에만 포인트로 색다른 서체를 쓰고 싶을 때가 있습니다. 이 경우 적용하기 쉬운 방법으로는 svg로 저장해서 넣는 방법이 있습니다. 마치 15년 전 웹 접근성이 좋지 않았을 때 이미지와 텍스트를 함께 이미지로 저장해서 글과 이미지가 따로 분리가 안 되던 방법과 비슷한 방식입니다. 이렇게 텍스트를 이미지로 저장해서 넣는 것은 우선 웹 접근성에는 좋지 않은 방식이기 때문에(검색엔진 SEO 최적화에도 안 좋습니다) 안 쓰는 것이 좋지만, 앞서 말한 상황처럼 특정 페이지의 한 문장, 한 단어를 표현하는 데에 쓰는 정도는 치명적이지 않기 때문에 글자를 svg로 저장해서 마치 이미지를 넣듯이 웹에 특정 서체를 넣으면 됩니다.

4-4-1 일러스트레이터에서 글자를 svg로 변환한 모습

상황 2. 2~50개의 단어, 그러나 중복되는 글자가 많을 때

한글 폰트가 무거울 수밖에 없는 이유는 한글은 조합 문자이기 때문입니다. 알파벳은 소문자 a~대문자 Z까지 끽해야 52문자를 가지고 단어를 표현하지만, 한글은 '가나다라'부터 '붉뷁맑퓷' 등 잘 안 쓰는 혹은 아예 안 쓰는 문자까지 폰트에 포함될 수 있기 때문에 52자보다는 훨씬 더 많은 문자가 폰트 안에 포함되어 있어야 합니다. 하지만 만약에 필요한 문자와 단어가 정해져 있고, 이 외에 쓰지 않는 문자는 폰트에서 제거해 준다면 어떨까요? 한글로 조합 가능한 문자는 11,172자라고 하는데 이 중에 50자 정도만 필요하다면 어떨까요? 아마 상식적으로 생각해봐도 11,172자에 비하면 훨씬 경량화된 폰트 파일이 될 것 같습니다.

그럼 이제부터 폰트를 몇 가지 문자만 가지고 있도록 경량화할 텐데 그전에 웹폰트로 사용되는 woff2 파일을 먼저 만들어 보도록 하겠습니다.

Font format	e	●	●	●	O
TTF/OTF	9.0*	4.0	3.5	3.1	10.0
WOFF	9.0	5.0	3.6	5.1	11.1
WOFF2	14.0	36.0	39.0	10.0	26.0
SVG	Not supported	Not supported	Not supported	3.2	Not supported
EOT	6.0	Not supported	Not supported	Not supported	Not supported

4-4-2 브라우저별 웹폰트 지원(출처: W3schools.com)

일반적인 운영체제에서는 폰트 확장자로 otf나 ttf를 자주 보셨을 텐데 이 파일들은 대체로 많이 무겁습니다. 따라서 woff나 woff2로 바꿔주는 것이 좋은데, woff2가 가장 압축율이 좋지만 이미지 4-4-2를 보면, IE에서 호환되는 것이 제한되기 때문에 보통은 woff와 woff2를 같이 첨부해서 사용합니다. 참고로, 같이 첨부하더라도 woff2든 woff든 지원되는 폰트로 하나만 적용받습니다.

일반적으로 유명한 폰트들은 woff나 woff2를 쉽게 구할 수 있지만, 새로 생겼거나 유명하지 않은 폰트는 가지고 있는 폰트를 직접 woff나 woff2로 변환해 주어야 합니다. 그리고 이는 어렵지 않습니다. 만약 otf 파일의 폰트를 가지고 있고, 이를 woff2로 변환하고 싶다면 구글에 'otf woff2 generator'라고 검색해서 가장 위에나 두 번째에 뜨는 사이트를 들어가면 바로 변환할 수 있도록 많은 사이트에서 변환 툴을 제공하고 있기 때문입니다.

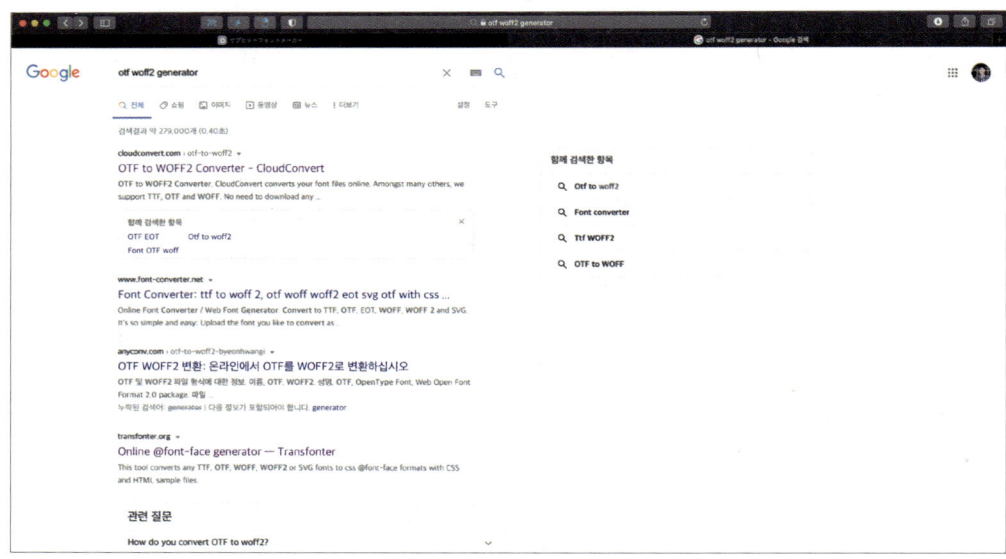

4-4-3 'otf woff2 generator'의 검색결과

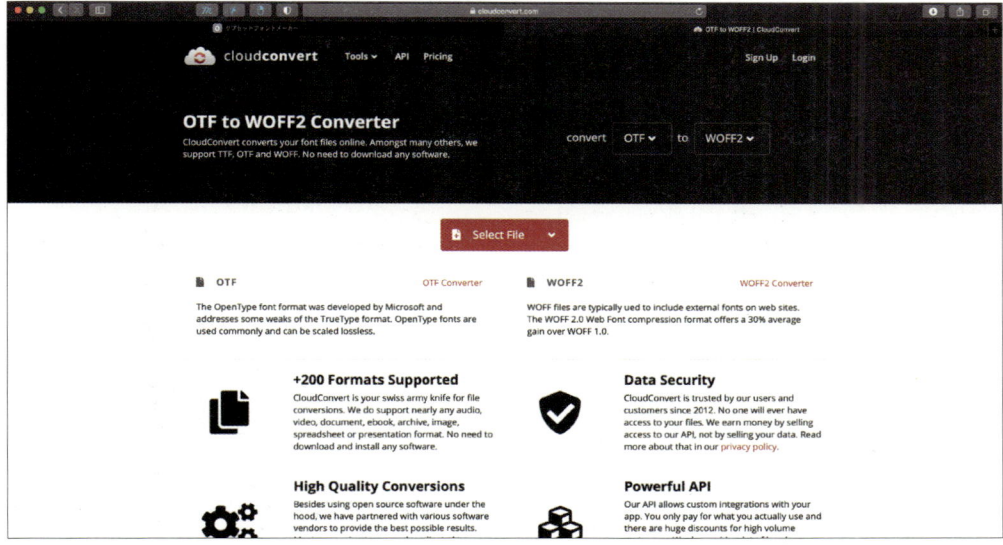

4-4-4   otf to woff2 변환 사이트

이렇게 만들어진 woff2를 가지고 폰트 서브셋툴이라는 것을 검색하면 앞서 말한 것처럼 폰트에서 특정 문자만을 사용할 수 있도록 경량화해 줍니다. woff2를 만들 때처럼 서브셋툴도 다양한 툴이 많지만 저는 그 중에서 일본어로 되어 있는 서브셋 폰트메이커라는 프로그램을 추천합니다.

4-4-5   http://opentype.jp/

일본어로 되어 있어서 조금 사용하기 부담스러울 수 있지만 구글에 '서브셋 폰트메이커 사용법'이라고 검색하면 자세하게 설명해 주는 블로그가 많으니 참고하면 됩니다. 또, 막상 실행해 보면 버튼이 몇가지 안 되니 직관적으로 막 눌러보는 것도 괜찮습니다.

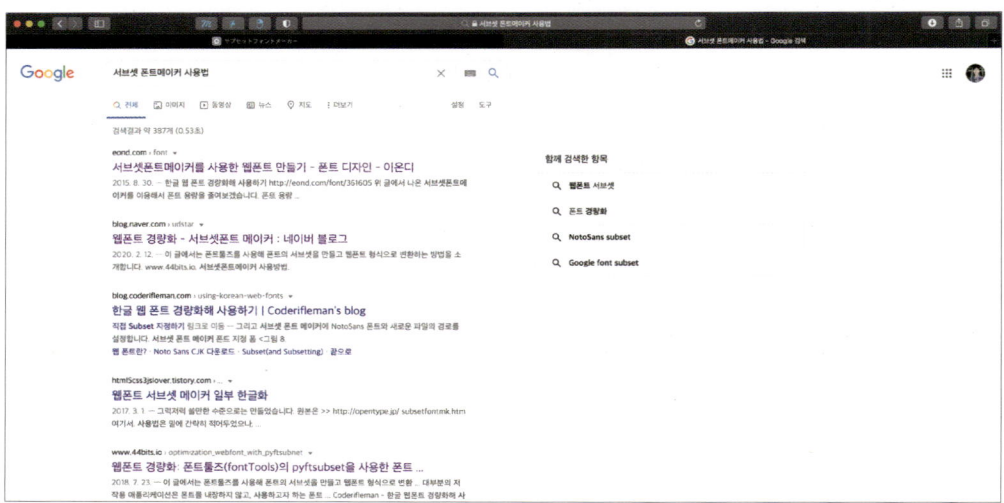

4-4-6 '서브셋 폰트메이커 사용법' 구글 검색결과

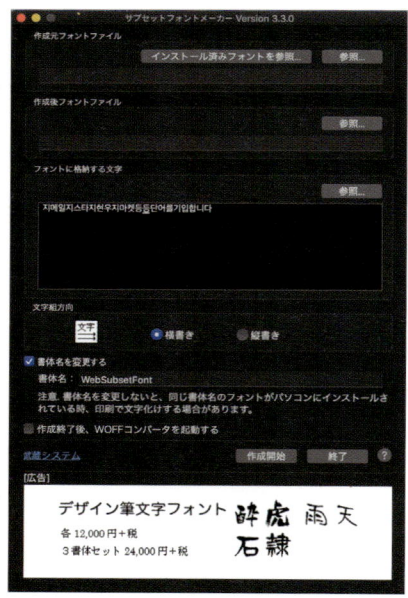

4-4-7 서브셋 폰트메이커 실행 모습

폰트 파일을 불러오고 가운데 넓은 칸에 사용할 단어들을 띄어쓰기 없이 붙여서 적어둡니다. 그리고 아래 왼쪽 버튼을 클릭하면 해당 글자만 사용할 수 있는 경량화된 폰트가 만들어집니다. woff 변환부터 경량화까지 단계가 복잡해 보이지만 실제로 한 번만 따라 해 보면 설치부터 실행까지 5분도 걸리지 않습니다.

상황 3. 본문으로 사이트 전체에 쓰고 싶지만 그래도 경량화된 폰트를 사용하고 싶을 때

앞서 말한 것처럼 나눔폰트나 본고딕 같은 유명한 폰트들은 이미 누군가 웹폰트를 경량화해서 만들어 놓은 것들이 웹상에 있습니다('나눔폰트 경량화 웹폰트' 식으로 검색하면 금방 구할 수 있습니다). 하지만 없는 폰트를 직접 만들어서 경량화하고 싶을 때는, 또 몇몇 단어가 아닌 본문 전체에 적용할 수 있는 폰트를 사용하고 싶을 때는 상황 2에서 사용한 방법을 조금 응용해서 경량화된 폰트를 만들 수 있습니다. 앞에서는 한글은 조합문자이기 때문에 '뷁뷃맠퓹' 같은 문자까지 폰트에 포함되어 있어 무겁다고 했는데, 이러한 문자를 제외하고 실제 우리가 사용하는 문자는 일반적으로 2,350자에 불과하다고 합니다. 이 2,350자를 사용하기 위해서는 'KS X 1001 웹폰트'라고 검색하면 정리해둔 것을 쉽게 접할 수 있습니다.

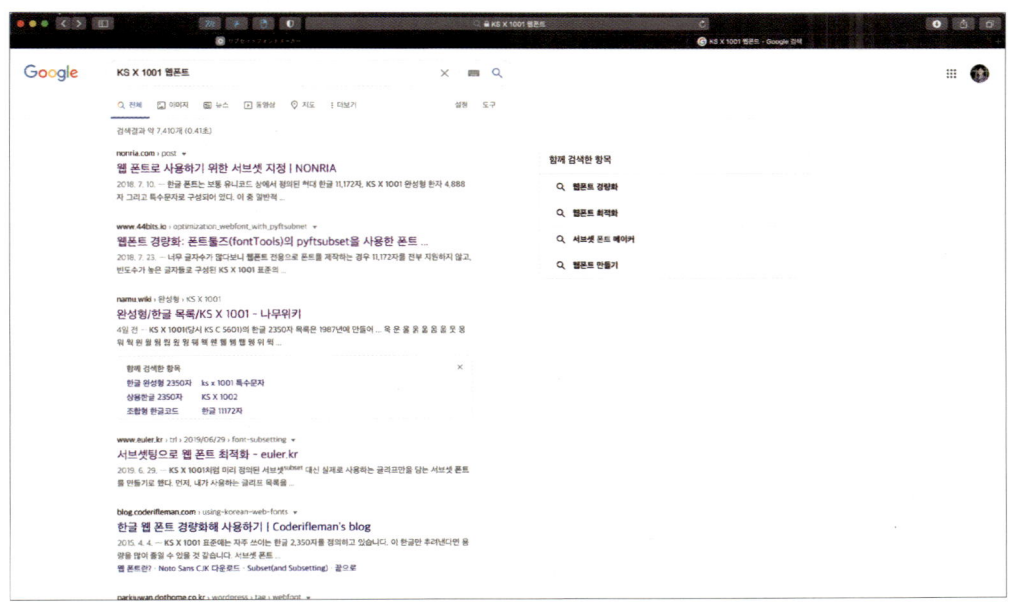

4-4-8 'KS X 1001 웹폰트' 검색결과

<u>4-4-9</u> KS X 1001 웹폰트 나무위키 정보

보이는 것처럼 복사 붙여넣기하기 쉽게 나무위키에 정리되어 있습니다. 이 정리된 문자들을 아까 설치했던 서브셋 폰트메이커에다 입력하면 보다 훨씬 경량화된 폰트를 만들 수 있습니다. 참고로 웹폰트를 만들 때는 일반적으로는 상업적 사용이 가능한 폰트라도 웹폰트에 한해서는 무료 라이선스가 아닌 경우도 있으므로 라이선스를 꼭 확인해야 합니다. 그리고 여기 적힌 방법 외에도 웹폰트 경량화 방법은 다양한데, 최신 정보일수록 점점 더 정교하고 가볍게 만드는 방법이 발전되서 나오고 있으니, 더 최적화된 웹사이트를 원하신다면(해외 타겟으로 한 사이트인 경우 경량화가 아주 중요합니다) 구글에 '웹폰트 경량화'를 검색해서 다른 방법도 찾아보는 것을 권장합니다.

✓ 폰트가 무거워서 웹사이트 화면을 불러올 때 폰트 다운이 바로 안 되면, 사용자는 폰트가 깨진 상태의 화면을 볼 수가 있습니다. 웹사이트 이미지가 무거워서 천천히 그려지는 것에 비해, 깨진 폰트 화면을 보는 것은 사용자 입장에서 훨씬 심미적으로 크리티컬한 문제로 보일 수 있기 때문에 다른 리소스들보다 훨씬 더 민감하게 생각해야 합니다.

4-4-2 2k, 4k모니터를 위한 고해상도 대응하기

10년 전만 해도 모니터 사이즈는 계속 조금씩 커져 왔지만 해상도는 72dpi가 일반적이었습니다. 하지만 스마트폰이 대중화되면서 레티나 디스플레이 고밀도 해상도가 사람들 눈에 익숙해지고 이제는 노트북이나 데스크톱에서도 2k나 4k 같은 고해상도 모니터를 사용하는 것을 종종 주변에서 볼 수 있게 되었습니다(아주 구형이 아닌 이상 맥북, 아이맥은 전부 4k급 해상도라고 보면 됩니다). 제가 처음 맥북을 사고 인터넷을 서핑하면서 느꼈던 것 중의 하나는 '뭔가 사진이 흐릿하게 보이는 것이 많아졌다'라는 것이었습니다. 알고 보니 레티나 모니터로 바뀌면서 글자는 선명해진 것에 비해 사진은 72dpi에 최적화된 사이즈이기 때문에 상대적으로 흐릿하게 보이는 것이었습니다. 이처럼 대부분의 웹용 이미지는 72dpi로 되어 있기 때문에 고해상도 모니터에서 화면 사이즈 그대로 사이즈를 잡으면 이미지가 흐릿하거나 어딘가 화질이 떨어지는 것처럼 보일 수 있습니다. 이를 개선하기 위해서는 이미지를 2배 혹은 1.5배 크게 저장한 뒤 웹에서 1/2배로 사이즈를 줄여서 보여주면 고해상도에서도 웬만큼 사진이 선명하게 보일 수 있습니다. 다만, 이럴 경우 이미지가 2배로 커졌기 때문에 이미지 용량도 보통 2~4배로 커지게 됩니다. 가로, 세로가 2배씩 늘어나면 이미지 사이즈는 4배로 늘어나기 때문입니다. '요즘은 인터넷 속도가 워낙 빠르기 때문에 이미지를 2~4배 사이즈로 저장한다 해도 그렇게 부담스럽지 않아!'라고 생각하는 것도 어느 정도 일리는 있지만, 별로 좋지 않은 생각입니다. 왜냐하면 인터넷 환경이라는 것이 항상 집 안에서 기가광랜을 사용하는 것이 아니라 때로는 노트북을 가지고 카페에서 와이파이를 연결해서 작업하기도 하고, 그마저도 국내에서는 그나마 속도가 괜찮지만 해외를 나가 보면 대도시라 하더라도 국내의 반의 반도 안 되는 인터넷 환경인 곳이 아직 수두룩하기 때문입니다. 글로벌 서비스를 조금이라도 생각하고 있다면, 이는 더욱 더 중요한 문제가 됩니다.

때문에 앞 장에서 웹폰트를 경량화한 것처럼 이미지 또한 레티나 모니터나 일반 모니터에서 적절히 무겁지 않도록 경량화 작업을 하는 것이 중요합니다. 이 장에서는 어떻게 하면 고해상도 모니터에서 선명하게 고화질로 이미지를 넣을 수 있을지, 어떻게 하면 그 와중에 경량화할 수 있을지에 대해 설명하고자 합니다.

고해상도 모니터에서 선명하게 이미지를 보여줄 수 있는 방법은 크게 2가지가 있습니다.

1 벡터 이미지는 최대한 svg로 저장한다

일러스트 같은 프로그램을 통해 벡터 아이콘을 만들었다 하더라도 저장할 때 png나 jpg로 저장한다면 이는 비트맵 이미지가 됩니다. 이를 고해상도에서 제대로 보이게 적용하려면, 먼저 이미지 사이즈를 두 배로 저장한 다음 css를 통해 1/2 사이즈로 줄여야 합니다. 이렇게 비트맵 이미지는 약간의 수고스러움을 거쳐야 선명하게 이미지를 나타낼 수 있지만, svg는 벡터 속성을 그대로 가지고 저장이 됩니다. 그렇기에 이미지를 아무리 확대한다 하더라도, 그리고 고해상도에서 이미지를 본다고 하더라도 이미지 용량은 그대로이면서 아주 선명하게 형태를 나타낼 수 있습니다. 복잡한 사진보다는 심플한 아이콘이 대체적으로 많이 사용되는 웹디자인 특성상, svg로 저장하면 png보다 용량을 적게 차지하면서도 훨씬 선명하게 나타낼 수있기 때문에 svg 이미지를 적극 사용하는 것을 권장합니다.

Element					
	Chrome	Edge	Firefox	Safari	Opera
`<svg>`	4.0	9.0	3.0	3.2	10.1

`4-4-10` svg 브라우저 지원

svg 이미지의 단점을 굳이 뽑자면 IE 구버전에서는 사용할 수 없다는 것입니다. 다만, 9 미만의 버전에서만 안 되는 것이기 때문에 이 정도는 아주 보수적인 사이트가 아닌 이상 무시해도 됩니다(요즘은 IE를 아예 지원하지 않는 프로젝트들도 많습니다).

2 용량이 큰 이미지는 srcset 속성을 이용한다

고해상도 모니터를 위해 이미지를 2배 크게 저장해서 웹에 삽입하는 것은 고해상도 모니터 환경에서는 좋겠지만, 일반 모니터를 사용하는 분들에게는 불필요하게 부담을 주게 됩니다(아직까지 고해상도 모니터보다는 일반 모니터의 사용자 수가 훨씬 많습니다). 이를 위해서 사용자 환경에 따라 선택적으로 이미지를 다르게 보여줄 수 있는 방법이 있습니다. 바로 img 태그의 srcset이라는 속성을 사용하는 것인데, 방법은 단순합니다.

```html
<img src="image.png" srcset="image2x.png 2x">
<img src="image_test.png" srcset="image_test2x.png 2x">
```

1배 사이즈의 이미지와 2배로 늘린 이미지를 준비하고 srcset에 2배 이미지 경로를 써준 뒤 끝에 2x라고 붙여주면 브라우저가 알아서 고해상도에서는 2x에 적힌 경로를 가져옵니다.

이처럼 이미지를 사용자 환경에서 바꿔줄 수 있는데 간단하지만 굳이 웹에 들어가는 모든 이미지를 이런 식으로 처리할 필요는 없습니다. 웹에 들어가는 이미지는 꼭 용량이 큰 이미지가 아니라 100~200kb도 안 되는 작은 이미지들도 많기 때문에 이렇게 애초에 용량 부담이 없는 이미지들은 2배로 저장한 뒤 srcset 없이 사이즈만 맞추는 게 모든 이미지를 두 개씩 저장해서 srcset으로 관리하는 것보다 작업속도도 훨씬 빠르고 웹에도 큰 영향을 주지 않는다는 것입니다(아주 미세하게라도 속도를 개선하고 싶다면 하는 것이 좋습니다).

한 가지 더 주의해야 할 것은 srcset은 IE에서는 지원하지 않는다는 것입니다(srcset속성이 무시되는 것이지 src도 같이 쓰기 때문에 이미지가 안 나오지는 않습니다).

이 외에도 사용자 환경에 따라 이미지를 다르게 표시할 방법은 다양합니다. 그중에서 가장 이해하기 쉽고 적용하기 쉬운 방법을 알려드린 것이니 본인이 이미 더 편하고 익숙한 방법을 알고 있다면 그 방법대로 해도 괜찮습니다.

4-4-3 타이포그래피 팁

타이포그래피는 기본적으로 디자인 영역이지만 css를 어떻게 주냐에 따라 가독성을 높이고 심미적인 균형감을 좀 더 좋게 만들 수 있습니다.

1. text-rendering, font-smoothing 속성

```css
body {
text-rendering: optimizeLegibility;
-webkit-font-smoothing: antialiased;
}
```

웬만하면 위와 같이 다음 속성을 body에 추가해서 사용하는 걸 권장합니다. text-rendering부터 간단히 설명하자면 커닝을 자동적으로 해 주는 기능인데, 한글 폰트는 대부분 안되고 영문 폰트에서만 적용이 된다고 보면 됩니다(영문도 적용 안 되는 것이 있습니다). 비록 한글은 안 되지만 그럼에도 불구하고 설정한다고 해서 아주 느려지거나(렌더링 속도가 아주 미세하게 느려진다고는 합니다) 특별한 다른 리스크를 가지지 않았기 때문에 기본적으로 하는 게 좋습니다.

font-smoothing은 속성명과 값 그대로 앨리어싱을 없애서 좀 더 글자를 부드럽게 표현한다는 것인데, 앨리어싱이 뭔지 잘 모른다면 일단은 글자를 부드럽게 만들어서 가독성을 좋게 만드는 것으로 알아두면 됩니다. 앞에 -webkit-를 붙인 것은 표준 속성이 아니라 크롬, 사파리, 엣지(최신 버전)에서만 지원이 되며 IE에서는 지원을 하지 않기 때문입니다. 속성을 지정하는 것과 안 하는 것의 폰트 굵기 느낌이 약간 다를 수 있으므로 간혹 시안대로 퍼블리싱을 똑같이 해 주었는데 글자 두께가 다른 느낌이다 싶을 때 이 속성을 추가해 주면 시안이랑 같은 느낌으로 만들 수 있습니다.

2. word-break와 justify

word-break는 단어에서 유추할 수 있듯이, 웹에서 단어가 중간에 잘렸을 때 어떻게 처리할지에 대해서 기준을 정하는 속성이라고 이해하면 됩니다. 설명이 좀 어렵게 느껴질 수 있는데 다음 예시를 보면 쉽게 이해할 수 있습니다.

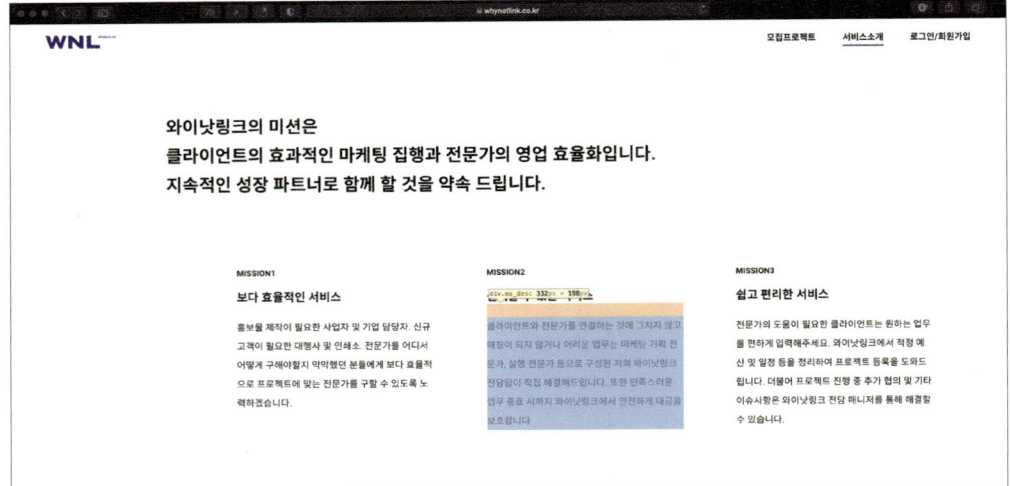

4-4-11 단어(전-문가)가 중간에 잘려서 넘어가는 모습

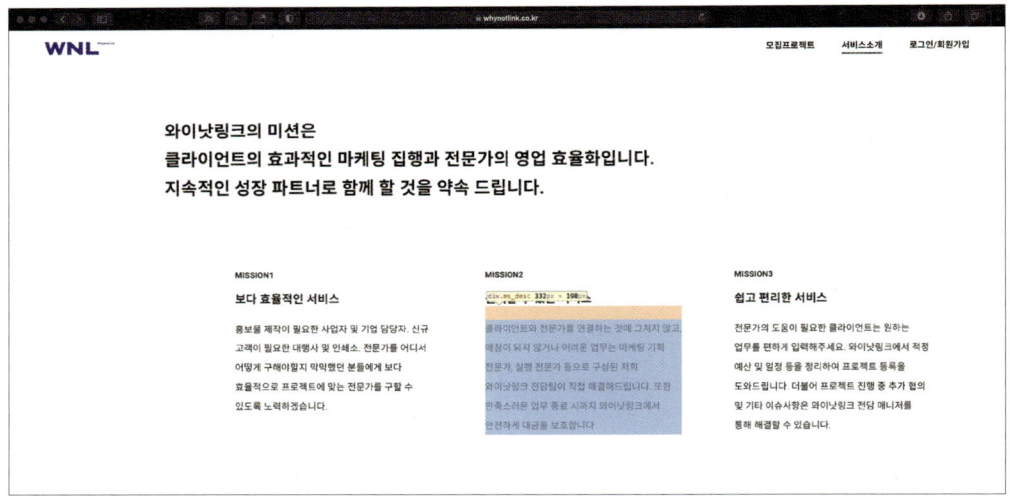

4-4-12 띄어쓰기가 있을 때까지 줄바꿈이 되지 않는 모습

문구를 신경 쓰지 않고 레이아웃을 잡다 보면 단어가 어절 단위가 아니라 음절 단위로 끊어지는 경우를 볼 수 있습니다. 이럴 때 가독성을 떨어트릴 수 있으므로 어절 단위로는 무조건 붙게 하는것이 word-break속성입니다.

```css
.contents_wrap .company.cp3 .mission_items .mission_item .ms_desc {
    word-break: keep-all;
}
```

이런 식으로 설정하면 모든 단어가 절대 끊어지지 않고 애매한 것은 다음 줄로 넘겨서 쓰여집니다. 여기서 조금 헷갈릴 수 있는 것이 영문은 한글과 반대로 기본값이 keep-all이기 때문에 word-break를 하지 않으면 무조건 단어가 끊어지지 않습니다.

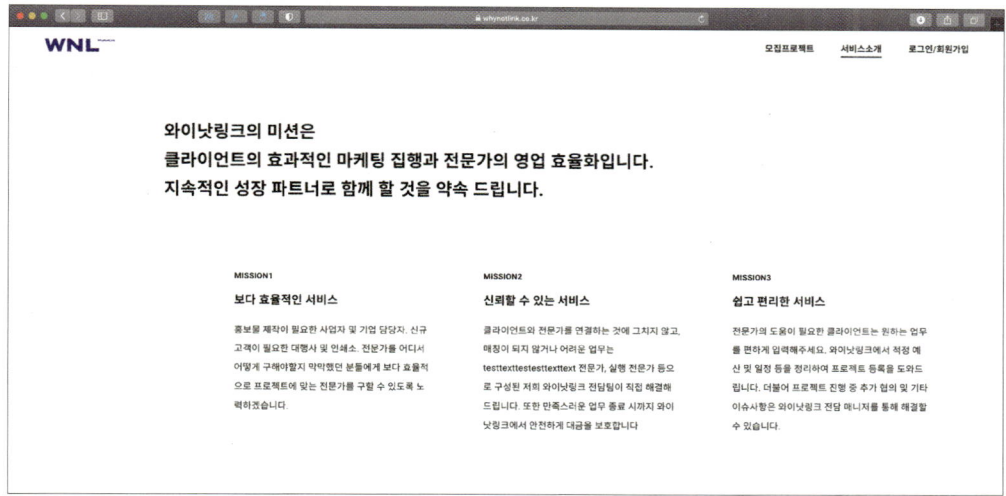

4-4-13 word-break를 적용하지 않았음에도 단어가 잘리지 않는 모습

다만 이렇게 끝 라인이 들쑥날쑥하다면 심미적으로 안 좋아 보일 수 있기 때문에 역으로 가독성이 조금 떨어지더라도 단어를 어절 단위로 자르는 것이 아닌, 반대로 음절 단위로 끊을 수도 있습니다.

```css
.contents_wrap .company.cp3 .mission_items .mission_item .ms_desc {
    word-break: break-all;
}
```

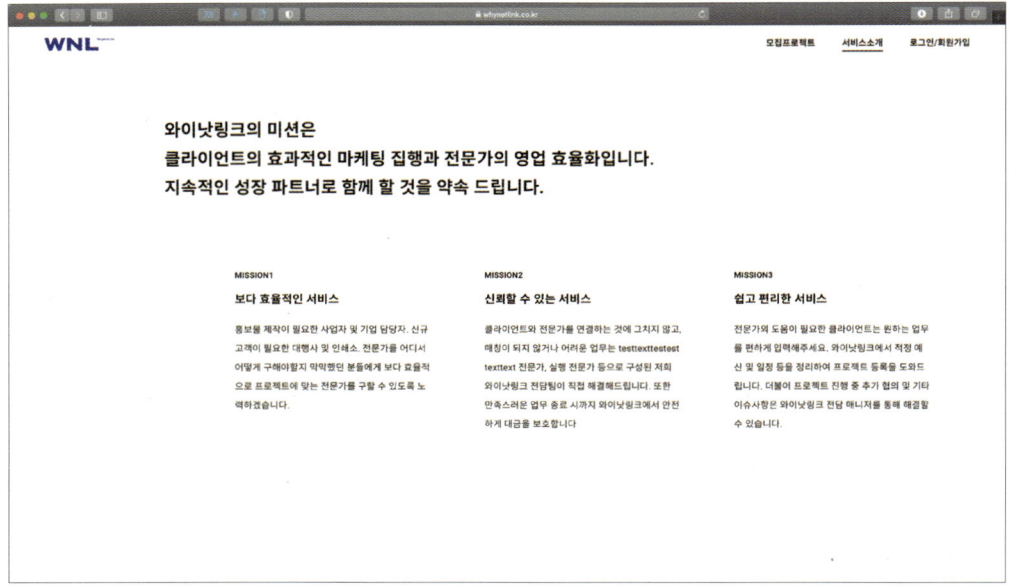

4-4-14 문자가 중간에 잘려서 다음 줄로 넘어간 모습

하지만 이렇게 한다고 해도 끝 라인이 들쑥날쑥되어 있습니다. 이는 양쪽 정렬이 되어 있지 않기 때문입니다. 이때, justify라는 속성값을 사용하면 양쪽 정렬을 맞출 수 있습니다.

```
.contents_wrap .company.cp3 .mission_items .mission_item .ms_desc {
    word-break: break-all;
    text-align: justify;
}
```

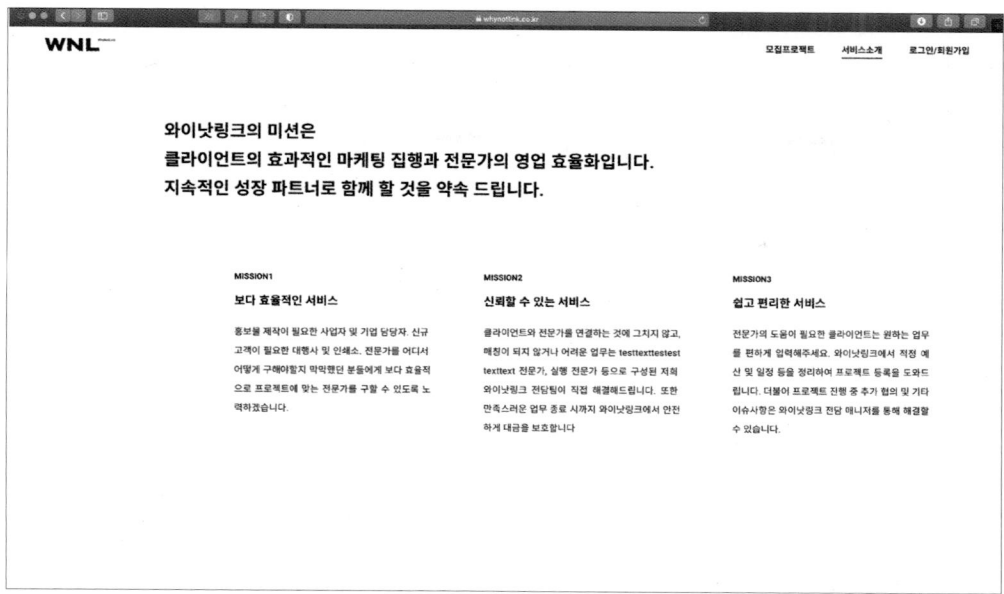

4-4-15 양쪽 정렬이 되면서 끝 라인이 맞춰진 모습

타이포를 공부한 분들은 아시겠지만, 양쪽 정렬 기능은 자칫 단어 간의 간격을 일정하지 않게 늘려 전체적인 심미성을 떨어트릴 수 있으므로 글자가 작고 어느 정도 글이 많은 상태에서만 사용하는 편이 좋습니다.

CHAPTER

5.

앞으로는 이렇게 공부하세요

5-1 | 앞으로 어떤 공부를 하면 좋을까요

5-2 | 개발하면서 알아두면 좋은 사이트

5-3 | 크롬 개발자모드 활용하기

CHAPTER 5.

앞으로는 이렇게 공부하세요

이 책을 끝으로 더는 개발 공부를 할 필요가 없다면 좋겠지만, 사실 이 책에 담긴 내용 외에도 피가 되고 살이 되는 지식은 무수히 많습니다. 세상에는 무수히 많은 지식이 있다 보니, 이 책을 처음 기획했을 때에는 이 중 어느 것이 우선되고 어느 것이 덜 필요한지 우선순위를 두고 싶었고, 여기까지 어느 정도 제대로 따라오셨다는 가정 하에 그다음으로 중요한, 다음 공부 방향에 대해서 알려드리고자 이번 장을 준비했습니다.

5-1 앞으로 어떤 공부를 하면 좋을까요

Javascript를 공부하세요.
보통 웹 프로그래밍 입문서나 html 입문서를 보면, css와 Javascript를 세트로 묶은 책이 많습니다. 아마 Javascript는 현존하는 프로그래밍 언어 중에 가장 많이 사용하는 언어이기도 하고, 특히 웹에서는 거의 필수적으로 사용되기 때문입니다. 그만큼 중요한 언어이지만, 중요한 만큼 깊게 들어가고자 하면 내용이 방대하기 때문에 이 책에서는 좀 더 시각적인 부분에 집중하고자 구성에서 제외하였습니다. 하지만 내용이 방대한 것이지 다른 언어에 비하면 쉽게 접근할 수 있기 때문에 한 발 더 나아가고 싶다면 꼭 공부해 보길 바랍니다.
요즘은 Javascript를 통해 서버도 다룰 수 있기 때문에 Javascript만 제대로 알아도 할 수 있는 것이 방대하지만, 할 수 있는 것이 많은 만큼 Javascript에 대해 모든 것을 공부하는 것은 불가능하기 때문에 본인이 필요한 부분에 방향을 맞춰서 집중적으로 공부하는 것이 좋습니다.

웹사이트에 모션이펙트를 주고 싶다면

제가 가장 자신 있는 부분이고, 디자이너가 개발 공부를 제대로 했을 때 가장 시너지가 좋은 부분이기도 합니다. 앞에서 css를 통해서도 아주 약간의 애니메이션 효과를 줄 수 있었지만, 제대로 된 모션이펙트를 주기 위해서는 Javascript가 필수적입니다. 관련해서 심도 있게 공부하려면 그래픽스라는 분야를 공부하면 좋겠지만(수학에 대한 이해도가 있어야 합니다), 가볍게 시작하려면 GSAP라는 Javascript 라이브러리를 알아보는 것을 추천합니다. 단, 사전에 Javascript에 대한 기초 공부가 되어야 접근할 수 있습니다.

✓ 라이브러리란?

소프트웨어를 개발할 때 1부터 10까지 전부 개발하는 것이 아닌, 자주 사용될 수 있는 부분을 따로 분류해 만들어 재사용하는 것이 일반적입니다. 이렇게 따로 분류해서 사람들이 쉽게 재활용할 수 있게 만든 것을 '라이브러리'라고 합니다.

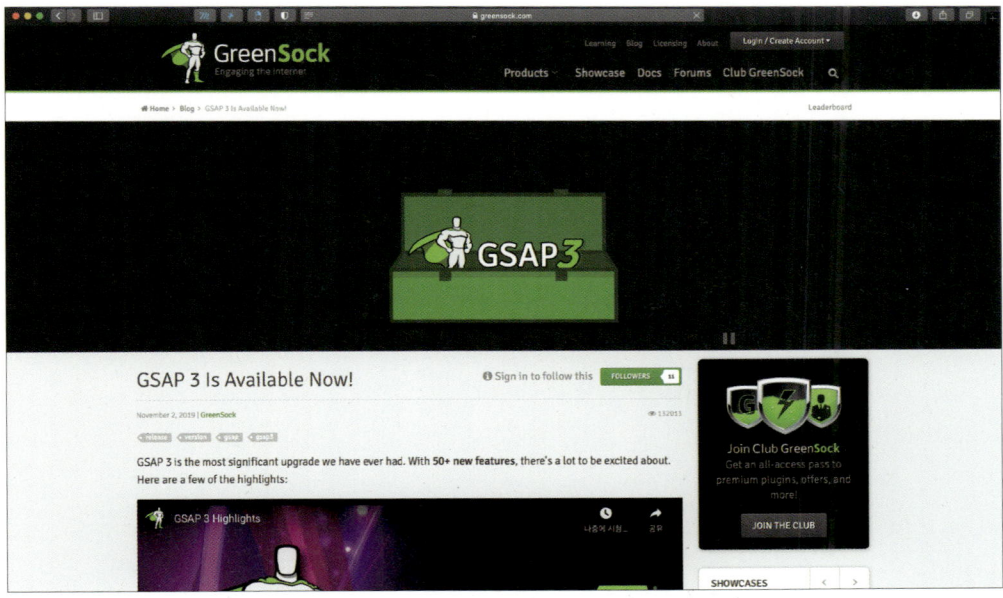

5-1-1 GSAP 공식 사이트

보통 이러한 라이브러리는 사용법을 같이 제공하는데, 대부분 한글 지원은 안 되지만 쉽게 설명되어 있는 곳이 많아서 영어에 대한 큰 부담 없이 접근할 수 있습니다. GSAP는 모션 관련된 기능들을 사용하기 쉽고 성능이 아주 훌륭하기 때문에 저 또한 자주 이용하는 라이브러리입니다.

비주얼아트가 하고 싶다면

앞서 모션이펙트가 디자인과 개발 지식이 시너지를 내기 좋은 분야라고 말씀드렸는데, 비주얼아트는 모션그래픽의 끝판왕으로 생각하면 됩니다. 저는 보통의 웹사이트에서는 모션이펙트를 특별히 쓸 일이 많이 없기 때문에 뭔가 특별한 기술을 만들어 보고, 배운 것을 써먹어 보자는 의미로 학생 때 이런 여러 프로젝트를 했었는데, 수학적인 부분이나 물리에 대한 지식이 어느 정도 있으면 더욱 더 정교하고 신기한 것을 만들어낼 수 있습니다(지식이 아주 깊지는 않아도 됩니다).

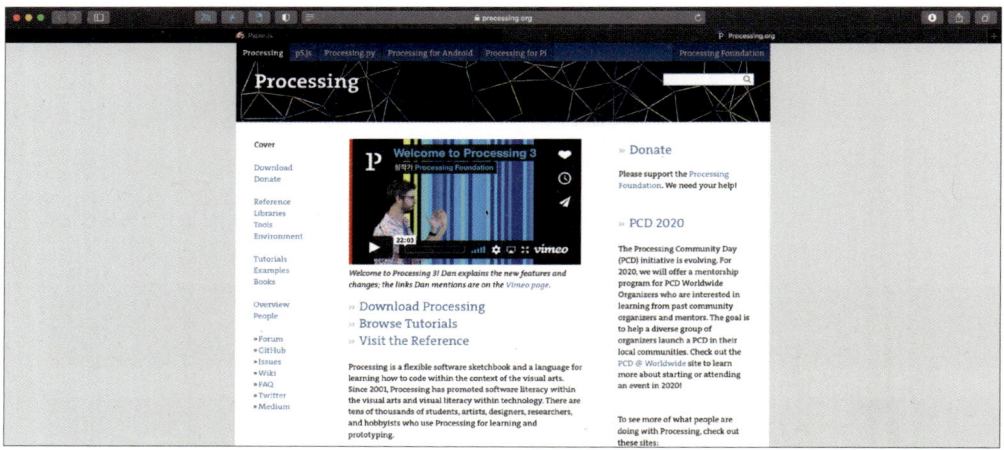

5-1-2 프로세싱 공식 사이트

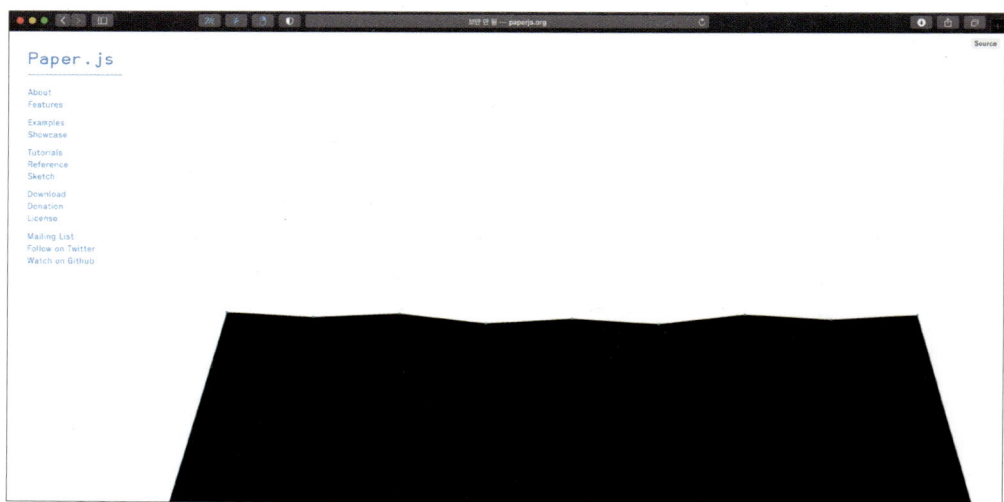

5-1-3 Paper.js 공식 사이트

비주얼아트를 하기 위해서 다양한 라이브러리들이 존재하지만 그 중에서 프로세싱과 paperjs를 추천합니다. 프로세싱은 애초에 디자이너들이 비주얼아트를 하기위한 목적으로 태어난 라이브러리라서 사용법이 쉽고 간편한 데에 초점이 맞춰져 있습니다. paperjs 또한 Javascript 기초를 안다는 가정하에 쉽게 비주얼적인 부분을 그려낼 수 있도록 만든 라이브러리인데, 만약 웹에서만 보여줄 계획이라면 paperjs를 추천합니다(프로세싱은 다양한 기기들과도 연결이 가능합니다).

또한 3D와 관련된 작업을 하기 위해서는 threejs라는 라이브러리도 존재하는데, 이는 그래픽스나 3D와 관련된 사전지식이 많이 필요하기 때문에 초보자가 접근하기에는 조금 어려울 수 있습니다. 하지만 최신의 트렌디하게 잘 만든 사이트 중에는 이 threejs를 활용한 경우가 많으니 여유가 되면 한번 도전해 보는 것도 좋습니다.

프론트엔드 개발자가 되고 싶다면

공부를 하다 보니 개발이 적성에 잘 맞아 아예 프로그래머로 전향하려는 분께 추천합니다. 보통의 웹서비스들은 프론트엔드와 백엔드로 나뉘는데, 백엔드는 말 그대로 뒷단의 서버 관련된 것을 개발하는 분야라고 생각하면 됩니다. 반면에 프론트엔드는 사용자와 직접적으로 접촉하는 UI를 그려내는 일을 주로 하는데, 디자이너가 프론트 개발을 할 경우 디자인의 의도와 이해도가 보통의 개발자보다 훨씬 깊습니다. 따라서 개발자와 디자이너 간의 소통 시간을 줄이고 보다 정확하게 기능을 구현할 수 있어서 시너지가 좋습니다.

리액트, 뷰, 앵귤러 등의 프론트개발에서 주로 사용되는 기술이 있는데, 개인적인 생각으로는 리액트나 뷰를 공부하실 것을 권장합니다(실제 업계에서도 많이 찾습니다). 리액트나 뷰는 비교적 최근에 만들어진 라이브러리라서 공부하기도 쉽고 쉬운 데다가 성능도 좋고 활용되는 곳이 아주 많기 때문에 일자리가 많습니다.

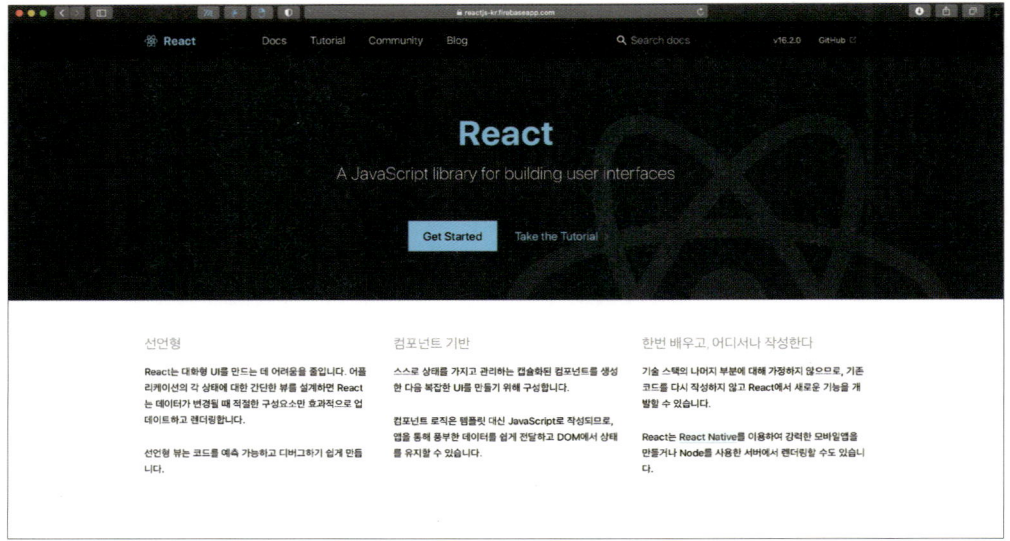

5-1-4 리액트 공식 사이트(한글도 지원됩니다)

다만 리액트나 뷰는 앞서 paperjs나 프로세싱에 비하면 공부해야 하는 것이 많고 그만큼 제대로 한다고 했을 때 업계에서 좋은 대우를 받을 수 있습니다. 때문에 공식 사이트에서 제공하는 튜토리얼을 보는 것도 좋지만(뷰나 리액트 둘 다 상당히 괜찮습니다), 좀 더 보기 편하게 정리되어 있는 책을 사서 한 권을 마스터한 뒤 공식 사이트나 블로그를 보면서 공부를 더 하는 것을 권장합니다.

개발 지식은 다른 정보들에 비해 빠르게 변하기 때문에 꾸준한 공부가 필요합니다. 그렇기 때문에 현재 얼마나 많은 지식을 가졌는지보다 얼마나 꾸준히 공부할 수 있는지 습관을 기르는 것이 중요합니다. 해당 기술의 공식 사이트 문서를 자주 보는 것 또한 중요합니다. 처음에는 영문이라는 이유로 공식 사이트를 보기보다는 한국 사람이 블로그에 따로 정리해 둔 글이나 책, 혹은 학원에 가서 기술을 공부하는 분들이 많은데, 이게 습관이 돼 버리면 이후에 최신 기술이 나와서 자료가 공식 사이트밖에 없을 때 공부하기가 어렵습니다. 개발 언어 특성상 최신 기술들을 써야 하는 상황도 올 수 있기 때문에 학원이나 블로그 정보 없이 공식 사이트만으로 공부할 수 있는 힘을 길러야 합니다. 무엇보다 공식 사이트가 가장 간편하게 잘 정리되어 있습니다. 영문으로 작성되어 있고, 개발자에게 익숙한 패턴으로 설명이 되어 있어서 처음에는 어렵게 느껴질 수 있지만 이러한 과정이 언젠가는 꼭 필요하기 때문에 처음에는 조금 보는 것이 힘들더라도 공식 사이트에서 공부하는 습관을 기르는 것을 추천합니다.

5-2 개발하면서 알아두면 좋은 사이트

W3schools

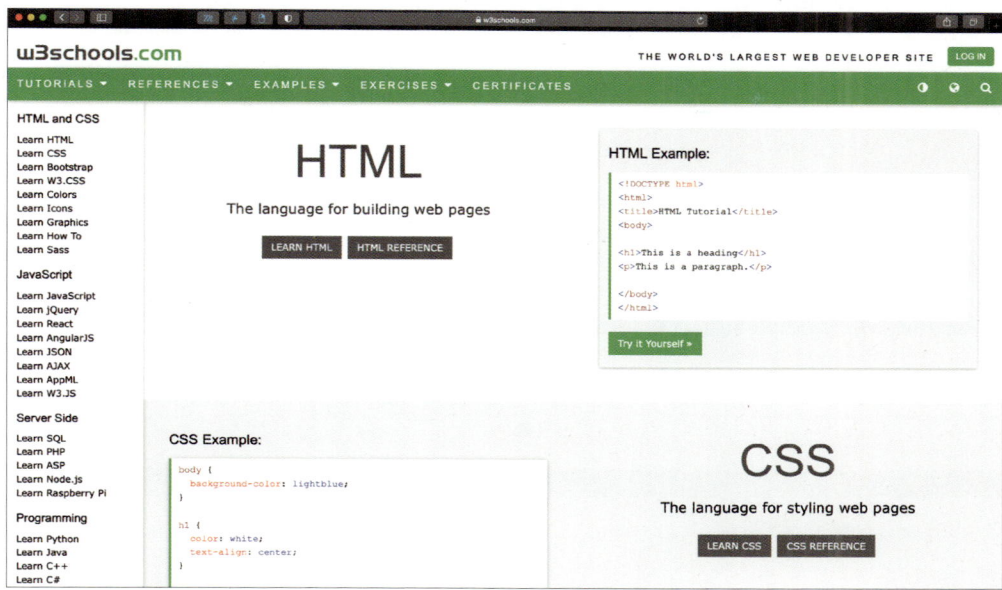

5-2-1　W3schools.com

앞서 많이 언급했지만, 초보자든 중급자든 누구에게나 아주 중요한 레퍼런스 사이트이기 때문에 한 번 더 강조합니다. W3schools는 각종 html, css, Javascript 등 웹에서 자주 쓰는 문법 등을 쉽게 검색할 수 있고, 브라우저 간 호환성 등의 주의사항들을 참고하기 좋기 때문에 문법이 헷갈릴 때마다 자주 들여다보는 것을 권장합니다. 또한 상단 탭에 tutorials(기초 튜토리얼)도 상당히 구성이 잘 되어 있기 때문에 한 번쯤 도전해 보는 것도 괜찮습니다.

Awwwards, Muz

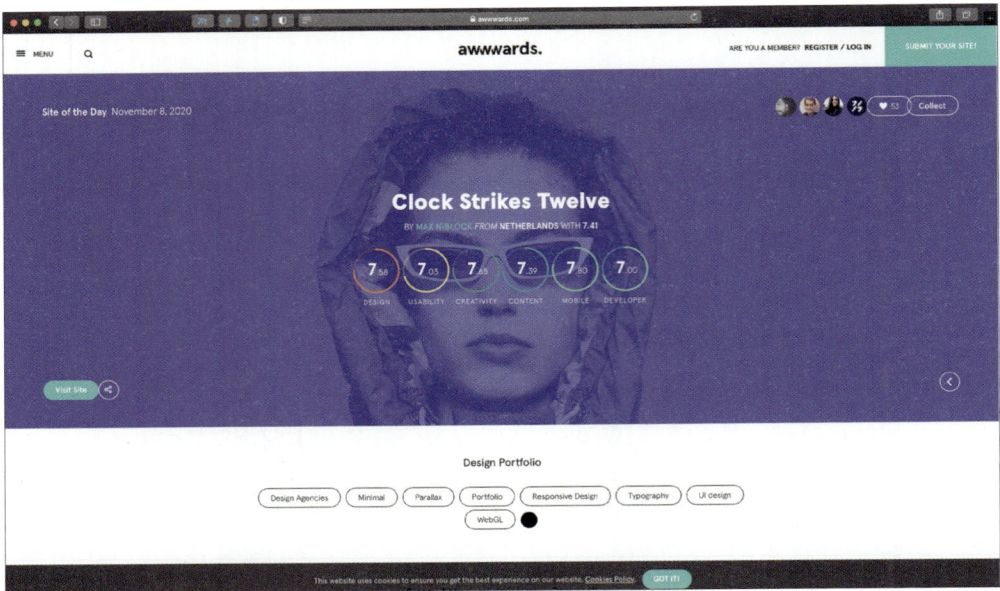

5-2-2　Awwwards.com

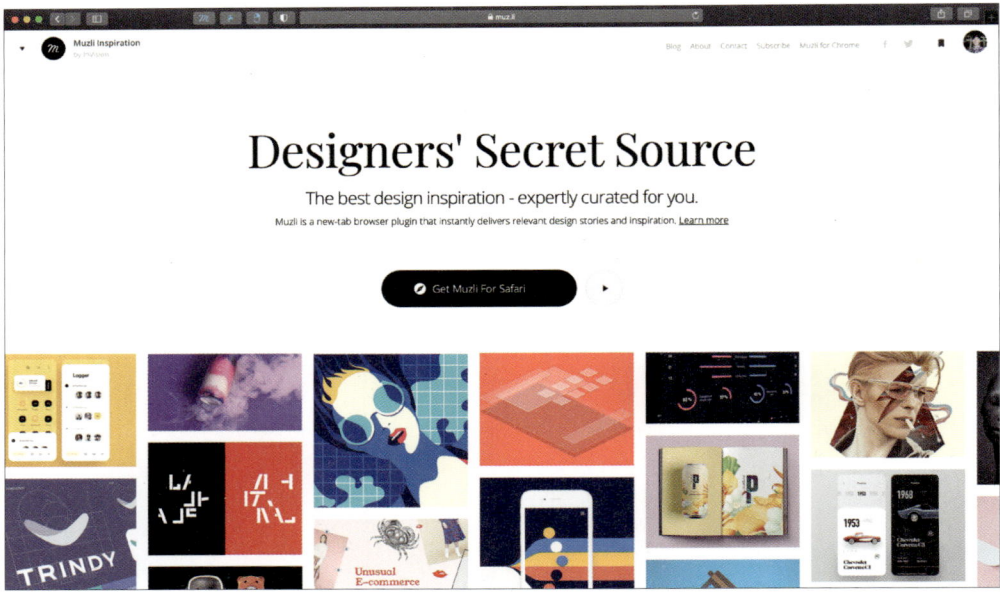

5-2-3　Muz.li

Awwwards, Muz는 비핸스처럼 같이 디자인 포트폴리오를 보기 좋은 웹사이트들입니다. Awwwards에는 글로벌적으로 트렌디한 웹사이트들이 무수히 쏟아지기 때문에 크리에이티브한 UX나 웹 안에서 돌아가는 모션그래픽을 참고할 때 좋습니다. Muz는 디자인 포트폴리오 사이트들을 한데 모아 주는 확장 프로그램입니다(크롬, 사파리를 지원합니다). 최신 트렌디한 디자인들을 쉽게 접할 수 있기 때문에 설치해 놓고 자주 확인하면 디자인 감각을 기르는 데에 많이 도움이 됩니다.

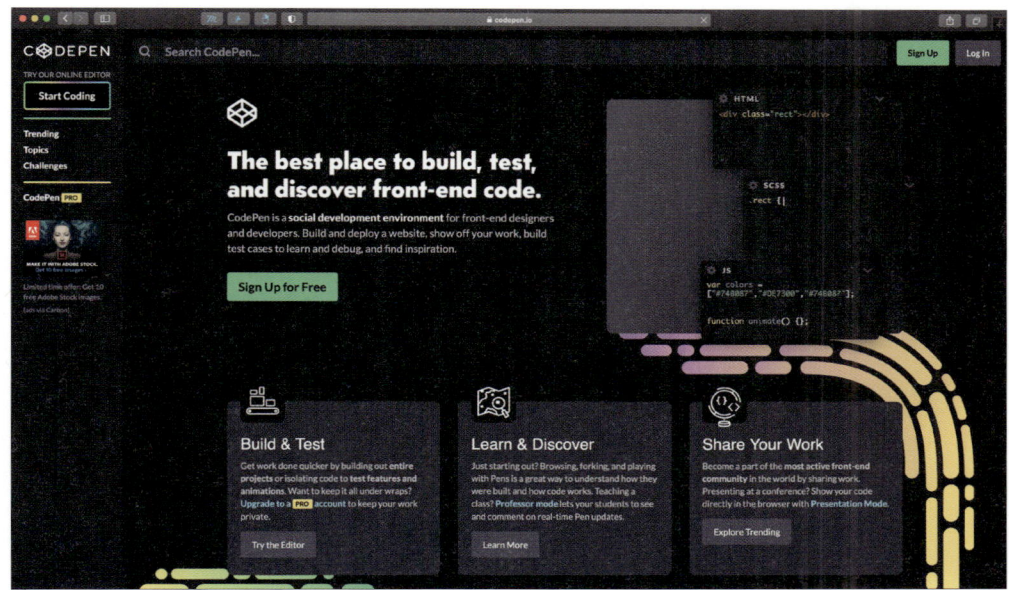

5-2-4 codepen.io

코드펜은 간단한 UI들을 디자인뿐 아니라 개발 소스까지 오픈해서 모아볼 수 있는 사이트입니다. 많이 사용되는 UI들뿐만 아니라 신기하고 실험적인 UI들도 많기 때문에 조금 색다른 UX/UI를 주고 싶을 때 검색해 보는 것도 괜찮습니다. 무엇보다 소스가 공개되어 있기 때문에 Javascript 기초를 어느 정도 아는 시점에서 중급, 고급으로 가기 위해 아주 좋은 레퍼런스로 활용할 수 있습니다.

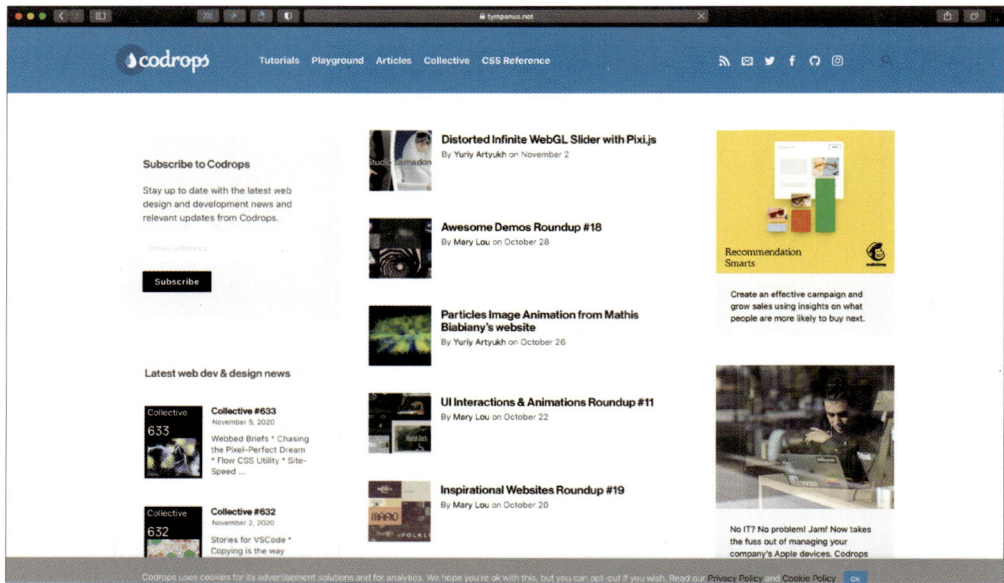

5-2-5 tympanus.net/codrops/

이 책에 있는 내용과 +Javascript가 어느 정도 숙달된 시점에서, '이제는 나도 크리에이티브하고 트렌디한 모션그래픽을 구현해 보고 싶다!' 라는 생각이 들 때 이 Codrops 사이트를 이용하면 한 단계 성장하는 데에 큰 도움이 될 수 있습니다. 이 사이트에서 제공하는 튜토리얼은 어렵긴 하지만, 트렌디하고 기술 자체가 크리에이티브한 콘텐츠가 될 정도의 고급 기술 구현법을 설명하고 있습니다. 대부분의 내용이 시각적인 모션그래픽을 위한 튜토리얼을 제공하기 때문에 디자이너라면 더욱 더 관심 가질 만한 내용들을 담고 있습니다. 공부를 하다 보면 입문자를 위한 공부 자료는 많지만, 초보에서 중급으로, 중급에서 고급으로 넘어가는 공부 자료는 많지 않습니다. 이때 Codrops는 중급 또는 고급 개발자로 넘어가기 위해 아주 좋은 튜토리얼을 제공합니다.

생활코딩

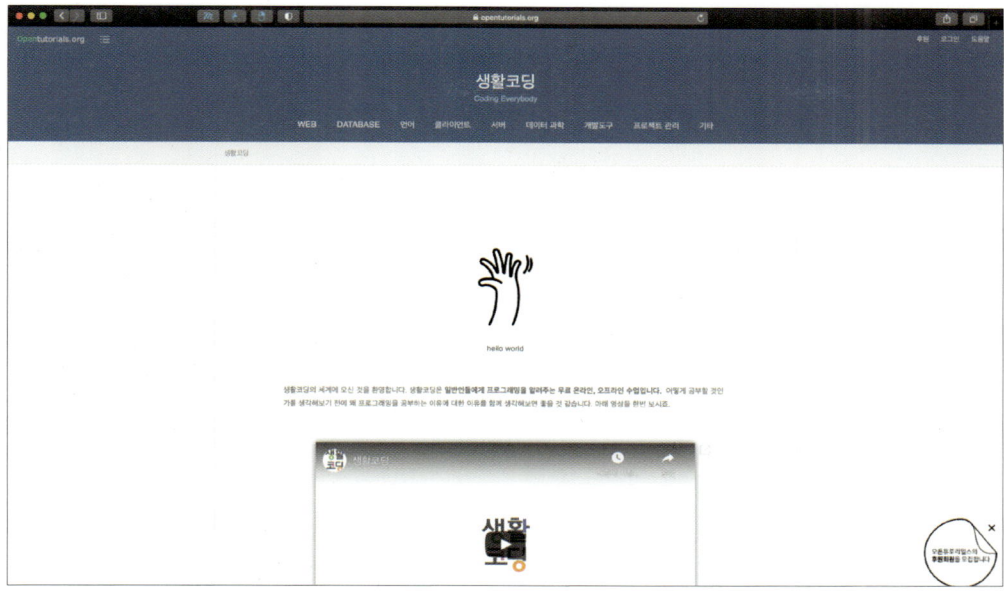

5-2-6 opentutorials.org/course/1

주변에서 '개발 공부 어떻게 시작하는게 좋아?'라고 물어봤을 때, 이 사이트를 가장 많이 추천합니다. 영상이 간결하게 구성되어 있음에도 필요한 내용은 다 들어가고, 오랫동안 어떻게 하면 정보를 쉽게 전달할 수 있을지를 많이 고민한 흔적이 보이는 온라인 강의 사이트입니다. 책으로만 공부하는 것이 조금 딱딱하게 느껴지는 분들은 이 사이트를 통해 공부하는 것도 아주 좋습니다.

5-3 크롬 개발자모드 활용하기

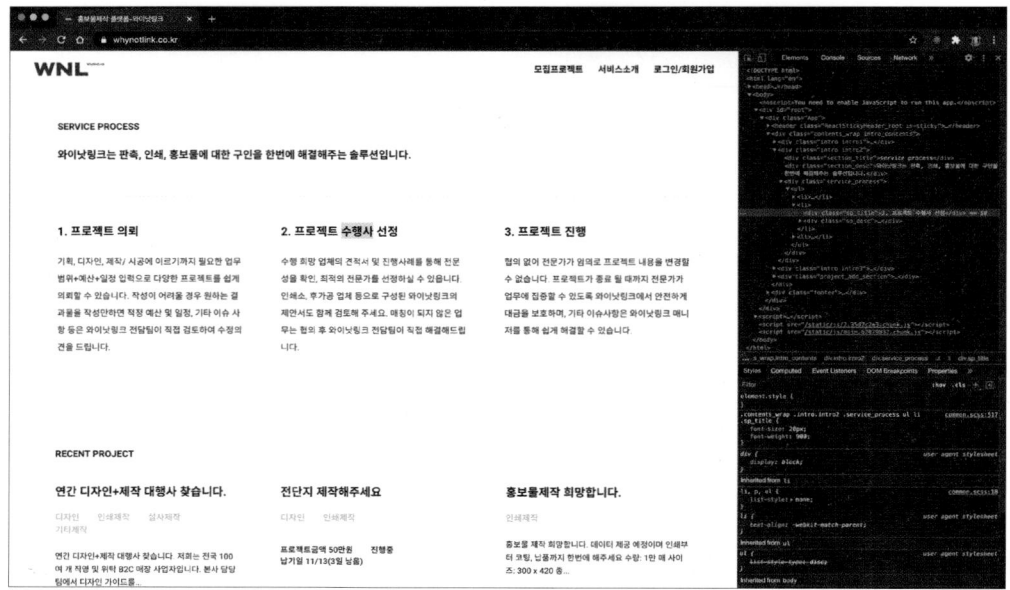

5-3-1 우측 개발자모드가 활성화된 모습

크롬 개발자모드는 웹사이트가 어떻게 구성되어 있는지 쉽게 파악할 수 있도록 도와줍니다. 특히 어떤 사이트든지 css가 어떻게 구성되어 있는지 쉽게 확인할 수 있기 때문에 아무리 신기한 css를 보더라도 쉽게 카피하고 따라 만들 수가 있습니다. 개발자모드를 활성화하는 방법은 아주 간단합니다. 사이트 내에서 마우스 오른쪽 버튼 → '검사'를 클릭하면 개발자모드를 활성화할 수가 있습니다. 만약에 특정 문구의 특정 스타일이 어떻게 구성되어 있는지 알고 싶을 때 해당 문구에 오른쪽 클릭을 하고 '검사'를 클릭하면 해당하는 문구의 스타일을 볼 수가 있습니다(개발자탭의 elements라는 탭에서 정보를 제공합니다).

퍼블리싱을 하다 보면 가끔 스타일이 꼬였을 때 소스만으로는 어디가 문제인지 파악하기 쉽지 않은 경우가 있는데, 이 개발자모드로 스타일을 분석하다 보면 소스로만 보는 것보다 잘못된 점을 찾아가기가 훨씬 수월합니다.

그리고 개발자모드 style탭에서 수정한 스타일 속성 및 값들은 실시간으로 화면에 반영되는데, 사이즈나 위치가 애매해서 하나하나 바꿔가면서 조정하고 싶을 때 유용합니다.

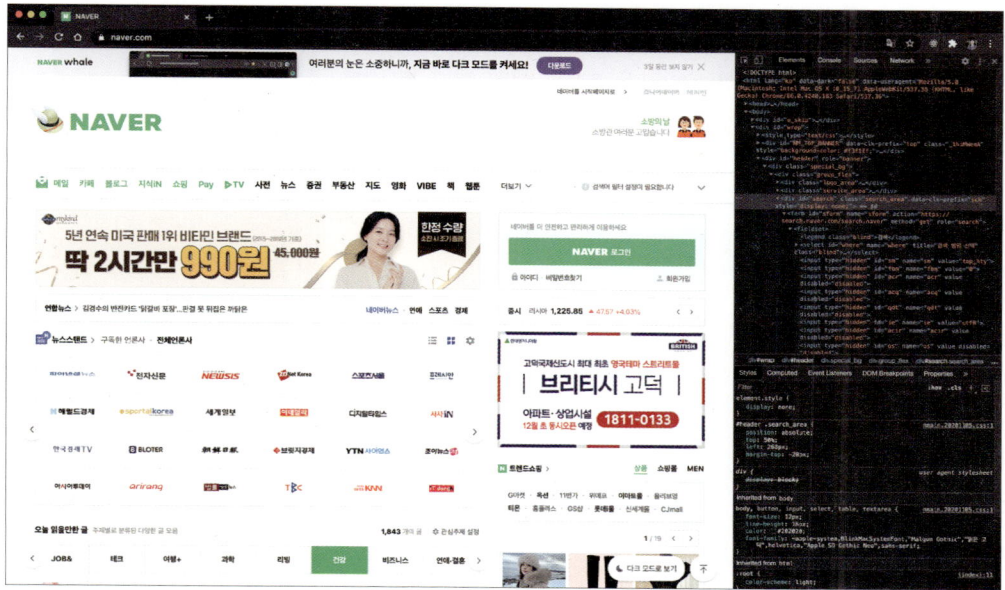

5-3-2 개발자모드에서 네이버 검색창을 css로 지워버린 모습

주의할 점은 개발자모드에서 스타일을 조정한다고 실제 사이트에 반영되는 것은 아니기 때문에 새로고침을 하면 원래대로 돌아간다는 것입니다. 저는 웹사이트를 돌아다니다가 가끔 디자인이 조금 어딘가 아쉬운 부분이 있으면 개발자모드를 열어서 직접 아쉬운 부분을 스타일로 고쳐보는 습관이 있는데, css는 이런 식으로 아주 쉽게 조정할 수 있기 때문에 습관적으로 자주 이용하면 디자인 공부에도 많은 도움이 됩니다.

앞에서 css를 쉽게 카피할 수 있다고 이야기했었는데, 간단한 예제를 통해 직접 스타일을 카피해보도록 하겠습니다.

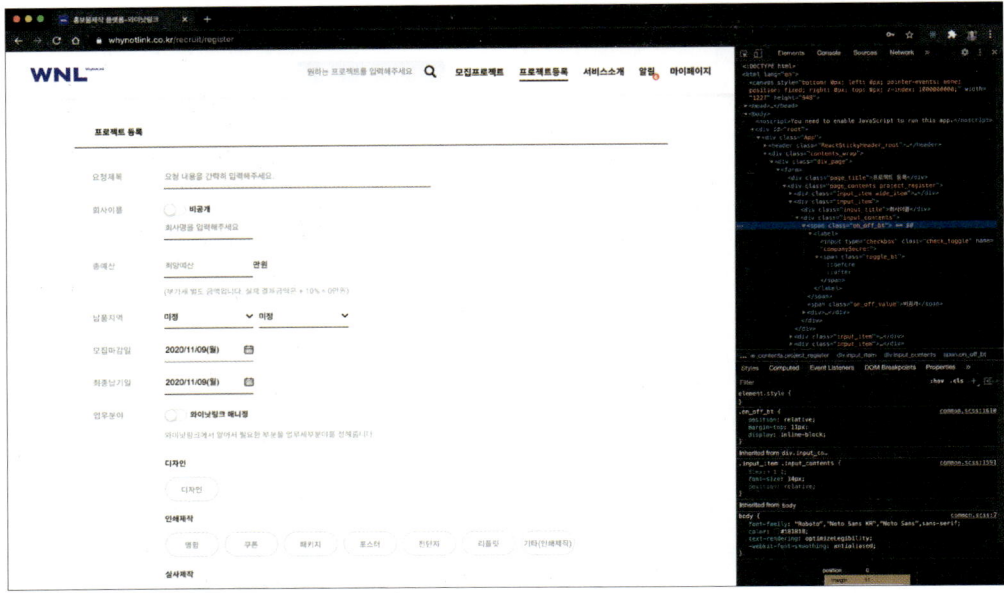

5-3-3 웹에서 제공하지 않는 온오프 버튼

앞 장에서 잠깐 다뤘던 온오프 버튼의 스타일을 구글 개발자모드를 이용해서 카피하도록 하겠습니다. 우선, 버튼의 오른쪽 클릭을 해서 '검사'를 누르고 구성이 어떻게 되어 있는지를 보겠습니다. 참고로 소스에 마우스를 올리면 해당 소스가 어디 부분인지 크롬에서 파란색으로 가리켜 주기 때문에 해당 부분을 파악하기가 좋습니다.

```html
<span class="on_off_bt">
    <label>
        <input type="checkbox" class="check_toggle" name="companySecret">
        <span class="toggle_bt"></span>
    </label>
</span>
```

css를 보기 전 html 구성을 먼저 보면, on_off_bt 안에 <label> 태그로 감싸고 그 안에는 <input> 태그와 .toggle_bt class 이름의 <span> 태그가 있습니다. 카피를 하기 위해서 모든 태그를 다 이해할 필요는 없지만, 소스를 제대로 잘 가져오는 것이 중요하기 때문에 해당 부분이 어디부터 어디까지인지 파악하는 것이 중요합니다(마우스를 올렸을 때 해당 소스 부분이 어디인지 표시되는 것을 참고합니다).

```html
<!DOCTYPE html>
<html>
<head>
    <meta charset="UTF-8">
    <title>와이낫링크</title>
    <style>
    </style>
</head>
<body>
<span class="on_off_bt">
    <label>
        <input type="checkbox" class="check_toggle" name="companySecret">
        <span class="toggle_bt"></span>
    </label>
</span>
</body>
</html>
```

자, 이제 아무 html 파일을 하나 만든 뒤 해당 소스를 body에 넣어 주겠습니다. 스타일을 지정해야 하니 <head> 태그에 <style> 태그도 넣어 주겠습니다. 기존에는 따로 common.css 파일을 만들어서 넣었지만, 간단한 예제이니 여기서는 직접 스타일 태그에 스타일을 적어 주겠습니다.

그리고 다시 개발자모드로 와서 우측 하단에 써 있는 스타일 내용을 그대로 복사해서 넣습니다. 먼저 .on_off_bt부터 각각의 태그에 적힌 style들을 하나씩 복사해서 붙여넣으시면 됩니다.

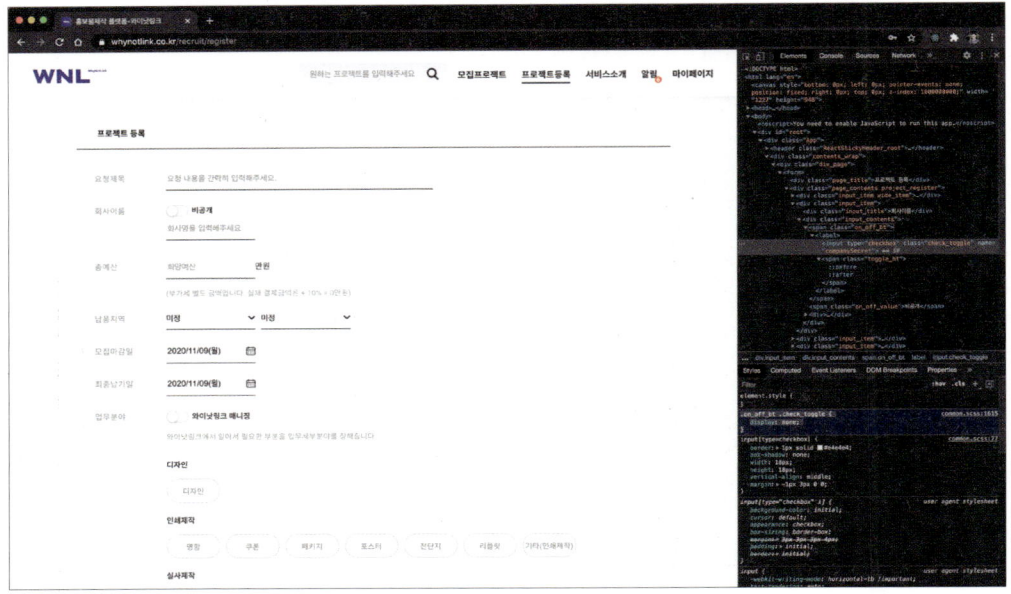

5-3-4 우측 개발자 창에서 직접 복사 가능

```
<style>
    .on_off_bt {
        position: relative;
        margin-top: 11px;
        display: inline-block;
    }
    .on_off_bt .check_toggle {
        display: none;
    }
    .on_off_bt .toggle_bt {
        display: inline-block;
        vertical-align: middle;
        position: relative;
        box-shadow: inset 0 0 0 1px #d5d5d5;
        text-indent: -5000px;
        height: 20px;
        width: 37px;
        border-radius: 10px;
        cursor: pointer;
    }
```

```
    .on_off_bt .toggle_bt:after, .on_off_bt .toggle_bt:before {
        content: "";
        position: absolute;
        display: block;
        height: 20px;
        top: 0;
        left: 0;
        border-radius: 10px;
        transition: .25s ease-in-out;
    }
    .on_off_bt .toggle_bt:after {
        width: 20px;
        background: #fff;
        box-shadow: inset 0 0 0 1px rgba(0,0,0,.2), 0 2px 4px rgba(0,0,0,.2);
    }
</style>
```

각각의 스타일을 다 이해할 수 있다면 좋겠지만 반드시 다 이해할 필요는 없습니다. 중요한 건 어느 하나도 빠트리지 않고 스타일을 모두 다 가져와서 붙여넣는 것입니다.

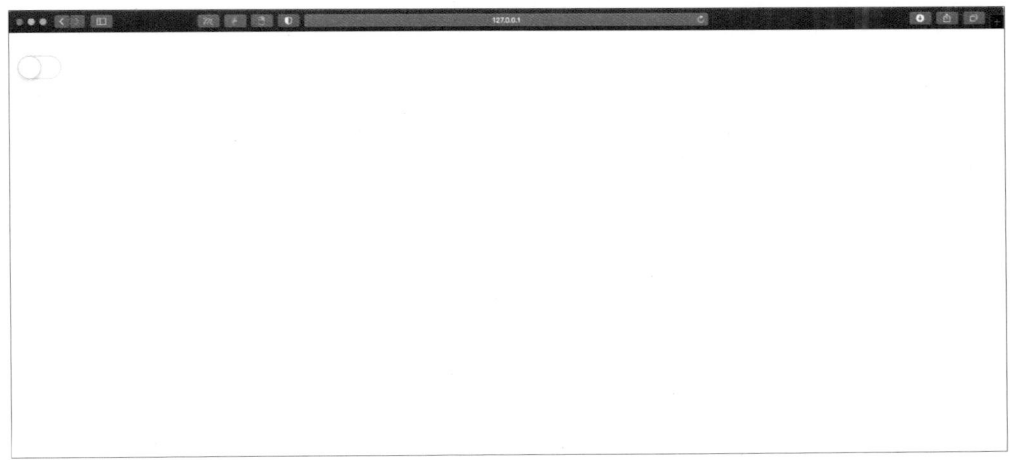

`5-3-5` 버튼의 형태가 갖춰진 모습

드디어 형태가 갖춰진 것 같습니다. 하지만 클릭하면 아무 반응이 없습니다. 클릭 시 반응에 대해서는 스타일을 가져오지 않았기 때문입니다.

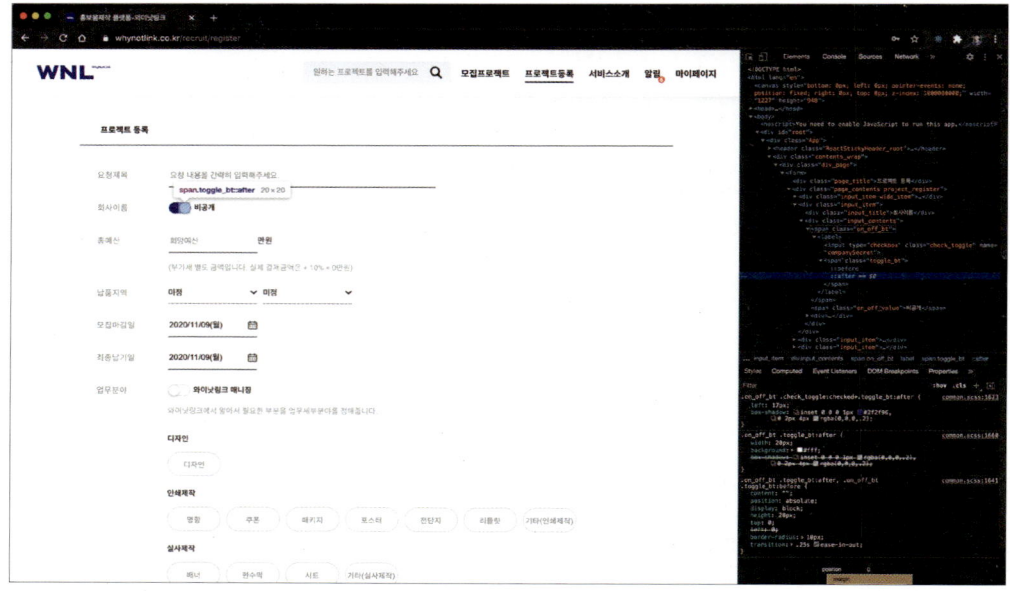

5-3-6 비공개 체크 후 다시 한번 더 복사

체크되었을 시 반응되는 스타일을 가져오기 위해 버튼이 활성화된 상태에서 다시 스타일을 분석해 보면, 아까는 보이지 않았던 새로운 스타일이 보입니다.

```
<style>
    ...
    .on_off_bt .toggle_bt:after {
        width: 20px;
        background: #fff;
        box-shadow: inset 0 0 0 1px rgba(0,0,0,.2), 0 2px 4px rgba(0,0,0,.2);
    }
    .on_off_bt .check_toggle:checked+.toggle_bt:before {
        width: 37px;
        background: #2f2f96;
    }
    .on_off_bt .check_toggle:checked+.toggle_bt:after {
        left: 17px;
        box-shadow: inset 0 0 0 1px #2f2f96, 0 2px 4px rgba(0,0,0,.2);
    }
</style>
```

새롭게 보이는 부분을 추가로 복사 붙여넣기해서 넣습니다.

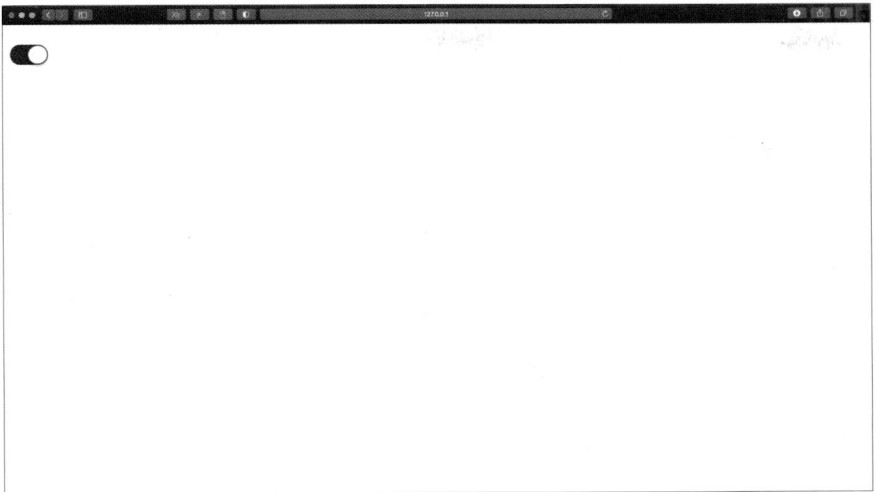

`5-3-7` 제대로 작동하는 온오프 버튼 모습

방금 해본 예제는 사실 아주 복잡한 스타일이기 때문에 초보자분들에게는 카피하는 것이 쉽지 않을 수 있습니다. 다만, 대부분의 UI들은 이것보다는 훨씬 간단한 스타일로 구성되어 있기 때문에 앞으로 특정 UI를 어떻게 만들어야 할지 모를 때 이미 만들어진 사이트를 레퍼런스로 분석하면 쉽게 따라할 수 있습니다.

디자이너에 의한 디자이너를 위한 실무코딩(HTML+CSS)
디자이너가 디자이너에게 알려주는 웹 프로그래밍 입문

출간일 | 2021년 3월 29일 | 1판 2쇄

지은이 | 엄태성
펴낸이 | 김범준
기획 | 김수민
책임편집 | 권혜수
교정교열 | 이현혜
편집디자인 | 나은경
표지디자인 | 엄태성

발행처 | 비제이퍼블릭
출판신고 | 2009년 05월 01일 제300-2009-38호
주 소 | 서울시 중구 청계천로 100 시그니쳐타워 서관 10층 1060호
주문/문의 | 02-739-0739   **팩스** | 02-6442-0739
홈페이지 | http://bjpublic.co.kr   **이메일** | bjpublic@bjpublic.co.kr

가격 | 29,500원
ISBN | 979-11-6592-049-4
한국어판 © 2022 비제이퍼블릭

이 책은 저작권법에 따라 보호받는 저작물이므로 무단 전재와 무단 복제를 금지하며, 내용의 전부 또는 일부를 이용하려면 반드시 저작권자와 비제이퍼블릭의 서면 동의를 받아야 합니다.

잘못된 책은 구입하신 서점에서 교환해드립니다.